网络与新媒体系列教材

总主编 周茂君

计算传播学：理论与应用

王红缨 张琳琳 方堃 著

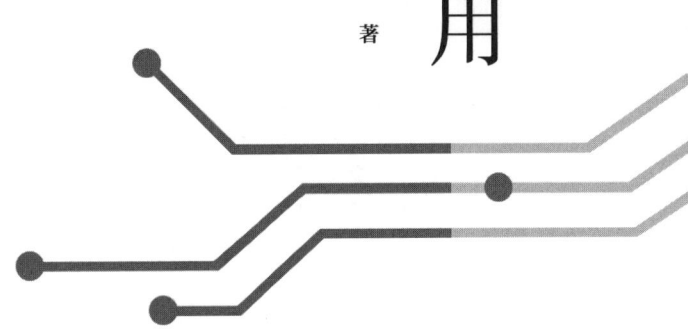

西南大学出版社
国家一级出版社 全国百佳图书出版单位

图书在版编目(CIP)数据

计算传播学：理论与应用 / 王红缨, 张琳琳, 方堃著. -- 重庆：西南大学出版社, 2024.10
网络与新媒体系列教材
ISBN 978-7-5697-2095-2

Ⅰ.①计… Ⅱ.①王… ②张… ③方… Ⅲ.①数据处理—应用—传播学—高等学校—教材 Ⅳ.①G206-39

中国国家版本馆CIP数据核字(2023)第226309号

计算传播学：理论与应用
JISUAN CHUANBOXUE:LILUN YU YINGYONG

王红缨　张琳琳　方　堃　著

责任编辑	刘　平
责任校对	李　勇
特约校对	吴几珂
装帧设计	魏显锋　汤　立
排　　版	王　兴
出版发行	西南大学出版社(原西南师范大学出版社)
地　　址	重庆市北碚区天生路2号
邮　　编	400715
经　　销	全国新华书店
印　　刷	重庆新荟雅科技有限公司
成品尺寸	185 mm×260 mm
印　　张	19.5
字　　数	360千字
版　　次	2024年10月　第1版
印　　次	2024年10月　第1次印刷
书　　号	ISBN 978-7-5697-2095-2
定　　价	68.00元

丛书编委会

总主编：周茂君

副主编：洪杰文　李明海

编　委：（按姓氏笔画为序）

马二伟　王　琼　王红缨　王杨丽　王朝阳
方　堃　归伟夏　代玉梅　延怡冉　刘明秀
阮　卫　李明海　杨　嫚　何明贵　张　玲
张琳琳　林　婕　金　鑫　周丽玲　周茂君
洪杰文

策　划：杨　毅　李远毅　杨景罡　钟小族　鲁　艺

本书资源

联系电话:023-68252455　鲁老师

序 言

媒介技术的发展将我们带到了一个众声喧哗、瞬息万变的新媒体时代。面对这个由媒介构建的全新世界，人们的思想观念、生活方式乃至行为举止都发生着急剧的改变；既为其所迷醉，乐此不疲，又常常感到不知所措和无所适从。新媒体到底是什么？新媒体时代到来又意味着什么？人们如何正确处理好与新媒体的关系？这些问题真真切切摆在人们面前，需要我们去面对，去解决。因此，科学地认识、理解和运用新媒体显得尤为重要。

人类社会发展的每一阶段都会有一些新型的媒体出现，它们都会给人们的社会生活带来巨大的改变。这种改变在当今新媒体时代表现得尤其明显：受众这一角色转变成了"网众"或"用户"，成了传播的主动参与者，而非此前的信息被动接收者；传播过程不再是单向的，而是双向互动的；传播模式的核心在于数字化和互动性。这一系列改变的背后是网络技术、数字技术和移动通信技术的发展，并由此衍生出多种新媒体形态——以网络媒体、互动性电视媒体、移动媒体为代表的新兴媒体和以楼宇电视、车载移动电视等为代表的户外新型媒体。

由周茂君教授主编的这套网络与新媒体系列教材，就是在移动互联、数字营销、大数据和社会化网络等热点问题层出不穷的背景下，沿着技术、传播、运营和管理的逻辑，对新媒体进行的梳理和把握。从技术层面上看，网络与新媒体平台是用网络技术、数字技术和移动通信技术搭建起来，进行信息传递与接收的信息交流平台，包括固定终端与移动终端。它具备以新技术为载体、以互动性为核心、以平台化为特色、以人性化为导向等基本特征。从传播层面看，新媒体从四个方面改变着传统媒体固有的传播定位与流程，即传播参与者由过去的受众变成了网众，传播内容由过去的组织生产变成了用户生产，传播过程由过去的一对多传播变成了病毒式扩散传播，传播效果由过去能预期目标变成了无法预估的未知数。这种改变从某种程度上可以说是颠覆性的，传统的"5W""魔弹论"和"受众"等经典理论已经成为明日黄花。从运营层面看，在技术构筑的新媒体平台上，各类新媒体开展着各种运营活动。从管理层面看，新媒体管理主要从三个方面着手，即新媒体的政府规制、新媒体伦理和新媒体用户的媒介素养。这样，政府规制对新媒体形成一种外在规范，新媒体伦理从内在方面对从业者形成约束，而媒介素养则对新媒体用户提出要求。

  这套网络与新媒体系列教材既有对新媒体的发展轨迹和运行规律的理论归纳，又有对新媒体运营实务的探讨，还有对大量鲜活新媒体案例的点评，切实做到了理论与实务结合、操作与案例相佐，展现出教材作者良好的学术旨趣与功力。希望以这套教材为起点，国内涌现出更多的高质量研究著作和教材，早日迎来网络与新媒体教育、研究的新时代。

  是为序。

罗以澄

2022年8月

（罗以澄，全国应用新闻传播学研究会名誉会长、湖北省新闻传播教育学会名誉会长，曾任国务院学位委员会新闻传播学科评议组成员、中国新闻教育学会副会长、中国传播学会副会长。）

前　言

关于网络与新媒体,从概念到特征,有各种不一样的看法与表述。其实,网络与新媒体是对网络媒体、数字媒体和移动媒体的总称,网络与新媒体平台是指采用网络技术、数字技术和移动通信技术等新技术进行信息传递与接收的信息交流平台,包括固定终端与移动终端。新技术、互动性、平台化、数据和算法,是解读网络与新媒体时代的重要关键词。

以新技术为引领,是指网络与新媒体的运营以新技术为基础。新技术的应用与普及,不仅为网络与新媒体的诞生提供了技术支持,同时也为其运营提供了信息载体,使得信息能以超时空、融媒体、高保真的形式传播出去。可以说,网络与新媒体的所有特征,均建立在新技术提供的技术可能性的基础之上。

互动性是网络与新媒体的本质特征。传统媒体时代信息的流动都是单向的,而网络与新媒体却突破了这一局限。它从根本上改变了信息的传播模式,也从根本上改变了传播者与受众之间的关系。传播者与受众以相对平等的地位进行信息交流,媒体以往的告知功能演变为如今的互动沟通。这种沟通不仅体现在媒体与用户之间,还体现在用户与用户之间。可以说,网络与新媒体的这一特征,不仅对传统媒体,而且对整个社会都产生了深远的影响。

平台化是网络与新媒体的主要特色。借助信息交换平台,传统媒体与新媒体逐渐走向融合——网络与新媒体以其包容性的技术优势,接纳与汇聚了传统媒体的媒介属性;而报刊、广播、电视等传统媒体则在适应新的媒体环境,与新技术相互渗透、融合之后,获得了二次发展。

数据,是网络与新媒体时代最重要的生产要素,是新媒体平台和传统媒体平台开展业务运营的基础性前提。平台运营的基础是基于用户数据的大数据挖掘与分析,有了数据的加持,媒体平台无论是用户运营,还是内容运营,抑或是活动运营,才会做到有的放矢。

算法推送是网络与新媒体时代同传统媒体时代的重要分野。传统媒体不管受众是谁、有什么实际需求,往往习惯于居高临下地"自说自话",极易造成"鸡同鸭讲"的无奈结果;而网络与新媒体平台则采用人工智能技术,基于算法、算力、运算法则和大数据,早早将目标用户"锁定",针对其新需求和隐性需求,选妥内容并适时推送。

修订、重新编写这套网络与新媒体系列教材,出于三方面的考虑。

其一,修订、重编教材要跟上网络与新媒体专业发展的步伐。20世纪90年代末,国内只有少数几家"先知先觉"的新闻传播院校在新闻学系开办"网络新闻方向"或者"网络传播方向",一般将它命名为"传播学专业"。其特征一是没有"准生证",二是专业(方向)定位模糊,这种状况直到2012年教育部将该专业列入高等学校本科招生目录才有所改观。到2022年,已有307家院校招收网络与新媒体专业的本科生[1],其专业教育已从初创时的"涓涓细流"汇聚成现在的"大江大河"。因此,相关教材的修订、重编必须跟上并适应这种发展态势。

其二,修订、重编教材要顺应网络与新媒体专业渐次规范的潮流。一个专业从无到有,无疑是"草创";其课程设置与专业定位皆无先例可循,也与"草创"无异;该专业创办以后,国内缺少成套教材,各院校只能选用在市场上销售的散本新媒体书籍作为教材供学生使用,同样是"草创"。因此,出版于2016年的9种"新媒体系列丛书"——《新媒体概论》《新媒体技术》《新媒体运营》《新媒体营销》《全媒体新闻报道》《网络视频拍摄与制作》《Web技术原理与应用》《新媒体内容生产与编辑》《新媒体广告》——虽也是"草创"产物,但对缓解当时的教材"荒",帮助该专业走向规范是

---

[1] 依照教育部指定高考信息发布平台统计,我国开办网络与新媒体专业本科教育的院校已达307所。

有贡献的。在此基础上,武汉大学新闻与传播学院课题组,在开展"基于一流课程的教学改革与实践研究"专项重点课题时[2],对国内54家院校网络与新媒体专业本科人才培养方案进行内容分析,以3434门专业课程为样本,按照开设频率和代表性,整合出16门专业核心课程,并在此基础上编写了16本专业教材——《网络与新媒体概论》《数字媒体技术》《融合新闻报道》《新媒体内容生产与编辑》《新媒体Web技术基础》《短视频拍摄与制作》《新媒体运营》《新媒体营销》《新媒体产品策划》《数据新闻:理论与方法》《新媒体数据分析》《数字媒介视觉设计》《新媒体广告教程》《新媒体伦理与法规》《计算传播学:理论与应用》《新媒介经营管理案例解析》——借此促进专业的课程设置和目标定位。虽然上述16本教材要涵盖该专业所有核心课程是困难的,但向着规范道路又跨出了坚实的一步。

其三,修订、重编教材要与知识更新迭代同步。网络与新媒体时代是一个变革的时代——传播技术在变,传播业态在变,媒体格局在变,人们的观念在变——变革是永恒的主题,它无处不在。与此相对应,知识的更新迭代同样迅猛。因此,修订、重编教材既要关注业界的最新动态,又要汲取学界的前沿研究成果,这样才能与知识更新迭代同步,始终立于时代前列。

修订、重新编写本套教材希望达到如下目标。

1．在指导思想上,本套教材着眼于网络与新媒体时代合格的应用型人才培养,适应人才培养逐步由知识型向能力型转变的需要。这是编写本套教材的基本方针,也是编写的基础和前提。

2．本套教材将"技术""内容生产""数据""运营""产品"五个层面作为着力点,将网络技术、数字技术、移动通信技术和人工智能技术等发展带来的各种新媒体形态作为主要研究对象,勾画出从传统媒体到融合媒体、从传统新闻到数据新闻、从传统营销到数字营销和从传统广告到数字广告的发展线索,落脚点和编写重点在网络与新媒体的理论与实践。教材内容既要相互关联,又要厘清彼此间的边界而不至于重复。

3．本套教材瞄准高等学校网络与新媒体专业或相关专业的专业主干课,因而教材的编写内容,除了具备普通高等学校在校本科生、研究生必须掌握的新媒体传

---

[2] 中国高等教育学会2020年度"基于一流课程的教学改革与实践研究"专项重点课题"新闻传播学本科专业核心课程体系构建研究"(JXD05)。

播、运营实务的基本知识和技能外,还必须具备开阔的思路和国际化的视野,这有利于完善学生的知识结构,有利于培养其具有适应时代需要的新媒体内容生产、新媒体产品策划、短视频拍摄与制作、新媒体数据挖掘、新媒体运营和新媒体营销等方面的能力,保证其毕业后能胜任相关工作。

4.本套教材既关注理论前沿问题,又将基本理论、实际应用和案例点评相结合,展现出独有的特色。

其一,基本理论部分。围绕网络与新媒体相关理论,只作概括性的叙述,不进行全面性的阐述,对其基本原理,力争深入浅出,易学易懂。

其二,实际应用部分。网络与新媒体基本理论的实际应用是本套教材的写作重点。无论技术层面,还是内容生产层面,抑或是数据、运营、产品层面,注重实际应用贯穿于每本书的编写之中。

其三,案例点评部分。每本书的大部分章节都要求安排与本章内容相关联的案例点评,点评的篇幅可短可长,从数十字到数百字均可,用具体的案例点评,来回应前面的基本理论和实际应用。

5.本套教材在编写过程中尽力做到有思想、有创见、有全新体系,观点新颖,持论公允,整体风格力求简洁、明了、畅达,并在此基础上使行文生动、活泼、风趣。

"理想很丰满,现实很骨感",上述目标在编写过程中是否实现了,还有待学界和业界学者、专家以及广大读者的检验与评判,为此我们祈盼着!

在本套教材付梓之际,需要感谢和铭记的人很多。首先要感谢武汉大学新闻与传播学院的老院长罗以澄先生,他不仅为本套教材的编写提出了许多建设性意见,还亲自撰写了序言,老一辈学者对年轻后辈的爱护与提携之情溢于言表。其次要感谢本套教材的所有作者,时间紧,任务重,至少有7本教材需要"另起炉灶",其间的艰辛与困苦可想而知。最后要感谢西南大学出版社的杨毅先生、李远毅先生、杨景罡先生、钟小族先生和鲁艺女士等,是你们的辛勤付出和宽大包容才使本套教材得以顺利面世,感激之情无以言表。

周茂君 于武昌珞珈山
2022年8月

目录
CONTENTS

第一章

1　绪论

3　第一节　计算传播学的概念和起源

5　第二节　大数据、人工智能与计算传播

12　第三节　计算传播学的内容、特征与影响

19　第四节　计算传播学的应用实践

第二章

27　计算传播学：传播学理论的新范式

29　第一节　大数据驱动传播学的范式转型

37　第二节　计算传播学的理论基础与研究方向

44　第三节　计算传播学新范式对经典传播学的影响

第三章

53　计算传播背景下大众传播的新样态

55　第一节　大众传播模式的嬗变

59　第二节　传播控制研究的嬗变

62　第三节　传播内容研究的嬗变

66　第四节　传播媒介研究的嬗变

68　第五节　传播受众研究的嬗变

71　第六节　传播效果研究的嬗变

目录
CONTENTS

第四章

75　数据闭环与营销变革

77　第一节　中国程序化广告的发展进程

80　第二节　数据孤岛的困境与突围

85　第三节　用户画像的描绘与应用

91　第四节　数据资产化打造新零售与新服务

96　第五节　数据闭环逻辑下的营销变革

第五章

103　Python编程与数据分析

105　第一节　Python语言基础

117　第二节　数据处理与分析基础

129　第三节　新闻关键词提取

第六章

135　社会网络分析与计算传播学

137　第一节　社会网络分析的概念与发展

140　第二节　社会网络分析的典型应用

156　第三节　社会网络分析在计算传播研究中的应用

157　第四节　Python与社会网络分析典型案例

目录
CONTENTS

第七章

167　文本分析与计算传播学

- 169　第一节　文本分析的概念与发展
- 180　第二节　文本分析的典型应用
- 183　第三节　文本分析在计算传播研究中的应用
- 185　第四节　Python与文本分析典型案例

第八章

191　情感分析与计算传播学

- 193　第一节　情感分析的渊源与概念
- 196　第二节　情感分析的典型应用
- 199　第三节　情感分析在计算传播研究中的应用
- 202　第四节　Python与情感分析典型案例

第九章

207　语义分析与计算传播学

- 209　第一节　语义分析的概念与发展
- 213　第二节　语义分析的典型应用
- 217　第三节　语义分析在计算传播研究中的应用
- 221　第四节　Python与语义分析典型案例

目录
CONTENTS

第十章

229 数据新闻

231　第一节　数据新闻的渊源与概念

235　第二节　数据新闻的技术应用

239　第三节　数据新闻的理论基础

第十一章

249 计算广告

251　第一节　计算广告的概念与渊源

254　第二节　计算广告产生的影响

259　第三节　计算广告的技术应用

263　第四节　程序化购买与程序化创意

第十二章

273 计算传播学的挑战与前景

274　第一节　算法逻辑下的机遇与挑战

285　第二节　计算传播学的未来前景

298 后记

第一章 绪论

知识目标

☆ 计算传播学的概念、内容、特征和影响。
☆ 大数据、人工智能的概念。
☆ 计算传播学的应用实践及主要内容。

能力目标

1.初识计算传播学并形成整体性认识。
2.理解大数据与人工智能在计算传播中的重要作用。

思维导图

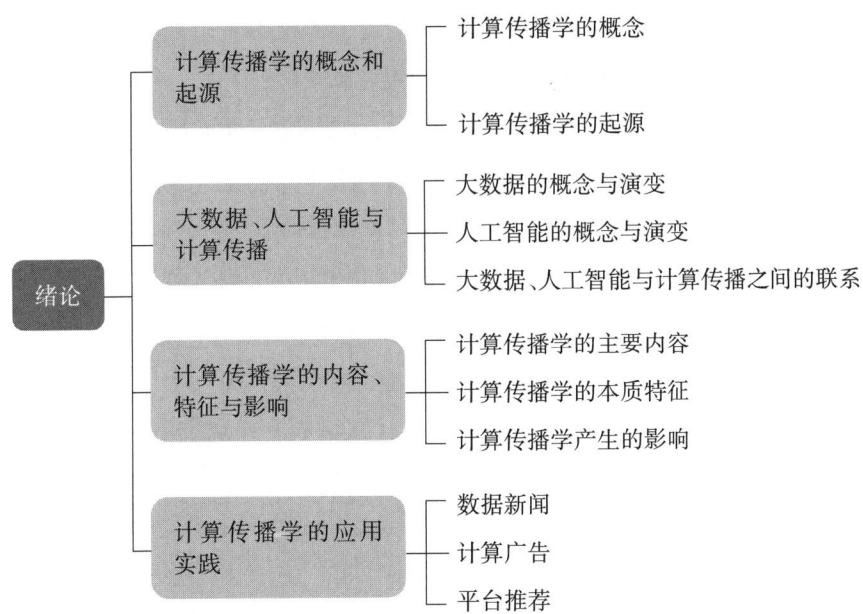

@ 案例导入

近年来,我国外卖行业不断向好,新生代劳动者队伍("外卖小哥")不断壮大。每日有超过百万数量的外卖骑手奔波在全国各省市的大街小巷之间,人们往往关注骑手"迟到""态度差"等过错,却较少有人关注这一群体的生活现状和社会权益。互联网时代的到来使许多生活场景、商业活动和用户行为都搬到了线上。2018年9月,城市数据团与配送服务平台"蜂鸟众包"合作发布了一篇名为《外卖小哥是怎样炼成的》的文章:通过对外卖小哥"数字足迹"的追踪和可视化分析,城市数据团得到了外卖骑手分时段的工作量情况、工作时间碎片化程度、骑手活动范围、骑行距离、骑手特征主成分等数据,得以窥见"外卖小哥"这一群体的真实生活和工作状态——连续高强度的奔波和碎片化抢单的循环切换。

直观的数据是上百万骑手的整体缩影,而在每一个数据细节的背后还真实呈现了骑手作为一个独立个体所具有的不同的工作风格和生活状态。[①]除了对外卖小哥这一群体的关注,活跃在国内大数据领域的城市数据团还借助各类数据化资源挖掘有价值的社会新闻,并利用社交媒体数据资源对公共健康安全进行监测和预测。过去,数据存储和计算能力远不如今,分析、利用海量数据资源并精准预测未来几乎是无法完成的事。如今,在大体量数据集和人工智能算法的支持和影响下,传播实践与传播研究不可或缺的与"新数据"和"新方法"紧密联系在一起,迅速发展成为富有潜力的计算传播研究取向。通过对大数据的深度挖掘和利用,计算传播研究也得以在全新的视角下发现更多人类传播行为的新问题和新现象,并逐渐回应社会面临的重大现实问题。

随着大数据和计算技术的兴起,基于海量数据的精确信息不仅嵌入社会经济的各个领域,影响着人们工作、生活、学习的方方面面,也带来了思维和理念的变革,成为我们认识世界的新方法。在海量可计算数据、智能算法和跨学科合作的共同作用下,传播学领域正在发生对传播生态具有深远影响的"计算转向"。

---

① 城市数据团.外卖小哥是怎样炼成的[EB/OL].(2018-09-10)[2022-10-20].https://mp.weixin.qq.com/s/Rv-9K0uaps094x9VKaU9cA.

第一节 计算传播学的概念和起源

在信息技术革命的催化之下,由网络科学、计算科学和传播学等多学科交叉融合形成了传播学新的分支领域和研究取向——计算传播学,因其全新的技术手段、理论视角和研究方法得到学界和业界的广泛关注,日益成为传播学领域炙手可热的方向。

一、计算传播学的概念

目前,国内学界已对计算传播学的概念和内涵做出了初步的界定和探讨。王成军最早在国内使用了"计算传播学"这个概念,并从可计算性的角度定义了计算传播学:计算传播学致力于寻找传播学可计算化的基因,以传播网络分析、传播文本挖掘、数据科学等为主要分析工具,大规模地收集并分析行为数据,挖掘人类传播行为背后的模式和法则,分析模式背后的生成机制与基本原理。[1]这一定义也为较多学者所沿用。此外,以下几个看法对于理解计算传播学也具有重要参考意义:刘庆振等认为"计算传播学主要的焦点是传播行为和传播过程的可计算性基础,以人工智能、数据挖掘、机器学习、推荐算法等计算机技术作为主要工具。"[2]祝建华等认为计算传播学是"通过收集和分析网上行为数据(online behavioral data),描述、解释和预测人类传播行为及其背后驱动机制的一系列计算方法(computational methods)"[3];从数据来源和分析方法来看,计算传播学的研究数据不再只局限于调查问卷、内容分析,还包括社交媒体上的"数字足迹"或其他在线存储的数据档案等,其数据分析方法在传统的统计分析基础上开辟了更多针对大数据处理的自动化分析方法。

随着数字媒体的发展,几乎所有传统媒体已完成了数字化的转型。人类传播行为呈现出数字化倾向,无论是日常浏览社交媒体、视频网站还是购物网站,我们的点赞评论记录、停留时长、搜索记录等数字痕迹和用户行为都会经过数字化处理被详细记录。数字媒体得以积累大量的用户行为数据,而可计算方法是挖掘利用这些数据的利器。

---

[1] 王成军.计算传播学:作为计算社会科学的传播学[J].中国网络传播研究,2014(8):193-206.
[2] 刘庆振,于进,牛新权.计算传播学:智能媒体时代的传播学研究新范式[M].北京:人民日报出版社,2019:8.
[3] 祝建华,黄煜,张昕之.对谈计算传播学:起源、理论、方法与研究问题[J].传播与社会学刊,2018(44):1-24.

信息技术革命背景下,大数据技术、人工智能、个性化算法、程序化工具等技术手段赋予了我们解决传播问题的新能力,被广泛应用于传播实践中,例如数据新闻、程序化广告、媒体推荐等,而网络挖掘、主题建模、情感分析等数据分析方法得以使研究者获得传统量化方法所无法收集到的更加全面的传播行为数据,例如非结构化文本信息、连续的时空信息等,以全新的视角发现新的传播现象和传播行为。简言之,"计算传播是指数字驱动的,借助于可计算方法所进行的传播过程,而分析计算传播现象的传播领域就是计算传播学"[①]。

计算传播学的基础在于人类传播行为的可计算基础。除了网络科学与计算科学的"可计算性"以外,计算传播学同样也根植于传统传播学的理论土壤之中。虽然计算传播学相较于传统传播学而言,带有浓厚的工具和方法的属性,但计算传播学并不等同于一门全新的学科,而是一种新的视角和思维方式,计算传播学的目的归根结底还是在于继承传统传播学研究的精华,补充、完善和发展研究方法与学科理论,发现和探究传统传播学尚未解决的一系列传播问题。

二、计算传播学的起源

随着移动互联网、社会化媒体和新媒体技术的发展,社会网络成为主流的信息发布和传播平台。大众获取和传播信息的方式发生了革命性的变化,任何个体都是在线社会网络的节点,是信息的传播源、接收者,这意味着人们能够突破时空限制,无时无刻不在社交网络上表达情感和发表意见,并且在数据技术的驱动之下,每一个节点的行为都会留下数字踪迹并被记录下来。数字化平台上的信息生产和传播在效率和数量上达到了空前的规模,而这些数据和信息同样也在反哺理论研究和媒介产业。位于云端的海量数据资源是如今这个时代非常宝贵的资源。受技术和实际需要的限制,传统的大众传播模式和传播研究无法支持也不需要实现数据的大规模收集。现如今,信息技术革命引发了传播生态的变革,赋予了我们全新的使命和更强的能力去发挥数据和算法的力量、更加准确全面地发现传播问题、优化传播过程。因此,随着新的技术力量的渗透应用,传播学亟需以新的视角和思路来解构与重构传播过程,将计算主义融入传播学以更好地发挥其作用。

[①] 王成军.计算传播学的起源、概念和应用[J].编辑学刊,2016(3):59-64.

计算传播应用出现的时间较早,而计算传播学作为一个概念的产生,起源于计算社会科学。2007年,邓肯·瓦茨(Duncn J. Watts)在《自然》杂志发表的《一个二十一世纪的科学》就强调了互联网传播数据及互动性对人类社会与行为的变革作用。2009年,以David Lazer为代表的诸多社会科学、网络科学家、计算机科学家于《自然》杂志上共同署名发表了《计算社会科学》一文正式对"计算社会科学"做出了明确的定义:通过对海量数据的采集和分析,旨在揭示人类个体的群体行为模式的新兴学科。自此,开启了计算社会科学的研究热潮。计算社会科学以大规模数据收集和数据分析作为主要的工具,以网络科学作为主要的研究视角,力图解释个体和群体行为的模式。在这之后,经济学、人类学、管理学、传播学等社会科学的各个分支学科均在不同程度上将计算科学与本学科进行融合,积极运用可计算、可量化的研究方法解决学科问题。在大数据和人工智能技术应用于媒介产业的实践背景下和计算社会科学与传播学的理论基础上,计算传播学这一概念应运而生。

值得一提的是,中文语境下的计算传播学和国际范围的计算传播学几乎是同步挂钩、相互推动的[1],该现象成了国内计算传播学研究的独特优势。这一优势主要得益于国内计算传播学最早的倡导者祝建华及其团队,他们在早期计算传播学的研究中起到了重要的启蒙作用。"计算传播学"这一词语的提出最早就起源于学者祝建华所创办的互联网挖掘实验室。之后,计算传播学很快便步入了学科建制的发展道路,例如2015年南京大学成立的计算传播学实验中心、2016年建立的国际传播学会(ICA)计算方法兴趣小组、2018年发起的中国新闻史学会计算传播学研究学会等。作为一种新的研究方法乃至是新的学科范式,计算传播学天然具备的研究潜力使其逐渐在传播学领域内崭露头角。

第二节 大数据、人工智能与计算传播

计算传播是数据驱动的传播过程。在已然开启的数字时代和智能媒体时代,计算传播学应运而生,启发着我们通过算法和数据的思维和方法来看待新时代的传播问题。

---

[1] 祝建华,黄煜,张昕之.对谈计算传播学:起源、理论、方法与研究问题[J].传播与社会学刊,2018(44):1-24.

大数据和人工智能是计算传播学乃至所有计算社会科学所赖以生存和发展的关键要素及核心技术。

一、大数据的概念与演变

信息时代，大数据俨然成为各行各业眼中蕴含巨大价值的"石油"资源。互联网公司、医疗行业、光学检测、金融公司等各个行业，以及我们日常的打电话、发短信、线上购物、网上聊天等行为，都在源源不断地产生海量的数据资源。根据国际数据分析公司IDC统计，全球近90%的数据将在这几年产生，预计到2025年，全球数据量将达到163 ZB；[1]中信通院于2020年发布的《大数据白皮书》也显示，2035年全球数据产生量预计达到2142 ZB，全球数据量将迎来更大规模的爆发。[2]仅在五六十年间，数据储存单位就历经了从MB到EB再到现如今以ZB级别起步的巨大跨越。IT行业预见了数据处理面临的问题，用"Big Data（大数据）"来形容这个问题[3]。信息技术的进步使得世间万物开启了数字化进程，由此带来了数据数量的指数级增长。网络带宽和大规模存储技术的发展为大数据时代提供了廉价的存储和传输服务[4]；除简单的文本、图像、声音等数据以外，互联网及移动互联网的诞生和普及忠实地记录着每一个身处复杂网络中的用户的行为踪迹，带来全球数据量的大幅提升；物联网同样是数据量暴增的关键因素：各种音视频采集器、各类传感器技术，被广泛运用于智能交通、环境保护、公共安全、气象灾害预报等各个领域。这些传感器、采集器随时在生产大量的环境数据，和互联网、移动互联网一起作为数据源提供曾经难以想象的海量数据；云计算则带来了真正意义上的数据中心，为数据的集中管理提供了必不可少的栖息之所，为大数据提供了强有力的工具。在20世纪60年代，人们只通过简单的数据库，计算机就可以存储数据并完成商业数据的分析报告。如今，技术驱动下的全球数据量以难以遏制的速度增长，过去的数据库和数据管理系统已难以胜任新环境的需求。

大数据发展的瓶颈和挑战倒逼着数据技术与处理工具不断更新迭代，同时也引起了产业界、科技界、学术界和政府部门的广泛关注。互联网领域公司最早开始重视数据

---

[1] 前瞻经济学人.2020年中国大数据产业市场发展现状分析[EB/OL].(2020-03-22)[2022-10-22].https://www.qianzhan.com/analyst/detail/220/200320-6e0eb0c1.html.
[2] 中国信息通讯研究院.大数据白皮书[R].2020.
[3] 陶雪娇,胡晓峰,刘洋.大数据研究综述[J].系统仿真学报,2013,25(S1):142-146.
[4] 赵国栋,易欢欢,糜万军,等.大数据时代的历史机遇：产业变革与数据科学[M].北京：清华大学出版社,2013:41.

资产的价值,引领着大数据的发展趋势[①];百度、阿里巴巴、字节跳动、IBM、亚马逊、Google等国内外知名企业在大数据的浪潮中,也相继拓展大数据业务、推出大数据产品、抢占数据资源以赢得发展机遇;国家层面,全球范围内各个国家与组织也注意到大数据之战略优势,将大数据作为国家战略资源,制定了一系列关于推进大数据发展的战略性政策和规划,例如2012年,美国投入实施的"大数据发展和研究计划",2015年我国国务院颁布的《促进大数据发展行动纲要》。除技术以外,大数据发展的驱动力同样包括政治与经济利益。

虽然"大数据"一词近年来才被学界广泛运用,但"大数据"这一概念并不是21世纪的产物。20世纪80、90年代,部分美国学者就提出了关于它的构想,在文章中将"大数据"作为术语使用,特指超出存储容量的大量数据和数据集。直到2008年,《自然》杂志发布了"Big Data:Science in the petabyte"的系列文章,首次将"大数据"引入研究者与科学家们的视野之中。自此以后,"大数据"这个概念被广泛使用,关于"大数据"的定义也呈现出多样化。以下是部分研究者对大数据的解释。

表1-1 大数据的定义

研究者	观点
麦肯锡全球研究院	大数据指的是大小超出常规的数据库工具获取、存储、管理和分析能力的数据集。
国际数据中心IDC	大数据是"为更经济地从高频率的、大容量的、不同结构和类型的数据中获取价值而设计的新一代架构和技术"。IDC还提出了大数据的4V特点,即数据容量大(volume)、处理速度快(velocity)、数据类型多样(variety)、数据价值高(value)。
美国国家标准与技术研究院(National Institute of Standards and Technology,NIST)	大数据是指数据的容量、数据的获取速度或者数据的表示限制了使用传统关系方法对数据的分析处理能力,需要使用水平扩展的机制以提高处理效率。
高德纳咨询公司(Gartner)	大数据是指需要新处理模式才具有更强的决策力、洞察发现力和流程优化能力的海量、高增长率和多样化的信息资产。
《大数据时代》Viktor Mayer-Schonberger&Kenneth Cukier	大数据是人们获得新的认知、创造新的价值的源泉,是改变市场、组织结构、政府与公民关系的方法。

需要注意的是,"大数据"并不等同于"海量数据",也不仅仅只有"大"这一个特征。阿姆斯特丹大学尤里·杰姆琴科(Yuri Demchenko)在4V的基础上发展了"大数据"的5V

---

① 赵国栋,易欢欢,糜万军,等.大数据时代的历史机遇:产业变革与数据科学[M].北京:清华大学出版社,2013:30.

特性:数据类型多(variety)、处理速度快(velocity)、数据体量大(volume)、数据价值高(value)和真实性(veracity)。一方面,大数据的数据集远远超过传统数据容量,其数据形式包括结构化数据、半结构化数据和非结构化数据,数据来源包括交互和交易数据;另一方面,比起传统数据的挖掘技术,大数据的数据处理速度能够满足大数据生产速率、实时分析;最后,大数据挖掘与分析技术能够在低价值密度的数据集中提取出重要的价值。大数据出现的意义不在于大规模数据的爆发性增长,而在于数据处理方式的质的飞跃。它代表着一种能力,使我们能够在数据的海洋之中,迅速地获得需要的知识及信息,发现过去之规律,预测未来之风向。

二、人工智能的概念与演变

提到人工智能,我们第一反应或许会想到围棋高手柯洁与AlphaGo的世纪人机大战:基于深度学习和强化学习工作原理的AlphaGo自诞生后曾先后以4:0和3:0的成绩击败了李世石和柯洁成为世界第一。尽管AlphaGo表示将不再参与和人类的对弈,但人工智能技术自此开始真正地走进了公众的视野,引发了人们对人工智能的思考,到底何为人工智能,为何人工智能有如此强大的能力?

虽然大多数人对于人工智能的认识开始于AlphaGo,但人工智能概念的诞生可以追溯到20世纪50年代:1956年的达特茅斯会议上,美国计算机科学家约翰·麦卡锡、马文·明斯基、克劳德·香农等人试图用机器来模拟人类智能,使机器的反应方式像人类行动一样。在这次会议上,"人工智能(Artificial Intelligence,AI)"的概念第一次被提出,同时也标志着人工智能学科的诞生[1]。而在"人工智能"概念产生的六十年里,人工智能曾先后经历过三次高潮与两次低潮。第一次高潮是1956年至1969年,人工智能通过对人类大脑运行的模拟,基于具体微观的问题发展了一些较为显著的成果,例如IBM公司研制的跳棋程序、世界第一台自主互动聊天的机器人ELIZA。1970—1979年,人工智能进入了第一个低谷期,其瓶颈也逐渐显现出来:科学家们提出了一些不切实际的目标,试图通过人工智能尝试一些更具挑战性的任务,然而关于人工智能的宏伟目标几乎完全失败。直至1980至1986年,人工智能迎来了第二次高潮,研究者们弥补了前期数学模型的缺陷

---

[1] 谭铁牛.人工智能的历史、现状和未来[EB/OL].中国科学院,(2019-02-18)[2022-10-23].https://www.cas.cn/zjs/201902/t20190218_4679625.shtml.

和局限性,使数学模型实现了重大突破并成功开发应用了专家系统,即通过模拟人类专家的知识与经验以解决特定领域的问题,使人工智能技术取得了突破性的进展。这一时期的研究成果主要有多层神经网络和BP反向传播算法等。但在之后的1987年至2000年,专家系统由于开发成本高、难以维护和应用领域狭窄的缺陷逐渐淡出市场,"第五代计算机工程"、人工智能计算机DAROA也宣告失败,人工智能再次跌入低谷期。

如今,我们正处于人工智能第三次崛起的风口浪尖。21世纪的信息环境发生了巨大的变化,人工智能也迎来了第三次发展的浪潮,而这次浪潮所带来的机遇和改变也是前所未有的:数据的爆发式增长、计算能力的不断优化和深度学习的逐渐成熟,开启了人工智能的新一轮繁荣。基于大数据和强大计算能力的机器学习算法在计算机视觉技术、自然语言处理技术等方向中取得了突破性进展,而这些进展为越来越多的企业所重视并不断扩展至商业场景之中。政府、企业机构开始将人工智能地位提高至战略高度,人工智能与社会经济领域的融合更加深入并由此出现新产业、新业态与新模式。新时代,我们面临着新一轮的产业变革和科技革命,而人工智能在此次变革中画上了浓墨重彩的一笔。

各界通常认为人工智能是研究、开发用于模拟、延伸和扩展人的智能的理论、方法、技术及应用系统的一门新的技术科学[①]。若要对人工智能有较为全面的理解,还需要理解人工智能的底层逻辑和顶层设计。人工智能的层次分为基础设施层、算法层、技术层和应用层。基础设施层是人工智能得以立足的基石,包括硬件能力、计算能力和大数据。算法层包括机器学习算法、深度学习算法。机器学习可以理解为通过算法使计算机拥有如同人类一般从数据中获取信息的能力,而深度学习则是使用复杂的模型和参数使模型对数据的理解更加智能。技术层包括计算机视觉技术和语音技术、自然语言处理技术、决策规划系统和大数据/统计分析技术,相当于人类智能"听""说""交流"和"判断"的能力。技术方向下还有多个具体子技术,例如图像识别、图像理解、语义理解、机器翻译和情感分析等。而最顶层,也就是应用层面,则代表人工智能的行业解决方案,即人工智能在各个领域的实践应用。尽管人工智能产生于计算机科学、信息科学领域,但是人工智能自出现以来,便天然具有跨学科的特性,不仅需要数学、计算机科学、统计学、神经科学的贡献,同时也需要哲学、社会学、法学等社会科学人文视角的参与,探讨法律、伦理与人之间的关系。

---

① 腾讯研究院,中国信通院互联网法律研究中心.人工智能[M].北京:中国人民大学出版社,2017:24.

随着计算机视觉技术、自然语言处理技术、语音技术取得重大成果,人工智能越发臻于成熟,推动着产业的发展变革。在交通、娱乐、医疗、住房、金融行业处处可见人工智能的身影。在现实生活中,无论是消费领域还是企业生产,人工智能已然渗透到日常生活的方方面面。虽然我们不一定能够时刻感受到它的存在,但我们总是有意无意地享受甚至依赖于人工智能技术为我们带来的服务,例如新闻资讯个性化推荐、智能语音助手Siri、商品拍照搜索、人脸识别身份验证、自动驾驶、智能翻译等。可以预见的是,随着人工智能技术越发成熟,人工智能和各个领域的融合渗透将更加深入和高效,并给我们的生活带来更加透彻的改变。

三、大数据、人工智能与计算传播之间的联系

2016年,彭兰在新媒体发展趋势年度报告中指出,未来媒体的新趋势是媒体的智能化[①]。在大数据、人工智能、物联网等技术的驱动下,我们已经踏入了智能媒体的时代。大数据与人工智能技术正在被传媒产业实践广泛接受,并催生了大量智能化的媒介产品、逐渐形塑着新的传媒业态。在此背景下,一门全新的学科,甚至可以说是新的学科范式——计算传播学应运而生。

"从根本上讲,大数据已经成为智能媒体时代最基本的生产要素,而各种有助于深度学习的算法则是其核心驱动力和关键引擎。"[②]随着物联网和传感器的发展,任何一个处于物联网中的物体都将成为智能节点,拥有一定的媒体智能属性,实时记录所处的环境信息以及我们的生活。此外,每个人都能够通过社交网络与他人传递信息,进而形成庞大的关系网络和巨量的文本。这些由高度连接的智能节点以及社交媒体的用户行为不断生产着的大量数据隐藏着亟待被开采的、丰富的价值资源,成为智能媒体时代重要的生产要素和资产。

通过对大数据的深度理解,人工智能的强大计算能力可以准确地预测用户的时空场景,并根据场景变化,精准化、个性化地为用户提供媒介服务。人工智能还可以"利用智能算法,对用户接触信息的习惯和喜好进行数据分析和定位跟踪,并直接向用户推荐他们感兴趣的信息"[③]。此外,要在智能媒体竞争中始终立于不败之地,关键在于算法的

---

① 彭兰.智媒化:未来媒体浪潮——新媒体发展趋势报告(2016)[J].国际新闻界,2016,38(11):6-24.
② 刘庆振,于进,牛新权.计算传播学:智能媒体时代的传播学研究新范式[M].北京:人民日报出版社,2019:32.
③ 范以锦.人工智能在媒体中的应用分析[J].新闻与写作,2018(2):60-63.

自我优化和改进。人们对媒介产品的使用时间越长、使用人数越多,媒介得以积累的可学习的数据越多——这些数据都将成为人工智能深度学习的养料,并将学习成果运用于下一次的实践之中。总而言之,"人工智能技术不仅形塑了整个传媒业的业态面貌,也在微观上重塑了传媒产业的业务链"①,大数据和人工智能改变了企业的商业模式和运营模式,越来越多的媒体、企业充分利用数据挖掘的优势,通过精准化的效果营销争夺用户的注意力。

物联网所带来的"泛媒介"现象说明关于"媒介是什么"的问题在新的媒介环境下有了更多的思考。物联网、大数据和人工智能技术的相互作用催生了与以往完全不同的智能媒体时代的媒介新业态,颠覆了我们对于媒介载体、媒介信息和媒体用户的理解,也更新着我们的思维、认知和行为方式。英国演化经济学家卡萝塔·佩蕾丝提出了"技术—经济范式",她认为"每次技术革命都会作为核心驱动力量不可避免地引发一次范式变迁,而这将是一个持续五十年左右的升级过程"②。现在的传播学正处于范式变迁的关键路口。大数据和人工智能的介入、传播技术的更迭要求传播学从旧的思维、方法和理论中跳脱出来,对数据主义、计算主义和算法工具展开新的思考。

计算传播学的兴起一方面源于人类进入了数字社会,大量行为踪迹能够被捕捉和记录下来成为可计算的数据资源;另一方面传播学也亟待进行新的学科转型和范式的创新,数据和人工智能给予了传播学转型的机会。过去以小数据为研究基础的分析方法很难再适应对海量数据资源的研究需求,而大数据技术、计算机技术、人工智能能够弥补过去量化方法的不足,为大数据的挖掘、处理、深入分析提供关键性的帮助,使计算传播学能够通过算法和数据挖掘传播行为和传播过程中的可计算性基础、分析传播现象与传播行为,例如传统量化方法所难以解决的非结构化数据能够通过文本挖掘和相关算法转化成结构性文本。此外,传播学传统的实证研究逻辑是自上而下的演绎推理,往往是在理论的前提下事先设定研究假设或问题的预设,通过定量的调查问卷和内容分析收集数据、验证假设。而大数据的逻辑则是自下而上的归纳推理,更侧重于探索和发现,在数据中挖掘知识和信息以预测未来和洞察规律。简而言之,人工智能技术与深度学习是计算传播学得以产生和发展的核心技术,而大数据则是至关重要的生产要素,是计算传播学研究和实践的根基所在和关键基础。人工智能与大数据不仅仅是依附于

---

① 喻国明,兰美娜,李玮.智能化:未来传播模式创新的核心逻辑——兼论"人工智能+媒体"的基本运作范式[J].新闻与写作,2017(3):41-45.
② 刘庆振,于进,牛新权.计算传播学:智能媒体时代的传播学研究新范式[M].北京:人民日报出版社,2019:24.

传播问题的方法,同样还为传播学研究提供了更加开阔的新视角和新思路。

在传播学、计算科学、统计学、数据科学的跨学科合作中,计算传播学的兴起很有可能在研究方法和理论、逻辑上实现对传统传播学研究范式的超越与革新。数据和人工智能、算法技术也为计算传播学带来了广阔的实践场所、研究方法和研究视角,但同时也带来了一系列问题,呼吁计算传播学问题意识与伦理意识的觉醒。计算传播学理论研究必须以社会实践相勾连,关注并回应重大的现实问题,例如如何通过数据挖掘和预测治理重大舆情,如何致力于推动计算广告、数据新闻更好地发展以及如何推进国家的数字化、智能化转型。这是以数据为支撑的计算传播学无法回避的现实,促使我们关注和解决计算传播学中的伦理问题。

第三节 计算传播学的内容、特征与影响

以大数据、人工智能、云计算等为关键技术的信息技术革命改变了传媒业态和传播研究。计算传播学因其全新的方法、思维和技术不断冲击着传播学的传播观和方法论,其所关注的传播现象、焦点、问题发生了巨大的变化。

一、计算传播学的主要内容

数据主义、计算主义与传播学的融合正不断完善传播学的学科体系和理论框架。那么,作为一种被学界广泛认同的、代表着未来新的传播学研究范式的计算传播学,到底在研究什么?依据拉斯韦尔经典的5W传播模式,本节将回到传播学研究重要领域和经典议题,从传播者研究、内容研究、受众研究、渠道研究和效果研究(Who, says what, to whom, through what channel, with what effects)五个分支出发加以说明。

(一)传播者研究

长期以来,信息传播过程中占据传播主体地位的一般为具有专业采编能力的媒体工作者、政府新闻发言人或企业公关部门等,他们对于传播媒介的掌握和对传播内容的

把控决定了我们能够看到、听到什么样的内容。这样的传播模式是单向的、线性的、清晰的,对于传播者的研究也十分清晰明了。然而在web1.0到web2.0再到移动媒体和智能媒体的逐渐进化过程中,传播门槛不断降低、社会化媒体越来越成为人们交流与互动的主流平台,"过去由专业媒体人主导的大众传播,已经扩展为全民参与的传播"[1]。简言之,曾经只能被动接受信息的受众也开始扮演信息传播者的角色,任何一个组织和机构都能够建立自己的平台、自主发布消息,近年出现的诸多自媒体、KOL等就是最好的例证。另外,在"万物皆媒"的时代,传播者超越了人的身份界限,以各种智能化物体的形式,在传感器技术和深度学习算法的支持下,全天候不间断地实现信息采集、加工和智能分发。

由于社交媒体的"去中心化",每一个人都可以是传播网络中的节点,因此,传受双方相互作用形成的传播关系和结构也十分复杂。在这种情况下存在的主要问题是,在海量数据的包围下,在遍布网络的用户行为足迹中,如何分清信息源、二次传播者、意见领袖和具有影响力的关键节点以及如何发挥这些异质性个体的传播能力,实现对传播现象及问题的控制性分析。计算传播学与网络科学为解决这些技术性问题提供了新的思路和方向,例如通过"网络拓扑结构的方法和信息传播过程的方法"[2]度量节点的传播能力进而发现网络中的意见领袖,并通过对有影响力的传播者的优化组合达到传播效果的最大化。

此外,通过数据抓取工具和数据可视化技术,我们也可以清楚地将数据流转化为简洁清晰的视图,发现以关系网络为基础的传播过程规律。尽管大众传播的外在图景已经发生了深刻的变化,传播学依然能够合理利用大数据以及计算方法发现复杂关系与结构中的传播者并展开相应的控制研究。

(二)受众研究

受众是指大众媒介的接触者和大众传播内容的使用者,然而在数字媒体或是智能媒体时代,受众的内涵已经发生了改变。计算传播视角下的受众不同于以往被简单笼统归纳的同质化群体,其最大的特点在于,当任何一个用户的媒体使用行为都将在技术驱动下成为数字痕迹被事无巨细地记录下来时,媒体所面向的受众将是极具规模的、无处不在的、数字化和个性化的异质个体。以往线性传播中单纯作为信息接收者的受众

---

[1] 彭兰.新媒体传播:新图景与新机理[J].新闻与写作,2018(7):5-11.
[2] 张伦,王成军,许小可.计算传播学导论[M].北京:北京师范大学出版社,2018:86.

身份变得更加丰富多元、身兼数职,既可以是内容生产者,也可以是传播者、旁观者、反馈者等诸多角色。此外,传统的受众调查已经远远不能满足现实的市场需求,无论是在抽样的数据量上还是对受众的描述和分类上,都无法做到足够精准和高效。在媒介泛化的当下,用户的参与行为是动态变化的,受众注意力成为稀缺资源,面对这样的复杂局面,我们的问题是如何准确地找到受众规模并准确描述其特征。

数据驱动的计算传播学显然能够为我们提供新的视角和解决思路。具体而言,杰佛瑞·汉考克曾针对中国海量用户规模做出受众研究的展望:在中国,有1 800万人在进行着多达1亿个红包的交易,这是一个令人着迷的文化现象,同时也可以对互惠和利他主义这一理论概念进行很好的检验[1]。显而易见,我们完全可以对这一重要的社会观念和现象进行大规模的数据收集和实验。在线的数据挖掘和在线试验等非介入式方法完全能够实现大规模受众数据的挖掘和分析。由于用户的行为数据被准确记录了下来,"大数据的思维和工具也给了我们直接面对个体、分析个体、服务个体的契机"[2]。我们可以更加细致地描述受众的性格、兴趣、爱好、个人偏好等个人信息,描绘出立体化、个性化的用户画像和全面的个人标签,准确地把握受众的内容偏好和信息需求,实现内容和受众的实时精准匹配,而这也是计算传播学研究的出发点之一。

(三)内容研究

从传统大众传播语境来理解内容,一般是指记者、编辑、策划、摄影、美工等专业人员制作和完成的,以文字、图片、音频、视频的形式发布于报纸、杂志、广播电视等媒介的各种报道和节目。然而随着技术手段的变化,传统媒体逐渐开始拥抱互联网思维,与新型媒体融合并改变原有的内容生产方式。简言之,当下媒体内容更多是以社会化媒体和移动互联网为主要平台生产的数字化信息,其中还包括许多由用户自主创作和发布的内容。

由于数据内容的可计算性,无论是结构化还是非结构化的媒体内容,我们都可以使用计算方法收集、整理和分析海量的文本,以展开内容研究。然而当前关注的重点是,尽管"内容为王"仍然是互联网媒体内容生产的核心竞争力,但仅靠高质量的内容已无法在日益激烈的竞争中取得绝对胜利,而是要在"内容为王"的基础上准确洞察用户的

---

[1] 李晓静,付思琪.智能时代传播学受众与效果研究:理论、方法与展望——与香港城市大学祝建华教授、斯坦福大学杰佛瑞·汉考克教授对谈[J].国际新闻界,2020,42(3):108-128.
[2] 刘庆振,于进,牛新权.计算传播学:智能媒体时代的传播学研究新范式[M].北京:人民日报出版社,2019:85.

需要、实现个性化的内容生产和分发。媒体内容生产需要具备用户思维,考虑用户的需要为不同用户群体生产不同形态的产品,而"计算传播学对面向的内容生产提供的解决方法摒弃了大众媒体所采用的定性研究方法和经验主义决策机制,更多地依靠来自全网的量化数据来提供生产决策的客观依据"[1],通过数据技术和人工智能,媒体能够对后台用户数据进行分析,甚至洞悉用户所在的时空场景,从而提供精准、个性的内容与服务。

这种数据和计算方法为传播内容研究带来的影响还体现在内容预测上,即以用户提交的内容发现和预测还未发生或即将发生的事件。较为典型的案例有 Ginsberg 等人对 Google 平台上用户的相关搜索词的研究:通过 45 个与流感有关的关键词,他们基于用户对关键词的搜索和使用,探究用户对流感问题的关注度,并准确预测了后续美国流感病毒的暴发。虽然这个研究之后为许多学者所质疑,但是不可否认的是,通过数据和计算方法对传播内容的研究有着无限的潜力。

(四)渠道研究

在新闻传播研究中,常见的渠道包括媒介系统(如电视、广播、报纸)、社会网络(如社区、参考群体)、组织(如政府、公司)等。渠道研究系统地连接了新闻传播学研究的各分支(如传播者、信息内容、传播效果),并衍生出众多的研究传统(如新闻扩散、创新的扩散)和研究视角(如传播网络分析)[2]。以往的传播渠道较为单一,但互联网及移动互联网的普及日益改变了人们获取和传播信息的方式,信息扩散方式和传播网络变得更加复杂和难以测量。对于传统的传播研究来说,很难做到对个体间的相互关系做出精细化测量,也无法通过精确的定量方法整体地描绘传播网络。面对如此丰富的在线数据资源,计算传播学集合大数据挖掘技术和网络分析手段,能够为新环境下的传播网络分析提供全新的研究方法和研究思路,分析以往所难以观察的传播网络与信息扩散特征。

现如今,用户所能接触的媒介渠道不仅限于传统的广播、电视、报纸。在物联网时代,我们可以随时随地通过各种设备、物品接入互联网,例如可以联网、具有一定智能并能够和外界进行信息交流的智能家居,"实现车与人、车与车、车与环境、车与公共信息

---

[1] 刘庆振,于进,牛新权.计算传播学:智能媒体时代的传播学研究新范式[M].北京:人民日报出版社,2019:78.
[2] 祝建华,彭泰权,梁海,等.计算社会科学在新闻传播研究中的应用[J].科研信息化技术与应用,2014,5(2):3-13.

系统等各个层面的信息交互"①的汽车及车联网,通过VR采集人体数据,虚拟沉浸式参与远程会议、游戏娱乐或运动健身等。这说明媒介已经以一种更加智能化、泛在化的方式渗透于我们生活学习的方方面面。用户获取信息资源、产品服务、沟通交流的方式在如今万物皆媒的时代变得更加多样化和个性化,其中,智能手机或许都将成为移动智能设备当中最不起眼的一个。"多维感知的物联网叠加强大的计算能力,使得未来的新闻、广告、娱乐信息真正做到千人千面"②,如今关于媒介渠道的研究还需要考虑如何通过数据和算法工具找到最符合用户需求的媒体终端。

(五)效果研究

在传播学研究领域当中,效果研究一直占据着重要的地位。为了实现开展传播活动的最终目的,无论是学界还是业界都非常重视传播效果研究的议题。一般来说,传播效果研究可采取的基本方法有定量分析和定性分析,定量分析中又较常使用调查分析法来知晓用户态度和行为层面的变化,根据调查结果调整传播策略。然而由于技术的限制,传统效果研究的定量方法基本无法覆盖大规模的受众以及获取精确到具体每一个人的详细信息。受限于传播路径和受众态度变化的复杂性和不可跟踪,传统的传播效果研究始终是有限的。

移动互联网与社交媒体的诞生使用户得以将获取、发布、传播信息和交往交流的场地搬到互联互通的社交平台。用户的媒介使用行为、情感态度、社会关系等数字痕迹以数据的形式存储于云端,而这些可获取的数据资源意味着用户的态度行为都将有迹可循,并能够覆盖更大规模的群体及定位到任何个体,例如在周葆华关于网络哀悼社区的研究中,就通过文本挖掘方式获得了李文亮评论区近134万条、77万人的评论数据,发现了一年间微博用户参与网络哀悼的情感变化③。计算传播学为传播效果分析提供了海量数据以及强大的计算能力,弥补了过去传播效果分析的局限性,而在这种全新实践方式和认知方式下的效果研究能够为传播活动的策略提供更加精确、客观、全面的反馈和参考。随着建立在数据和新技术基础上的传播效果研究愈发成熟,传统传播效果研究中具有代表性的成果理论,例如"魔弹论""议程设置理论""知沟理论""沉默的螺旋"等将被赋予新的内涵。

---

① 彭兰.万物皆媒——新一轮技术驱动的泛媒化趋势[J].编辑之友,2016(3):5-10.
② 宋美杰.万物皆媒:5G时代的媒介变革与创新[J].中国报业,2019(7):18-21.
③ 周葆华,钟媛."春天的花开秋天的风":社交媒体、集体悼念与延展性情感空间——以李文亮微博评论(2020—2021)为例的计算传播分析[J].国际新闻界,2021,43(3):79-106.

二、计算传播学的本质特征

伴随着大数据对新闻传播领域的渗透,学界开始有意识地利用大数据进行新闻传播研究。许多传统媒体计划组建数据新闻团队,或联合新媒体打造"云计算"和"全媒体平台",为大数据分析和数据驱动的生产建立庞大的数据库基础和通畅的信息交流整合渠道,以挖掘大数据的二次价值[①]。在人工智能产业化和商业化掀起巨大浪潮之时,具有数据化、智能化、算法化特征的智能媒体也成了传播研究的热点,在传播实践层面逐渐发展进化出了个性化的推荐系统、社交机器人、机器人写作、程序化广告等。处于数字化时代的我们正一脚踏入智能化时代。因此,当谈到与大数据和人工智能密不可分的计算传播学时,大部分人可能会列举出一些计算传播所关注的具体实践应用或抛出背后复杂的算法、计算程序、软件工具等。

无论是利用大数据和各类计算工具开展关于人类传播现象和传播行为的研究,还是通过深度学习、算法架构实现个性化的内容推荐、广告投放、精准营销,计算传播学之本质始终在于通过数据驱动的计算方法解决人类的传播问题。人工智能要素包括算法、算力和数据,而其中的数据则是人工智能的基础,也是计算传播学的核心要素与基础。于计算传播而言,传播研究得以进入快速发展阶段并能够探索从前未可知领域的基础就在于来自各类社交媒体、智能媒体可计算的用户数据和环境数据。以社会舆情的关注为例,大数据"成了人类生存痕迹和心理变化的记录仪,成为不折不扣的'人类仪表盘'"[②],能够完整地记录网民们在互联网上产生的,记录着他们的话语、互动、交往、情感的海量数据。传统的舆情监测只局限于浅层的表达,无法深刻把握舆论背后的网民们的社会心理和社会关系网络,然而计算传播学研究通过数据分析手段能够准确地描绘出网民的社会关系网络、社会心理和诉求,甚至能够将舆情监测转向舆情的预警和预测,更好地应对危机和服务社会。不仅是社会舆情的把握,诸多相关的研究说明,计算传播学从其本质而言是以计算与数据的思维面向人类的传播问题。数据源于人也作用于人,计算传播以数据为依托始终要回到"以人为本"的信息传播初衷,即面向人类的信息传播现象和问题。

[①] 喻国明.大数据对于新闻业态重构的革命性改变[J].新闻与写作,2014(10):54-57.
[②] 李彪.大数据视域下社会舆情研究的新境界[J].编辑之友,2013(6):13-15+19.

三、计算传播学产生的影响

作为一门新兴的交叉性学科,计算传播学的发展目前还处于起步阶段,但随着整个社会迈入数字化和智能化、大数据时代,社会科学计算化的转型,计算传播学也涌现了一批研究成果。大数据技术、机器学习、深度神经网络等各种与计算机科学息息相关的计算方法被引入传播学,使得曾经无法解决的传播问题有了新的突破口和解决思路。计算传播学的价值和产生的影响,主要可以归纳为以下三点。

(一)实现用户、场景、内容的精准匹配

在"万物皆媒"的时代,人们所理解并使用的媒介远远超出传统意义上的大众媒体。一方面,无处不在、随时可接入网络的智能终端充斥于我们的生活,另一方面,由此而产生的数据也将每天呈指数级别增长,这意味着用户将不断地接受和消费各类信息和内容。在信息过载的情况下,用户几乎很难有足够的注意力和充裕的时间驻足于固定的媒介和内容。对于广告主和媒体来说,他们需要在正确的时间和地点通过智能终端为用户提供合适的内容,以在激烈的行业竞争中争取用户资源,对于用户来说,则需要在特定的时空和繁杂的信息中高效地获取符合自身需求和兴趣爱好的产品和信息。

面对数以亿计的受众,传统的大众媒介很难根据每个用户的个性需求提供针对性的信息服务,然而计算传播学恰恰能够弥补传统传播学领域应对大数据处理和分析方法的不足。大数据"一切皆可量化"的特征使得用户的行为轨迹、地理位置、兴趣习惯乃至社会交往关系和情感体验都能够以数据的形式被记录下来。通过数据深度挖掘和算法工具,基于互联网聚合的用户数据针对用户的精准定位、时空场景分析以及对传播效果的精准评估,以大数据和人工智能为关键要素和核心技术的计算传播学完全有可能在智能媒体时代实现用户、场景、内容的精准匹配。

(二)为媒介产业变革奠定理论基础

伴随着大数据、云计算、人工智能等信息技术的发展,媒介产业也迎来了新一轮的变革,面临着新的机遇和挑战。媒体内容生产不仅局限于专业媒体,普通用户也可以根据自己的想法在社交媒体上自由创作和发布。用户接收内容的方式也不再只是通过传统的媒体机构,而是转向更加多元的传播渠道和海量的网络资讯。随着智能化时代的

到来,机器人、人工智能深深冲击着传媒行业,用户的媒体使用习惯逐渐向移动端迁移,传统媒体单一的传播渠道不再适应新环境的需求。简言之,在新技术变革背景下,传媒产业内外部环境已经发生了深刻的变化,要求各级媒体不断探索新的赛道以适应新一轮的变革。

由数据科学、计算科学和人工智能驱动的媒介产业的发展和变革走在前列,旧有的传播学理论已经无法回答新的问题,亟需学界提供新的理论指导和解决方案使媒介产业跃上新的台阶。与产业发展紧密结合在一起的计算传播学就是在这样的环境和要求中发展起来的,未来的媒介产业发展趋势指向了数据化、数字化和智能化,作为融合了经典传播学理论和大数据、人工智能技术的新兴学科,计算传播学的发展无疑是对传媒产业的最佳回应,为媒介产业的变革带来不可或缺的理论基石。

(三)为传播实践的新应用提供指导

计算机技术和数据科学与新闻传播领域的交叉融合深刻地改变了当前的传播实践。从内容生产来看,随着传感器、大数据和深度学习算法等技术的广泛应用,媒体通过计算机程序便可代替人工参与数据的采集、分析、加工,实现内容的程序化生产,例如机器人新闻、算法新闻和数据新闻。面对移动互联网时代的海量数据和用户的个性化需求,基于算法推荐技术的搜索引擎和推荐引擎实现了媒体内容的智能化和精准化分发,并不断要求传播实践实现用户、场景与内容的精准匹配。建立在大数据、人工智能基础上的精准化传播与个性匹配也面临着信息茧房、算法偏见等问题,对未来传播研究与实际应用提出了新的要求。面对全新的传播实践,计算传播学对数据技术、精准传播、智能传播的深入探讨将不断为其打开新的思路、提供有价值的参考。

第四节 计算传播学的应用实践

大数据与人工智能的兴起为传媒行业的发展带来了前所未有的冲击,促使媒介产业开始审视外部环境的变化并做出相应的变革。目前,在计算传播的实践层面,已经发展出了数据新闻、计算广告、平台推荐等多个应用领域。

一、数据新闻

大数据时代的到来为各行各业都带来了革命性的冲击,传统的新闻媒体行业也不例外。数字化浪潮改变着整个媒体生态格局的同时,新闻产业也面临着经营和转型的危机:在互联网和移动互联网风光正盛、传统新闻媒体形式日渐式微的关头,新闻产业要如何迎难而上探索盈利的新方式?在信息资源泛滥、人们被海量价值密度低的数据淹没、无暇处理和辨别信息的当下,如何满足公众对知识和深度信息的迫切需求,使新闻行业回归本真?在此背景下,媒体开始运用数据资源和计算机技术探索新型的新闻报道形态,即数据新闻。

数据新闻发端于新闻实践领域,是计算传播学在新闻生产过程中的应用实践。之所以认为数据新闻是计算传播学的典型应用,原因在于数据和计算方法贯穿于整个数据新闻生产过程。由多个新闻机构的数据新闻倡导者及业余爱好者共同编写的全球第一本专门探讨数据新闻的著作《数据新闻手册》(*The Data Journalism Handbook*)一书中解释道:"数据可以是数据新闻的来源,也可以是讲述新闻故事的工具,还可以两者兼具"[1]。从价值角度理解,数据新闻是"运用各种计算方法从数据中寻找故事并进行数据叙事,使信息升华为对公众更有价值的知识"[2],在整个新闻生产过程中,数据新闻始终以服务公众利益为出发点,在杂乱的数据中梳理出与公众生活息息相关的有意义的信息;从生产和呈现形式来看,数据新闻可以理解为"基于数据的抓取、挖掘、统计、分析和可视化呈现的新型新闻报道方式"[3]。

传统新闻生产往往由新闻记者通过新闻发布会或线人爆料获得新闻线索后赶往现场采访获得信息并最后撰写成稿,而数据新闻打破了原有的生产模式:首先,通过开放可接触的数据库,例如国际数据门户网站 Data.gov、国家人口与健康科学数据平台等政府公开的数据来源,类似于 Google public date、阿里研究院等企业创建的数据平台和包含大量民意数据的社交媒体平台等获得新闻线索;其次,利用诸如 Python、Django、Google Refine 等特殊的软件程序来处理、统计分析数据,并发现数据之间的相关性、挖掘其中有价值的新闻;最后则通过原始数据或利用可视化工具制作信息图、新闻地图或交互式图表等方式呈现新闻,使公众对新闻事件有更加全面立体的理解。数据新闻并不

---

[1] GRAY J,CHAMBERS L,BOUNEGRU L. The data journalism handbook:How journalists can use data to improve the news[M]. 1st ed. Sebastopel:O'Reilly Media,Inc.,2012:3.
[2] 张伦,王成军,许小可.计算传播学导论[M].北京:北京师范大学出版社,2018:86.
[3] 方洁,颜冬.全球视野下的"数据新闻":理念与实践[J].国际新闻界,2013,35(6):73-83.

仅仅拘泥于可视化呈现,还可以是新闻故事的形式,甚至是仅仅展示数据,但作为一种高效且美观的信息传播方式,数据可视化受到数据新闻制作人员的欢迎且广泛运用于数据新闻领域。

关于数据新闻实践,英国《卫报》、美国《纽约时报》《华盛顿邮报》等知名媒体较早开始推行数据新闻,此外,独立新闻机构Propublic也被认为是最早的数据新闻先驱者之一。这些西方主流媒体和新闻机构设立了专门的数据新闻团队并创作了许多经典的数据新闻。其中一个典型的个案是英国《卫报》的《解读暴乱》。2011年夏天,英国伦敦爆发骚乱事件,当时的政客们一致将矛头对准社交媒体:他们认为社交媒体是带来暴动的罪魁祸首。由于英国政府并没有对暴乱的动因展开调查,《卫报》和伦敦政治经济学院合作创建了史无前例的解读暴乱项目[1]。比起西方主流媒体的数据新闻实践,我国对数据新闻的尝试开始得较晚,早期主要是一些门户网站和新兴的网络媒体对数据可视化的初步探索,例如搜狐的"数字之道"、新浪微博的"图解天下"、网易新闻的"数读"和财新网创建的数据可视化实验室。随着对用户交互体验、场景体验的重视,数据新闻逐渐成了新闻报道的内容主体。如今,在5G技术、媒体融合、智能化时代的情境下,面向新环境的数据新闻也将迎来新的机遇和挑战。

二、计算广告

计算广告是计算传播学在广告产业中的重要应用。伴随着信息技术的发展和互联网广告的演进,计算广告这一新型的广告形式也随之诞生,赋予了广告计算和数据的内涵。关于计算广告的概念,Andrei Z Broder与Dr. Vanja给出了业界较为认可的定义,即计算广告是为给定情境下的用户找到一个合适的广告,实现用户、场景和广告的最佳匹配。刘庆振则认为"计算广告是根据特定用户和特定情境,通过高效算法确定与之最匹配的广告并进行精准化创意、制作、投放、传播和互动的广告业态。技术和数据是这一业态产生和演进的两大关键驱动因素,而通过算法集合自动寻找广告、情境与用户三者之间的最佳匹配则是其主要目的"[2]。

---

[1] GRAY J, CHAMBERS L, BOUNEGRU L. The data journalism handbook: How journalists can use data to improve the news[M].1st ed. Sebastopel: O'Reilly Media, Inc., 2012:85.
[2] 刘庆振."互联网+"时代的计算广告学:产生过程、概念界定与关键问题[J].新闻知识,2016(6):9-15.

计算广告起源于互联网广告的发展和流变。"从单向线性传播的 Web 1.0 到双向互动的 Web 2.0 再到智能服务的 Web 3.0,互联网信息传播机制不断变化,广告作为承载独特使命的信息,与数字媒体平台的属性保持一致的流变路径"[1]。在 Web 1.0 阶段,网络传播仍然是单向的信息传播模式:传播者可以通过网页发布信息,接受者也可以自主搜索信息,但对于用户来说,网页信息只可读取却不能写入。因此,传播者只能通过粗糙地划分内容板块并填充内容以实现内容的差异化,根据不同板块的类型投放广告,这类广告也叫作合约广告。合约广告往往被认为是线下杂志广告、报纸广告的线上翻版,广告的经营模式也基本上照搬线下的操作逻辑。广告双方通过合约的形式确定广告位的占有时间和广告的创意投放策略,按时长和按展示量收费。在这个阶段,互联网广告所能依靠的数据量较小,难以获得大数据技术的支撑,完全不具备精准化和个性化特点,因此,还不能将合约广告称之为计算广告。

随着 Web 2.0 的到来,社交媒体平台的崛起打破了原有的单向传播模式。用户不再只是信息的观众,同样也是内容的创作者。用户的行为,例如对社交媒体内容的点赞、评论、转发、关注等数字踪迹为自身建立起了独一无二的兴趣标签,为互联网理解受众需求提供了数据支撑。广告主可以通过用户标签定位特定的用户群体以精准投放广告信息,并根据用户的反馈实时调整。这一阶段的计算广告类型主要是竞价广告。随着谷歌搜索引擎的发展壮大,产生了以搜索广告为代表的竞价广告。搜索广告主要是对搜索关键词、网页关键词进行竞价出售。由于用户的搜索关键词反映了用户的需求,每一则广告都通过计算机计算被放置在了合适的位置以匹配用户的实际需要。竞价广告精准投放和数据驱动的特点使其被认为是最早的计算广告形态。

进入到 Web 3.0 时代,移动互联网、大数据等技术的发展让广告发生了新的变革。在这一阶段,计算广告的本质在于对场景的感知和信息的适配,智能算法能够整合用户线上线下数据,构建立体的用户画像以实现用户与场景的最佳适配。当前的广告形式主要是建立在实时竞价基础上的程序化交易广告。程序化购买能够对海量数据进行完全自动的实时分析和优化,对用户的行为进行评估和出价,高效连接广告主与代理公司和网络媒介。"在程序化购买四大主要平台 DSP、SSP、DMP、ADX 中,DMP 作为计算广告的中枢神经系统,对人群数据进行分类标签整理及相似人群寻找等旨在精准定位用户的数据处理,使广告投放更具针对性。通过对用户基本属性、地理位置、终端属性、渠道

---

[1] 段淳林,杨恒.数据、模型与决策:计算广告的发展与流变[J].新闻大学,2018(1):128—136+154.

属性、行为属性、价值属性、兴趣属性等多维度属性的聚焦,目标用户的形象被清晰勾勒和抽象集成概括,复原用户在真实生活场景中的生活轨迹,为用户贴标签,实现用户信息与用户需求的可视化"[1]。

与传统观念上的广告不同的是,计算广告的核心在于数据运用和技术驱动,"机器和算法取代了过去的人工操作与人工服务,从而产生了技术和数据驱动型的计算广告的产品形态和产业生态,并对整个广告市场产生了深远的影响"[2]。通过对用户数据的分析和学习,计算广告将传统广告生产中模糊的目标受众变得更加精准,并具备将个性的广告信息推送给定向用户的能力。随着算法与智能技术带来更加精密的计算和场景匹配,个性化服务和精准推送将是未来广告所具备的最基本的特质。

三、平台推荐

在互联网数据海量增长的时代,我们每个人面临着信息过载的问题。人们越来越没有办法从大量的信息当中快速准确地获取自己想要的内容。如果仅仅依靠用户自己的检索,那么对于用户本身来说是一件费时费力的事情,对于平台来说也面临着用户快速流失的危机。因此,为了满足用户的信息需求,能够做到快速筛选内容并实现精准分发的平台推荐应运而生。

平台推荐,也称作个性化推荐和算法推荐。喻国明等认为个性化推荐就是"通过对用户行为和关系的分析,挖掘用户对内容的偏好和潜在需求,通过信息聚合,自动为其生成符合其需求的信息,从而实现个性化的内容推荐和定制新闻发送"[3]。一方面,个性化推荐要能够实现对各种门户网站、App、线下媒体的信息聚合;另一方面,要能够在用户以往的内容消费习惯和媒介使用行为的基础上,最大程度地描述和预测用户的兴趣爱好,为其推荐最符合用户需求的内容资讯。一般来说,媒体推荐最常用的逻辑与算法有协同过滤、基于内容、基于知识或混合推荐算法[4]。协同过滤算法是利用群体协作的方法将与你兴趣相似的用户所喜欢的内容的推送给你,本质相当于用户之间的信息共

---

[1] 段淳林,杨恒.数据、模型与决策:计算广告的发展与流变[J].新闻大学,2018(1):128-136-154.
[2] 刘庆振."互联网+"时代的计算广告学:产生过程、概念界定与关键问题[J].新闻知识,2016(6):9-15.
[3] 喻国明,李慧娟.大数据时代传媒业的转型进路——试析定制内容、众包生产与跨界融合的实践模式[J].现代传播(中国传媒大学学报),2014,36(12):1-5+11.
[4] 吕学强,王腾,李雪伟,等.基于内容和兴趣漂移模型的电影推荐算法研究[J].计算机应用究,2018,35(3):717-720+802.

享;基于内容的推荐算法是通过用户的历史浏览记录和行为数据来完善用户的画像和兴趣图谱,将与用户画像相似度高的内容资讯推送给用户;基于知识的推荐算法则是利用与用户的交互、回答直接获得用户的指定需求从而进行内容推荐。此外,有许多媒体与平台不仅仅只是依靠单一的算法推荐,而是混合利用多种算法以达到更好的推荐效果。无论是利用何种算法,媒体推荐的最终目的就是将符合用户兴趣爱好的内容,快速、精准地呈现在用户面前,甚至是提前预测用户喜好,有效地减少用户不感兴趣的内容,而要实现这个目的,就需要不断地优化算法,完善用户画像和内容画像。

这种个性化推荐的兴起伴随着科技公司、互联网公司的崛起,例如海外的 Netflix、Google、Facebook,以及国内的字节跳动、阿里巴巴、百度等。字节跳动旗下的新闻资讯类产品今日头条、短视频类产品抖音都是国内热门的个性化推荐产品。抖音之所以能够在当下成为短视频领域的头部平台,主要就是依托其强大的算法推荐功能。在抖音 App 的首页可以看到推荐、好友、同城模块,我们所看到的具有足够吸引力的视频都是基于各种算法有针对性的推送。当用户注册账号时,平台能够获得用户的基本信息,通过协同过滤算法为用户推荐相似用户所喜欢的视频。当用户浏览、点赞、评论了一些视频以后,平台则会依据用户的互动数据,不断形成用户的兴趣图谱以投其所好地推送视频。在用户授权的前提下,抖音就能够通过用户的位置信息优先推荐同城热门视频,并通过由用户亲戚朋友、同学同事等强关系构成的社交图谱,为用户推荐好友发布的内容。除此之外,用户在推荐模块所看到的高点赞、高评论的优质视频是经过层层叠加推荐而出现在首页的。当用户在抖音平台发布视频以后,平台会根据用户所在地域、标签等为其分配流量池,当视频获得可观的完播率、点赞量、评论量和转发量之后,则会被平台判定为优质视频进入下一阶段的推荐,被更多用户所看到,所以用户在推荐模块所看到的视频都较为优质、创意新颖。正是基于这些强大的算法推荐功能,抖音在激烈的短视频市场当中争取到了大量高黏性用户。不仅仅是以抖音为主的短视频平台,几乎任何一个社交媒体、新闻资讯平台、电商平台背后都离不开大数据和算法支持,有些用户甚至在意识到媒体内容分发的逻辑之后"反客为主",主动点赞或评论某条视频或新闻,将数据和喜好反馈给系统,希望平台能够推送更多相关内容。

归根结底,平台推荐的特征是以用户为中心。依据大数据算法的平台推荐正不断改变着用户的内容消费习惯并影响着内容的生产、分发、反馈环节,冲击着传统媒体改革转型。在智能化时代,越来越多的媒体平台将引入个性化推荐,而面对随之而来的

"信息茧房"问题,不仅要强化媒体平台的责任意识、提高用户媒介素养,还要推动算法推荐技术的新升级、发挥专业把关人的作用、加强对算法推荐规则的监管。

本章小结

本章从计算传播学的相关概念与缘起入手。第一节结合国内外研究成果,梳理了计算传播学的概念及其产生的过程,计算传播学起源于计算社会科学,具有显著的学科交叉的特征。第二节主要介绍了大数据、人工智能的概念与演变,及其与计算传播之间的联系。计算传播学作为一个跨领域的交叉学科,与数据、人工智能、算法等概念密不可分,通过对概念的梳理有利于更好地理解计算传播学作为一种新的研究取向所经历的颠覆性变革,以及为传播研究所带来的全新方法和路径。第三节概述了计算传播学的主要内容、本质特征和现实影响。计算传播学研究内容依循经典传播学5W的范畴,在新的研究视野中继承和发展经典传播模式与经典的理论成果。计算传播学的本质在于通过数据和计算方法解决人类传播问题,在理论和应用层面,计算传播学能够实现用户、场景和内容的精准匹配,为媒介产业变革奠定理论基础,并为传播实践的应用提供指导。第四节分别列举了计算传播的实践应用,数据新闻、计算广告和平台推荐,后续章节将对计算传播实践进行更加详尽的阐述。

思考题

1. 如何理解计算传播学以及计算传播学和计算社会科学、计算传播的关系?
2. 数据与大数据有何不同?大数据和人工智能对于计算传播学来说意味着什么?
3. 以5W为切入点,计算传播学与传统传播学有何不同?
4. 如何理解计算传播学的本质?
5. 谈谈你对用户、场景与内容精准匹配的理解。
6. 目前计算传播学的应用实践有哪些?请试举两个具体实例。

第二章 计算传播学:传播学理论的新范式

知识目标

☆ 大数据时代计算传播学兴起的背景。
☆ 计算传播学的内涵以及与传播学传统范式的区别。
☆ 计算传播学的理论基础与研究方向。
☆ 计算传播学新范式的兴起对传播学研究带来的影响。

能力目标

1. 理解大数据时代传播学研究的范式转型。
2. 掌握计算传播学与传播学传统范式之间的联系与区别。

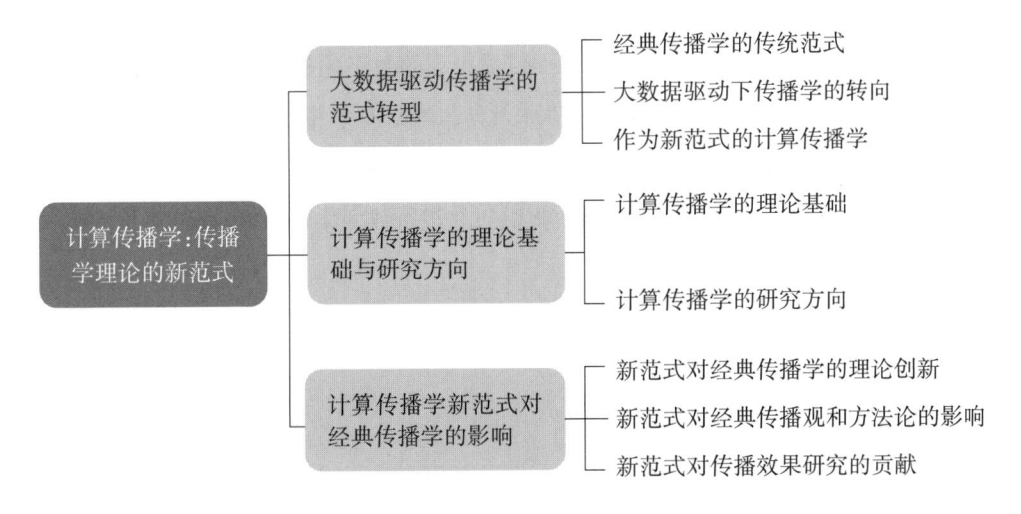

思维导图

计算传播学:传播学理论的新范式
- 大数据驱动传播学的范式转型
  - 经典传播学的传统范式
  - 大数据驱动下传播学的转向
  - 作为新范式的计算传播学
- 计算传播学的理论基础与研究方向
  - 计算传播学的理论基础
  - 计算传播学的研究方向
- 计算传播学新范式对经典传播学的影响
  - 新范式对经典传播学的理论创新
  - 新范式对经典传播观和方法论的影响
  - 新范式对传播效果研究的贡献

@ 案例导入

2022年12月12日,中国信息通信研究院发布公告称,将于2022年12月13日0时正式下线"通信行程卡"服务,短信、网页、微信小程序、支付宝小程序、App等"通信行程卡"查询渠道也将同步下线。与此同时,依据个人隐私信息保护相关的法律法规,中国电信、中国移动、中国联通三大运营商表示将同步删除用户行程相关全部数据,依法保障公民的信息安全。在数字化时代,数字化生存和交往成为当前社会人们日常生活的常态,但也带来了个人信息侵权、隐私泄露等风险,使公众处于信息"裸奔"的隐忧之中。部分互联网平台为了获取利益过度收集用户数据,利用大数据杀熟,肆意侵犯用户隐私信息。

随着大数据技术的发展和社交媒体的兴起,越来越多的个人以及机构所产生的行为数据被在线记录和保存下来,即"数字足迹"。数字足迹既包括用户自己生产的数据,也包括平台系统所记录的数据。从数字足迹中,平台系统可以分析用户的思想、行为倾向、兴趣和爱好,进而对用户进行精准画像,分析用户的潜在需求。在传播学研究领域,海量的用户数据也为传播学学者观察人们的传播行为提供了便利,这些数据的体量、时间跨度、时效性都远超以往通过传统量化研究获取的数据。同时,计算方法和工具的引入为传播学学者挖掘和分析用户数据提供了"利刃",展现出人类在收集和分析数据能力方面前所未有的广度、深度和规模。在此背景下,计算传播学研究日渐兴起,为传播学研究带来了新的想象空间。

伴随着传播学核心研究对象——人类传播行为的数字化趋向,大量人类传播行为数据被在线记录和保存。同时,计算方法和工具的不断提升并被广泛应用到传播学研究中。在数据、工具和处理能力三方面的作用下,计算传播学从经典传播学的研究领域中脱颖而出,这不仅意味着传播学的研究方法正在进行数字化转向,更有可能是传播学整体学科范式正在实现数字化转型。

第一节　大数据驱动传播学的范式转型

大数据的兴起和人类计算能力的提升共同推动了计算传播学的崛起。"计算传播学作为一种新兴的研究取向,其不仅仅是作为一种新的研究方法和工具,更是传播学的学科范式在数字化时代实现新的转型和升级"[①],实现了对以往传播学研究范式的超越和革新。

一、经典传播学的传统范式

"范式"是美国学者托马斯·库恩(Thomas Samuel Kuhn)在1962年出版的《科学革命的结构》一书中首次提出的。在库恩看来,"范式"是某一时期内科学实践活动中被大多数研究者所认可和遵守的范例,其随着时代发展而发生变化,而非一成不变的。乔治·瑞泽尔(George Ritzer)则进一步明确了范式对于科学研究的价值和意义。具体来看,范式对于科学研究如同灯塔一般,它决定着什么内容值得被研究、什么问题应该被提出、研究者如何对问题进行质疑以及研究者如何阐述其通过研究过程所得出的结论。在一个时期内,大多数研究者都会认可和遵循某种研究前提或假设,其决定了哪些问题值得研究,这个阶段可称为常规科学阶段。但随着研究不断深入,与原有前提相矛盾的证据会不断被发现。研究者在最初会把这些证据看作是异常现象,在不否认核心前提的基础上解决这些危机。但随着新证据的不断增多,更多的研究者开始质疑既有研究前提或假设的正确性和有效性,也开始有先锋学者尝试提出和确立新的研究范式。库恩将这种渐进地改变过去整个研究前提或假设的过程称为"范式革命"[②]。

从传播学的范式来看,目前大多数学者认为传播学研究主要存在三种范式,即客观经验主义范式、诠释经验主义范式以及批判理论范式(见表2-1)。客观经验主义范式源自于自然科学,其强调使用自然科学的研究逻辑和方法来对复杂的人类社会现象进行探究。19世纪中期,法国哲学家奥古斯特·孔德(Auguste Comte)提出要运用自然科学的方法研究人类社会,并强调要运用思辨的逻辑揭示永恒的普遍规律。社会学家涂尔干

---

① 巢乃鹏,吴兴桐,黄文森,等.计算传播学研究现状与前沿议题[J].全球传媒学刊,2022,9(1):19-40.
② 刘海龙.大众传播理论:范式与流派[M].北京:中国人民大学出版社,2008:75.

也认为研究者应该把客观的社会事实作为研究对象,其与自然界的事物并没有本质的区别。在以上学者的影响下,学者们开始广泛采用自然科学的研究方法来探究复杂的社会现象。其中,控制论和社会心理学对传播学的影响最大,并在此逻辑的基础上产生了判断研究科学与否的两个参考标准,即可重复性与可证伪性。与客观经验主义范式不同,诠释经验主义范式认为人类社会的运行方式与自然界有着本质的区别,研究者应该深入其中理解人的经验而非普遍的规律。具体来看,主张诠释经验主义范式的学者们将传播作为理解人类社会现象的突破点,主张关注人类的主观经验和体会、人与世界交往中获得的价值和意义,强调关注研究对象的内心世界[①]。简言之,诠释经验主义范式反对只是简单探寻客观事实之间的规律,而是要深入到被研究对象的世界中,设身处地地理解其行为背后的文化意义。德国的法兰克福学派奠定了批判理论范式的核心精神,其也是狭义上的批判理论范式。法兰克福学派的代表人物马克斯·霍克海默将"模仿自然科学研究方法的客观经验主义的理论称为传统理论,他指出传统理论使用实证方法孤立地理解社会现象,其实质是资本主义经济结构在学术研究领域的体现"[②]。而批判理论则坚定地否定受资本主义虚假意识控制的整个社会,主张整体地、历史地研究人类社会。然而,"由于批判理论范式内部缺乏严格的研究程序,流派众多,观点各异,其特征与评价标准比客观经验主义和诠释经验主义范式更加模糊"[③]。

  从研究属性来看,客观经验主义范式属于具备实证特点的量化研究,而诠释经验主义和批判理论范式则属于具备人文关怀的质性研究。值得强调的是,这三种研究范式只是一个大致的划分,三种研究范式之间也存在交叉和融合的情况,它们之间并非完全泾渭分明。同时,同一研究范式内部也存在具有不同研究取向和视角的学术共同体。除了以上的划分方式,还有学者将传播学分为"解释性范式与阐释性范式"[④]。解释性范式着重解释因果,通过给定研究问题的因变量去解释其产生原因,该范式多采用内容分析、社会调查、心理实验等定量研究方法。而阐释性范式则强调阐释因果关系的社会意义,多采用观察、访谈、话语分析与文本分析等定性研究方法。

---

① 刘海龙.大众传播理论:范式与流派[M].北京:中国人民大学出版社,2008:87.
② 刘海龙.大众传播理论:范式与流派[M].北京:中国人民大学出版社,2008:88.
③ 刘海龙.大众传播理论:范式与流派[M].北京:中国人民大学出版社,2008:88.
④ 张伦,王成军,许小可.计算传播学导论[M].北京:北京师范大学出版社,2018:2.

表2-1 传播学研究的三种范式[①]

研究范式名称	客观经验主义范式	诠释经验主义范式	批判理论范式
核心研究方法	实证的定量研究	诠释的定性研究	辩证的、历史的批判
主要学术传统	控制论传统 社会心理学传统	符号学传统 现象学传统 社会文化传统 修辞学传统	批判传统 修辞学传统
目标	解释和预测	理解	改变与解放
学术流派	经验学派	媒介环境学派	法兰克福学派 文化研究学派 政治经济学派 后结构主义
研究中的主观介入	忽视价值偏向 对客观性保持乐观	主观性无法避免 应正视价值偏向	否定价值中立 提倡主观介入
核心假设	1.社会和自然界一样存在规律; 2.可以用科学方法确定什么是可靠的知识; 3.重视研究个体,发现客观的结构; 4.价值中立。	1.自然和社会不具有统一性,社会所具有的是规则; 2.主张参与的意义诠释; 3.注重意义与文化的建构过程; 4.研究中的价值观渗透不可避免。	1.自然和社会不具有统一性; 2.意识形态影响研究与理论建构过程; 3.提倡整体性、历史性地研究; 4.提倡价值介入,认为研究是实现解放的政治实践。

在以上三种传播学的研究范式中,客观经验主义范式经历了20世纪30年代至70年代的蓬勃发展,发展出两级传播、沉默的螺旋、使用与满足等经典理论。尽管以客观经验主义范式的量化研究具有可重复操作的优点,且通过用数据进行论证具有较强的可信力和说服力,但也容易陷入"旧瓶装新酒"的窠臼之中,即用不同的案例来验证前人的结论,而无法得出新的结论。同时,欧洲的传播学者逐渐更加注重传播所具有的意义和价值,也在尝试寻找替代客观经验主义范式的新研究范式。"以1983年《传播学刊》(Journal of Communication)的特刊为标志,传播学学界开始思考如何实现传播学的范式转型,但数十年间传播学的新范式始终未见端倪"[②],计算传播学的兴起则为传播学新范式的

[①] 刘海龙.大众传播理论:范式与流派[M].北京:中国人民大学出版社,2008:80-81.
[②] 巢乃鹏,黄文森.范式转型与科学意识:计算传播学的新思考[J].新闻与写作,2020(5):13-18.

建构带来了曙光。香港城市大学的祝建华教授认为,"计算传播学是一种有别于现有范式的新范式,未来很有可能成为传播学的主流范式之一"[①]。

二、大数据驱动下传播学的转向

2009年,美国哈佛大学大卫·拉泽(David Lazer)等多位学者在《自然》(*Nature*)期刊发表了一篇题为《计算社会科学》的文章[②]。在文章中,大卫·拉泽等学者强调,随着海量数据的生成和人类计算能力的提升,以"计算"为核心思维和研究工具的计算社会科学已经形成。同时,这篇文章也被学界广泛认为是计算社会科学这一新型交叉学科诞生的标志。经过十几年的发展,计算社会科学已经获得了长足的发展,吸引了许多自然科学和社会科学的学者进入到这个新的研究领域。具体来看,"计算社会科学"其实是社会科学在大数据时代的新发展,主要通过自动内容分类、语义建模、自然语言处理、模拟和统计模型等计算技术收集和分析关于人类行为的数据,以分析复杂的社会现象和人类行为模式。总体上看,"计算社会科学是以计算工具和方法作为研究手段,以社会上不同规模的人作为研究对象,进行探究人类思想和行为的跨学科研究领域"[③]。计算社会科学可以分为不同的分支学科,包括计算传播、计算法律学、计算广告学等。在研究实践中,计算社会科学广泛应用于用户消费动力学、知识传播机制、公共信息热度周期研究等。从研究范式上看,计算社会科学可视为"计算范式"在社会科学领域的延伸和拓展,其研究方法是依托于计算机技术的"社会计算",研究工具是获取大数据的计算机及大数据网络。"计算范式"起源于20世纪70年代的社会科学研究,当时研究者尝试通过定量或计算分析方法,以逻辑严谨的数学公式对丰富和复杂的人类社会现象进行阐述,但是孤立地使用量化方法是难以解释人类社会的复杂性和多变性。与传统传播学的定量研究范式相比,计算社会科学的兴起受到多种力量的推动。首先,互联网平台的兴起及普及使大量的人类使用行为数据被存留在网络中,这成为计算社会科学发展的根本动力;其次,计算技术和工具的不断发展使研究者正在拥有更具规模、广度和深度的计算能力,以帮助处理海量的人类行为数据[④]。总体上看,"计算社会科学的兴

---

① 巢乃鹏,黄文森.范式转型与科学意识:计算传播学的新思考[J].新闻与写作,2020(5):13-18.
② 巢乃鹏,吴兴桐,黄文森,等.计算传播学研究现状与前沿议题[J].全球传媒学刊,2022,9(1):19-40.
③ 克劳迪奥·乔菲-雷维利亚.计算社会科学——原则与应用[M].梁君英,译.杭州:浙江大学出版社,2019:4.
④ 公宣迪.数智时代传播范式、理论与实践的变迁与重构——以计算传播学的研究视角为例[J].青年记者,2022(12):28-30.

起其实在一定程度上彰显了计算思维、观念和工具已经逐渐渗透并深度融入到人文社会科学领域,其成为研究者认识和改造现实世界的一种新的思维方式和方法论体系"[1]。

在计算社会科学的引领下,许多学者开始强调大数据、算法等信息技术对科学研究和社会发展的价值和意义,并以计算技术和工具作为研究社会问题的手段,运用计算方法来对社会科学领域的问题进行探究,这引发了众多社会科学的研究范式转型[2]。具体到传播学领域,这一转型中的研究范式被称为"计算传播学"(Computational Communication Research)。在大数据时代,海量数据可获得性的提升和计算科学与方法的发展共同推动了传播学领域的"计算转向",推动了计算传播学研究范式的建立和发展。正如大卫·拉泽等学者所言,人们生活在网络中。随着整个人类社会的数字化转型,人类的生产和生活活动都与数字化平台息息相关,使用微信、网络购物、发微博、刷视频等日常行为都会被在线记录而留下大量的数字痕迹,因此互联网平台积累了海量的用户属性数据和行为数据,其构成了大数据的来源。在这里,"大数据"可以从两个维度进行理解:"狭义的大数据是传统数据处理和分析方法难以计算的数据集,其具有体量特别庞大、结构较为复杂的特点;广义的大数据不仅是指海量的、复杂的数据集,而且包括获取、处理、分析、应用海量数据的一系列方法、工具、技术和模式,因此广义的大数据也被学界称之为大数据分析学(Big Data Analytics)"[3]。除了数量上的差异,这些海量的用户数据与传统的小数据在质上存在根本差别,前者以半结构或非结构型数据为主,后者则以结构型数据为主,前者较后者更加复杂,其处理难度也远大于后者。计算方法和工具则使这些潜藏的数据得以被充分挖掘,发挥其真正的使用价值。传统的量化研究范式通过统计学的方法对小数据进行精细化的操作,难以在有限时间内迅速完成数据存储、预处理、计算管理和分析等一系列数据分析流程,因此无法应对海量复杂数据背景下新的研究需求。随着计算技术的发展,人类的计算能力不断提高,统计分析、机器学习、自然语言处理等数据挖掘和分析技术被广泛应用到计算传播的实践过程中,其挖掘和分析的数据规模和深度不断拓展。因此,在数据、工具和处理能力三方面的作用下,计算传播学逐渐在传播学领域崭露头角,传播学正在经历一场研究方法的革新和学科范式的数字化转型。

---

[1] 巢乃鹏,黄文森.范式转型与科学意识:计算传播学的新思考[J].新闻与写作,2020(5):13-18.
[2] 巢乃鹏.人工智能与计算传播学[J].人民论坛·学术前沿,2019(20):20-31+107.
[3] 张小劲,孟天广.论计算社会科学的缘起、发展与创新范式[J].理论探索,2017(6):33-38.

现阶段,计算传播学需要回答两个核心问题:第一,计算可以为传播做什么;第二,关注传播的计算应该重视什么。复旦大学教授周葆华对于这两个问题提出了自己的见解。对于"计算"可以为"传播"做什么的问题,周葆华认为计算传播学可以充分彰显计算方法的优势,推进传播学的理论创新,促进传播学对计算方法和工具的接纳与融合,为传播学的学科建设作出贡献;对于"传播"可以为"计算"做什么的问题,周葆华认为,"传播学作为一门人文社会科学,其所拥有的问题意识、概念思维、研究设计等可以使计算传播不流于技术的游戏,始终闪耀着社会关怀与理论创造的光芒"[1]。

三、作为新范式的计算传播学

"计算传播是指数据驱动的、借助于可计算方法所进行的传播过程"[2]。计算传播学就是理解和分析计算传播现象的研究领域。有学者认为计算传播具有以下特征:第一,使用体量较大或复杂的数据集;第二,研究数据来自于用户在线产生的数字足迹或其他自然发生的数据;第三,依赖算法技术来分析研究数据;第四,结合传播理论来研究和分析人类的传播行为,不断丰富对人类传播行为的认识[3]。作为计算社会科学的重要分支学科之一,计算传播学可被理解为一种正在兴起的、新型的传播学研究取向。在国内传播学界,2014年祝建华等在《计算社会科学在新闻传播研究中的应用》一文中,总结了新兴的计算社会科学在新闻传播研究中的应用,并按照传播学经典的"5W"模型总结了计算社会科学在传播学研究中的应用案例。这篇文章被学者们广泛认为是中文文献中最早系统介绍计算传播学的纲领性文献。之后,计算传播学的相关研究逐渐增多,许多学者不断为计算传播学的发展添砖加瓦。其中,王成军在《计算传播学:作为计算社会科学的传播学》一文中最早对计算传播学进行了概念界定,并参与撰写了第一本计算传播学相关的著作《社交网络上的计算传播学》。2018年,中国新闻史学会正式成立了计算传播学研究委员会,同时以"计算传播学"为主旨和议题的学术会议、研究中心和实验室也开始逐渐增多。在国际传播学界,2016年在祝建华、彭泰权和梁海等的倡议下国际传播学会(ICA)成立了计算方法研究小组(Computational Methods Interest Group),四年后升

---

[1] 周葆华."计算"的传播与"传播"的计算[J].新闻与写作,2020(5):1.
[2] 巢乃鹏.人工智能与计算传播学[J].人民论坛·学术前沿,2019(20):20-31+107.
[3] 辛若晨.计算传播视野下新文科教育的创新发展路径探析——以新闻传播学教育改革为例[J].新闻研究导刊,2022,13(7):208-210.

级为计算方法分会(Computational Methods Division),至今已经有超过200名会员。2019年,国际传播学会(ICA)还创立了以计算传播和计算方法为主的开源期刊《Compuational Communication Research》,主张学界应当从学科范式革新的视角去审视和理解计算传播学。可见,计算传播学正在受到国内外传播学界的广泛关注,成为一个正当其时的研究领域。

  计算传播学是收集、整理、分析海量的用户行为数据,以此来描述、阐述和预测人类传播行为及其背后驱动机制的一系列理念、方法和工具[①]。具体来看,计算传播学的研究对象主要是人类使用互联网平台所留存下的海量"数字痕迹",强调对这些海量用户数据进行收集、整理和分析。同时,计算传播学主要采用语义分析、情感分析、文本挖掘、社会网络分析等研究方法对人类传播行为进行深度挖掘和分析,这正是计算传播学与传统传播学得以区分的显著标志。在研究领域方面,学者张伦等以传播学研究的范畴为切入点,总结了计算传播学的四个主要研究领域,包括传播结构、传播模式、传播内容和效果、传播实践[②]。在研究方法方面,计算传播的研究方法大致可分为自然语言处理、社会网络分析、模拟仿真、统计分析、数据可视化等,常用的研究工具包括Python、R等编程语言,STM和Network X等提供主题建模和网络分析的软件包,Amazon Mechanical Turk和IBM Cloud等提供众包和云计算服务的第三方平台。在传播实践方面,计算传播学被广泛应用到计算广告、数据新闻、智能推荐等传播实践中,并开创了计算宣传、计算舆论、计算视觉等新的研究取向。

  由于计算传播学以计算工具和手段作为研究方法,因此计算传播学在诞生之初被学者广泛认为是研究方法的升级,而非研究范式的转型,弥补了过去传播学研究在量化方法上存在的缺陷。随着整个人类社会逐渐走向数字化,人类传播行为呈现出明显的数字化倾向,越来越多的传播行为被数字化记录和存储并形成了大量的"数字踪迹",这为更加深入地理解传播行为提供了可能。由此可见,随着传播学的核心研究对象在发生变化,传播学的研究范式也应实现相应的转型。从研究范式来看,计算传播学和计算社会科学作为当下广义科学研究的一部分,属于科学研究范式发展过程中的第四种研究范式,即数据驱动的科学研究范式,它和之前的实验研究范式、理论分析研究范式、数据模拟研究范式存在明显差别。2007年,吉姆·格雷(Jim Gray)在其科学方法的革命的

[①] 巢乃鹏,黄文森.范式转型与科学意识:计算传播学的新思考[J].新闻与写作,2020(5):13-18
[②] 张伦,王成军,许小可.计算传播学导论[M].北京:北京师范大学出版社,2018:6.

演讲中提出了科学研究的四种范式,并强调当前学界正在转向第四研究范式——数据密集型科学[1]。第四研究范式强调对各种高数据含量的数据进行分析,而非简单对少量数据集进行辅助研究,这为社会科学的定量研究带来了新的研究视角[2]。

作为一种新的研究范式,计算传播学在研究逻辑和理论拓展方面实现了对传统定量研究范式的超越和革新,成为一种正在兴起的传播学研究的新范式。在研究逻辑方面,"传统传播学研究主要通过演绎推理对以往理论和研究假设进行验证,即从既有理论框架出发提出研究假设,通过对研究数据的分析来对研究假设进行验证,进而修正和更新理论框架"[3]。而计算传播学则主要基于归纳推理的研究逻辑,通过对现有数据进行观察来总结模式和规律,以克服已有理论的限制,提出和回答新的研究问题。在理论拓展方面,网络用户挖掘、在线实验、文本挖掘等新的计算方法和技术将应用于研究过程中,对经典理论进行重复的或填空式的检验,这将为重新审视和验证经典理论提供机遇,进而推动学科不断向前发展。纵观计算传播学的发展历程可以窥见计算传播学的元范式。首先,计算传播学基于传播学在长期发展过程中形成的经典理论和最新研究成果,其研究对象仍是人类社会中的传播现象与问题,即"传播为本";其次,计算传播学将应用计算科学、人工智能、数据科学等计算工具去处理复杂数据以验证已有理论或提出新的问题,即"计算为用"。总之,计算传播学体现了以计算为工具去研究复杂的人类传播现象的学术倾向。因此,"传播为本、计算为用"[4]可谓是计算传播学的元范式。

事实上,以往研究者很早就尝试使用计算方法和工具对人类使用媒介的行为进行记录和分析。计算传播学的相关研究不仅驱动着传播学的经典理论不断创新,也推动传播实践的向前发展,进而突破学科之间的边界,实现从范式转型到交叉学科的转变。但不可否认的是,计算传播学的发展尚处于起步阶段,其仍在理论、方法、实践层面上面临诸多挑战,需要学界和业界的共同努力。计算传播学不仅是数字化时代传播学研究的新范式,更是传播学在新文科背景下实现学科融合、文理融合的必然转向[5]。

---

[1] 巢乃鹏,吴兴桐,黄文森,等.计算传播学研究现状与前沿议题[J].全球传媒学刊,2022,9(1):19-40.
[2] 巢乃鹏,黄文森.范式转型与科学意识:计算传播学的新思考[J].新闻与写作,2020(5):13-18.
[3] 沈浩,罗晨.计算传播学:国际研究现状与国内教育展望[J].中国传媒大学学报(自然科学版),2021,28(1):42-49.
[4] 塔娜."计算传播学"的发展路径:概念、数据及研究领域[J].新闻与写作,2020(5):5-12.
[5] 陆航,段锦航.从量化分析向计算传播学演变[N].中国社会科学报,2021-07-26(2).

第二节 计算传播学的理论基础与研究方向

一、计算传播学的理论基础

(一)从"计算社会科学"到"计算传播学"

研究计算传播学,必须探讨传播学领域中"计算"与"可计算"的问题。计算理论(theory of computation)是用来研究计算的过程与功效的数学理论,是计算机科学的理论基础,它主要包括计算复杂性理论、可计算性理论等,可计算性理论(Computability theory)主要研究哪些实际问题能够通过计算模型被解决,计算复杂性理论考虑一个问题怎样才能被有效地解决,属于计算理论的分支[①]。随着信息技术快速发展,计算与数据的挖掘、收集、计算、分析和呈现等方面的能力大幅度提高,传统可计算性研究逐渐转向社会计算主导的研究。相对于传播学,社会计算研究既在一定程度上克服和弥补了传统调查统计量化研究方法的局限,又拓展了传播学中可计算性的研究边界[②]。

2009年,《自然》杂志上《计算社会科学》论文的发表标志着"计算社会科学"这一新兴学科的建立,社会科学家、计算机学者、网络科学家等学者们共同指出,随着用于研究的数据不断增多以及人类计算能力的不断增强,采用计算作为研究的基础手段的社会科学业已形成[③]。计算传播学起源于计算社会科学的兴起与发展,"计算社会科学"可以通过大量数据的采集、处理、分析和存储,运用自然语言处理、语义建模等计算技术,从而分析和把握个体和群体行为规律[④],以"计算"为基本工具的研究方式推动了研究能力革命性的发展,对于各个社会学学科都产生了深远的影响和价值,以计算为导向的新的学科范式逐渐形成。国际传播学领域的"Computational Communication Research"(基于计算方

[①] 刘庆振,钟书平,牛新权.计算传播学:缘起、概念及其计算主义视角[J].西部学刊,2019,89(8):10-15.
[②] 公宣迪.数智时代传播范式、理论与实践的变迁与重构——以计算传播学的研究视角为例[J].青年记者,2022,728(12):28-30.
[③] LAZER D, PENTLAND A, ADAMIC L, et al. Computational social science[J]. Science, 2009, 323(5915):721-723.
[④] 公宣迪.数智时代传播范式、理论与实践的变迁与重构——以计算传播学的研究视角为例[J].青年记者,2022,728(12):28-30.

法的传播学研究)在国内逐步被确立为"计算传播学"[①],提高了人们研究人类传播行为(线上线下)和传播现象的能力和手段,推动传播学在数字化时代的学科范式转型[②]。

(二)传播学理论本源

计算社会科学的出现是计算传播学兴起的重要背景,而计算传播学的发展离不开传统传播学研究的理论土壤[③]。通常的观点认为计算传播学是计算社会科学的重要分支,但是有学者认为这种观点一定程度上忽视了传播学这个主体学科是计算传播学的重要理论来源,计算社会科学的概念过于宽泛,容易导致在研究中缺乏对传播过程及其要素的深刻认识,计算传播学应该是传播学学科的重要分支。随着数据技术和计算方法在传播学研究和产业实践中的广泛运用,实践应用驱动理论革新,计算传播学的概念应运而生,推动传播学的学科发展和研究范式转向。

因此,经典传播学理论及其各分支领域的研究成果是计算传播学的重要理论基础,计算传播学研究仍然沿着5W传播结构模型思路,计算传播学的研究对象与传统传播学并没有多大差别,仍然是人类社会中的传播现象[④],从根本目的的角度上来说,计算传播学是为了更好地回答传统传播学尚未回答的问题。巢乃鹏的"新瓶装旧酒"的比喻说明传播学经典理论是计算传播学研究的出发点,通过计算手段和技术的"新瓶"对经典理论进行重复或填空式检验,在此基础上可能会涌现、转化出"新酒"。例如网络议程设置理论正是在传统议程设置理论的基础之上提出来的,学界从传统理论出发,依据计算传播学海量的数据支撑、新的数据收集方法以及研究范式提出了网络议程设置理论。

(三)多学科交叉下的计算传播学

巢乃鹏等人回溯了计算传播学学科渊源,认为其主要受到数据科学、网络科学以及传播学等学科发展和其相互之间关联的重要影响[⑤]。

---

① 公宣迪.数智时代传播范式、理论与实践的变迁与重构——以计算传播学的研究视角为例[J].青年记者,2022,728(12):28-30.
② 巢乃鹏.人工智能与计算传播学[J].人民论坛·学术前沿,2019(20):20-31+107.
③ 张伦,王成军,许小可.计算传播学导论[M].北京:北京师范大学出版社,2018:6.
④ 塔娜."计算传播学"的发展路径:概念、数据及研究领域[J].新闻与写作,2020,431(5):5-12.
⑤ 巢乃鹏,吴兴桐,黄文森,等.计算传播学研究现状与前沿议题[J].全球传媒学刊,2022,9(1):19-40.

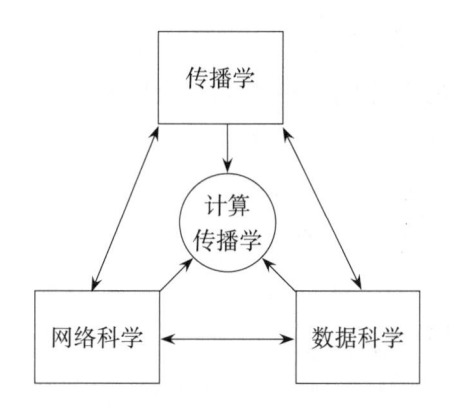

图 2-1 计算传播学的理论和方法来源[1]

科学研究的认识论和研究范式的转变与数字化时代的到来密不可分,一方面随着存储技术的成熟,海量数据的获取成为可能,另一方面计算机突破运算能力瓶颈,数据分析工具逐渐进步,易用性也得以提升,大数据时代催生了数据科学。2007年,Gray指出数据密集型科学发现成为人类社会科学研究的第四种范式[2]。数据科学的出现为包括传播学研究在内的社会科学研究带来了新的机遇,它既为计算传播学提供了应对大数据处理和应用的技术和手段,有助于在海量数据的基础上,多样本甚至全样本检验已有的传播学理论[3],又可以改变以描述性分析和验证性分析为主的传统统计学,通过使用数据来提出假设以进行检验的探索性数据分析方法的提出,意味着基于数据科学的理论发现模式成为可能[4]。

网络科学(Network Science)是对计算传播学产生重要影响的另一学科,网络科学以关系来度量物理世界和社会现实,而这些稳定的关系"表现为网络中的链接"可以成为人类传播行为中可计算性的基础[5]。随着信息技术革命的兴起,重构的社会网络形态与互联网结构相契合,社会与传播互相建构,复杂且多样的传播模式和生态或多或少体现出网络社会的网络化的逻辑。在这样的背景下,网络科学逐渐发展成为一个崭新的交叉学科,它通过描述网络拓扑结构,分析和理解动态的网络关系形成和演变,可以把握相互关联和相互作用的复杂性的规律,为传播学研究提供了一个全新的视角,并且提供了方法工具。

---

[1] 巢乃鹏,吴兴桐,黄文森,等.计算传播学研究现状与前沿议题[J].全球传媒学刊,2022,9(1):19-40.
[2] 郎杨琴,孔丽华.科学研究的第四范式 吉姆·格雷的报告"e-Science:一种科研模式的变革"简介[J].科研信息化技术与应用,2010,1(2):92-94.
[3] 巢乃鹏,吴兴桐,黄文森,等.计算传播学研究现状与前沿议题[J].全球传媒学刊,2022,9(1):19-40.
[4] 朝乐门,张晨,孙智中.数据科学进展:核心理论与典型实践[J].中国图书馆学报,2022,48(1):77-93.
[5] 王成军.计算传播学:作为计算社会科学的传播学[J].中国网络传播研究,2014(8):193-206.

从学科属性来说,计算传播学归属于传播学领域,是一个典型的交叉学科领域。大数据时代来自不同学科的研究者运用网络科学和数据科学的研究视角和工具方法,观察和分析愈加复杂的传播行为、现象和网络结构,寻找研究问题,并发掘隐藏在这些模式之后的原理和机制。在此过程中计算传播学仍然离不开经典传播学的研究成果和理论指导,并且将越来越广泛地应用于传播产业实践当中。

综上所述,计算传播学研究的元范式是"传播为本,计算为用"[①]。计算传播学属于传播学的重要分支,其研究对象是人类的传播行为和现象,以经典传播学理论资源为根基,并对原有理论进行检验与拓展,此为"传播为本"。在研究方法方面主要通过现代计算科学、人工智能、数据科学等工具去发掘大规模复杂线上数据中的传播模式和规则,计算传播学将计算主义和计算工具引入传播学研究,这是区别于传统传播学研究的一个显著特征,此为"计算为用"。计算传播学从以往传统传播学研究中汲取精髓和经验,并对以往的研究方法进行更新、完善与扬弃。

二、计算传播学的研究方向

在计算传播学概念确立以前,技术驱动下相关实践应用和研究已经相对丰富,随着大数据时代研究方法和研究对象整体数字化的转型,计算传播学各个研究领域逐渐成熟。针对"计算传播学"研究方向的分类,在2018年出版的《计算传播学导论》结合传统传播学研究的范畴和范式,从传播结构、传播模式、传播内容与效果,以及传播实践四个重点研究领域探讨计算传播学的主要研究方向,即对计算传播学研究领域进行划分的一种实践。多学科交叉背景下的计算传播学的研究方向沿着传播学主要领域深化,过去难以观察和量化的事物也成为可以研究的对象,并不断涌现出新的发现。

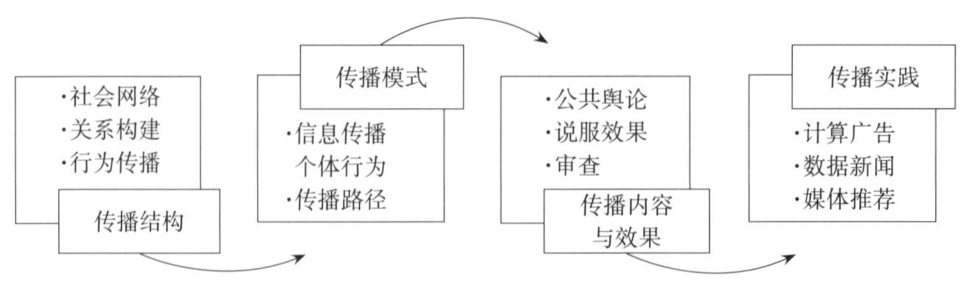

图2-2 计算传播学研究的理论视野[②]

[①] 塔娜."计算传播学"的发展路径:概念、数据及研究领域[J].新闻与写作,2020(5):5-12.
[②] 张伦,王成军,许小可.计算传播学导论[M].北京:北京师范大学出版社,2018:6.

(一)传播结构

传播结构指由社会关系构成的信息传播网络结构以及构成社会网络的个体的行为。传播离不开社会网络的研究,六度分隔、小世界、结构洞、无标度网络等理论可以用于分析在线社会网络影响传播结构和信息传播行为的变化,社会网络研究为计算传播学的传播结构研究提供理论工具。在宏观层面上分析社会网络整体密度,中观层面上可以用于研究社交媒体平台上的社群特征和局部中心性[1]。

计算传播学研究领域,社会网络分析将常用于对传播结构的研究。由于信息和资源的传播是在人和人的关系互动中形成的,所以对于传播结构的分析需要运用社会网络的视角。计算传播学的数据挖掘与分析技术可以使过去传统传播学难以观察的传播结构研究得到关注,例如网络分析可以被运用到网络社群分析之中。Grinberg等人将媒体网站作为节点,将两个存在一定数量的重叠订阅用户的网站构建连接,运用社会网络分析研究假新闻的传播过程,并且对这一网络进行了社群侦测,识别出了不同的媒介社群,分析不同的社群特征[2]。

计算传播学研究者关注从关系构建分析传播个体或组织的交互作用和动态关系。人们在社会媒体上进行信息传播,信息就像公路上行驶的汽车,人们的在线社会关系就是更为重要的高速公路等基础设施,将每个节点连接起来。因此,信息传播的基础结构在于人们的社会关系建构。一项研究利用"人人网"早期的全网用户在线行为数据探讨个体在社交网络中构建好友关系的不同策略,并且总结了每个个体的自我网络(Ego Network)增长呈现出三种类别:S形曲线(用Logistic Function拟合)、双S形曲线(用Double Logistic Function拟合)以及倒L形曲线(用Power Function拟合)[3]。

(二)传播模式

计算传播学中针对传播模式的研究主要包括微观个体信息传播层面以及宏观上信息传播模型研究,而微观上传播模式研究关注个体信息传播能力和接受行为。计算传播学研究中有不少关注社交网络中不同类型传播者的行为,Sun等人研究了美国大选期

---

[1] 塔娜."计算传播学"的发展路径:概念、数据及研究领域[J].新闻与写作,2020(5):5-12.
[2] GRINBERG N, JOSEPH K, FRIEDLAND L, et al. Fake news on Twitter during the 2016 U.S. presidential election[J]. Science, 2019,363(6425):374-378.
[3] ZHANG L, ZHU J J H. Regularity and variability: Growth patterns of online friendships[J]. International Journal of Web Services Research (IJWSR),2014,11(4):19-31.

间的推特内容,运用数据可视化研究方法,发现"媒体""政党""专业博客"三类传播者在不同议题和不同时间上的竞争关系[1]。就个体信息接受行为而言,传统的意见领袖与两级传播理论以及说服理论,都属于这个研究范畴。例如,Zhang 和 Zhu 研究了基于个体的新闻信息接受行为。该研究利用手机新闻平台客户端用户行为数据,探讨了用户新闻消费多样性演化。该研究发现,随着用户在手机新闻客户端的使用时间的增长,用户新闻兴趣的多样性呈现下降趋势[2]。

"而在宏观层面的信息传播模型研究上,则主要包括经典的创新扩散模型、阈值模型、级联模型、传染病模型等"[3]。从特定网络事件出发,考察信息传播与扩散的模式,进而分析传播网络特征及其影响因素,是国内计算传播学研究者关注的一个重要方向。李彪通过社会网络分析方法,分析并且构建了网络事件空间传播结构特征和模型,并提出了相应的应对策略[4]。一条或者多条信息经过多级转发与传播,这条信息的结构性扩散度就会更高,热点网络事件就是这样形成的。张伦等通过"禽流感"这一微博信息传播案例,利用语义建模、情感分析等方法发现结构性扩散度的分布与传播广度相比,其分布更趋向于正态分布,结构性扩散度与传播广度、传播深度等广泛应用的测量在线信息传播效果的指标无相关度[5]。

(三)传播内容与效果

传播内容与传播效果是传播学研究中的重要议题,同样在计算传播学中也是一个重要研究方向。一方面在线传播行为和线上文本急速增长,海量数据得以产生和存储,基于社会化媒体的传播内容呈现出多样化的特征;另一方面随着计算方法在新闻传播学研究中的应用,海量传播内容特征宏观层面上的客观描述、分析与归纳成为可能,进而探究其对用户的影响,激活传播效果研究的价值和贡献。

在传播内容研究中,信息传播过程中用户情感的变化分析和虚假新闻研究、谣言传播研究是计算传播研究者关注的重要类型,侧重传播内容的情感、用户的态度和倾向的

---

[1] SUN G D, WU Y G, LIU S X, ex al. EvoRiver: Visual analysis of topic coopetition on social media[J]. IEEE Transactions on Visualization and Computer Graphics, 2014, 20(12): 1753-1762.
[2] ZHANG L, ZHU J J H. Regularity and variability: Growth patterns of online friendships[J]. International Journal of Web Services Research (IJWSR), 2014, 11(4): 19-31.
[3] 张伦,王成军,许小可.计算传播学导论[M].北京:北京师范大学出版社,2018:9.
[4] 李彪.网络事件传播空间结构及其特征研究——以近年来40个网络热点事件为例[J].新闻与传播研究,2011,18(3):90-99+113.
[5] 张伦,胥琳佳,易妍.在线社交媒体信息传播效果的结构性扩散度[J].现代传播(中国传媒大学学报),2016,38(8):130-135.

发掘与分析,通过情感分析的方法对虚假新闻与谣言进行监测。Kramer等人通过在Facebook中随机减少10%带有积极情感或消极情感的新闻推送,观察用户后续发布的信息中情感倾向的变化,以此来探讨情绪是否可以在非面对面沟通中传染,研究发现情绪的传递不完全需要社会交往情景信息,只通过语词也能够传递[①]。

网络舆情分析是发端较早并具有较成熟系统的计算传播应用及计算传播学研究[②]。随着大数据与算法技术的日益成熟,网络舆情实时动态监测与预警愈来愈精准化,提高了舆情管理的效能。在网络舆情发生之前,政府部门能够通过大数据技术准确测量与可视化呈现公众态度、群体行为等,预测事件的发生与结果,对舆情进行源头干预、及时公开信息,从而尽可能防止谣言和负面情绪的产生,防范化解重大风险;在舆情爆发以后,可以借助大数据实时监测事件发展走向及受众态度,如媒体报道与网民讨论量、舆情传播趋势与脉络等,精准把握网络舆情态势,迅速采取对应措施。

随着计算机视觉技术的发展,对视觉内容的计算分析成为计算传播学研究前沿。人工智能领域的视觉技术擅长利用深度学习算法模仿人类大脑工作模式来理解图像中包含的内容,依靠这种新的计算方法,视觉计算传播学研究不断朝着人像面部特征向度、背景事物特征向度、图像美学特征向度和图像意义特征向度四个方向发展[③]。当前人像识别技术可以充分识别人像的面部表情、面部特征和非语言行为,并基于此预测人物的性格。吴晔等对抖音《主播说联播》栏目进行视觉内容分析,证实了主流媒体短视频人格化的传播效果[④]。

(四)传播实践

在计算传播学概念提出之前,计算方法和数据技术已经运用于传播学领域,目前在传播实践层面计算传播学有了诸多发展,包括计算广告、数据新闻等多个领域。计算广告是计算传播实践中一个技术发展和大数据思维比较成熟、市场规模最大的应用领域。计算广告以用户为中心,依靠数据和算法匹配等方式,在给定的情境中为在线用户匹配最适合的广告,在数据技术和智能算法的驱动下,根据特定用户和特定情境,通过精准

---

① KRAMER A D I,GUILLORY J E, HANCOCK J T. Experimental evidence of massive-scale emotional contagion through social networks[J]. Proceedings of the National Academy of Sciences,2014,111(24):8788-8790.
② 塔娜."计算传播学"的发展路径:概念、数据及研究领域[J].新闻与写作,2020,431(5):5-12.
③ 刘嘉琪.国内外计算传播学研究热点与前沿[J].青年记者,2022,736(20):9-14.
④ 吴晔,樊嘉,张伦.主流媒体短视频人格化的传播效果考察——基于《主播说联播》栏目的视觉内容分析[J].西安交通大学学报(社会科学版),2021,41(2):131-139.

化创意、制作、投放、传播和互动,确定广告、情境与用户三者之间的最佳匹配,提高广告投放效率,实现平台、广告主及用户的价值。围绕如何使广告效益最大化,相关研究以计算传播学研究方法为基础,建构起对不同营销内容的设计、场景匹配、用户洞察、媒体分发策略、效果评估等精准计算的新的广告业态[1]。

数据新闻(data journalism)是一种新的新闻生产和呈现方式。随着物联网和云计算等传播技术的发展,大数据被越来越广泛提及,数据新闻作为计算传播学在新闻业的一种应用而产生。它是指以数据的抓取、挖掘、统计、分析和可视化呈现为基础的新型新闻报道方式,是计算传播学运用于新闻生产过程而孕育出的新成果。

第三节 计算传播学新范式对经典传播学的影响

计算传播学以非介入性方式海量获取、集成并分析人类传播行为数据,发掘传播行为背后的模式和法则,给经典传播学的理论研究和产业实践带来了机遇与挑战,在数据与技术的驱动下,凭借全新的概念、研究方法、思维逻辑,逐渐成为一种新的传播学研究范式。本章重点通过拉斯韦尔的5W传播模型分析计算传播学作为一种新范式对经典传播学的影响。

一、新范式对经典传播学的理论创新

1948年拉斯韦尔提出了传播学经典理论——5W模型,明确了传播学主要研究方向和研究领域,深刻影响和塑造了全世界传播学研究范畴。在5W传播结构基础之上逐渐发展出传播学研究的五大领域,即控制分析、内容分析、媒介分析、受众分析和效果分析,上述领域奠定了传播学研究的经典地位。但伴随算法、大数据、人工智能等技术的发展,5W模型在数字时代的新型传播关系中显现出局限性,经典传播学的理论框架和学科范式不断通过计算主义和数据主义进行完善,并且出现了新的范式转向——计算

---

[1] 段淳林.技术变革背景下中国计算广告的发展趋势[J].山西大学学报(哲学社会科学版),2022,45(5):96-104.

传播学。计算传播学研究的新数据、新方法、新思维以及新范式对包括拉斯韦尔5W模型在内的经典传播学理论产生重要影响。

(一)控制分析

传播者是传播过程的开端,在过去的大众传播中,传播者一般是个体、集体、组织等,如专业化的传播组织及其从业者,其基本职能是收集、制作和传播讯息,他们控制着传播内容,同时作为社会大系统中的一个子系统,传播者是实现社会控制的手段之一(包括施控和受控两个方面),因此,传播者研究又被称为"控制分析"。传统大众传播时代媒介资源稀缺,话语权掌握在精英与权威人士手中,拉扎菲尔德等人提出大众传播的信息要经过意见领袖的中介流向一般受众的两级过程。由于传统的非数字化的媒介形式,一般信息接受者作为"沉默的大多数"被动受到传媒机构和意见领袖的影响,因此控制分析能通过作为传播者的媒介组织和意见领袖,影响传播动机、行为与效果。

21世纪以来,更加自由化、网络化、平民化的信息传播空间消解了传统大众传播时代意见领袖的权威地位,许多信息接受者也能够成为网络话题的发起者和讨论者,在接受信息的同时也参与到信息生产创作的过程中,即"传受合一"。大众麦克风时代媒介空间的传播主体和讯息的数量、种类越来越多,如UGC、PGC、OGC、PUGC等,同时社交机器人作为一种新的传播者,可以运用自动化软件模仿人类的传播行为,在社交媒体上发布内容或者评论,有学者用计算传播学方法对机器人账号的数据捕捉和分析,对传播现象进行探究[1]。海量的讯息数据以及错综复杂的传播关系与结构,使得对传播问题与传播现象的控制分析愈加困难,而计算传播学新范式的出现为研究信息传播过程中的大规模"数字足迹"提供了有效的工具,从而展开控制分析与施加影响。

(二)内容分析

针对讯息的内容分析,主要研究Says what的问题,也就是应该说什么、正在说什么、说了些什么等问题。传统大众传播时代,作为"把关人"的专业人士通过考量传播内容是否符合精英阶层的审美趣味、是否符合社会主流价值观、是否具有宣传教化大众的功能等标准过滤筛选讯息,特别是新闻信息产品的生产与传播过程中,专业主义和精英主义更加根深蒂固,受传者的实际需求被忽略。

---

[1] 陈昌凤,袁雨晴.社交机器人的"计算宣传"特征和模式研究——以中国新冠疫苗的议题参与为例[J].新闻与写作,2021(11):77-88.

信息技术驱使下的智能化,计算传播学下的内容生产摒弃传统大众传媒定性研究方法和经验主义决策机制,借助大规模量化数据提供面向用户的生产决策,内容加工和呈现样态更加多元化。"通过大数据精准记录下人们收视的时间、内容和媒介,追踪到每位受众的收视动机、需求……勾勒出完整的受众收视图谱,呈现受众的显性需求和隐性需求,无疑为媒体内容的创新提供了新的参考"[①]。另外,计算传播学中的数据技术可以拓展传播内容背景的广度与深度,进一步优化信息内容收集和分析的能力,比如可以利用某个新闻要素迅速生成其关联网络与背景资源,从而可以发现更多的新闻线索,利用主题模型(Topic Modeling)、情感分析、社会网络分析方法对文本信息进行更深层次的发现和分析[②]。

(三)媒介分析

媒介分析是针对媒介自身的研究,传统大众传播时代的媒介包括报纸、电报、广播、电视等,其传播渠道具有中心化、稀缺性、单向性等特点。互联网出现之后对媒介形成连接赋能和价值创造,万物包括人在内,都成为释放信息并且分享信息的中介,传播媒介经历了物理介质、关系介质和算法介质的依次交替过程。泛媒介化、万物皆媒、媒介基础设施化等趋势使得媒介本身不再是稀缺资源,用户可以在任何时空、任何场景、任何状态、任何环境下以最合适的渠道获取信息资源和内容产品,与用户相关的所有人、事、物和个体的价值权重形成了用户的选择可供性。如智能媒体的出现,它是指依托高速移动互联网、大数据、云计算、传感器等人工智能技术的支持,能够自主感知用户需求,针对特定的时空和场景,动态向用户推送所需信息,从而实现技术驱动、人机协同、智能传播、精准高效的媒体形态,其本质是算法驱动的媒体形态[③]。在智能媒体语境下,无论是提供信息服务的媒介还是获取信息服务的用户都不再是泾渭分明的甲方乙方关系,而是一种协同成长、相互成就的共生进化关系。因此,在计算传播学的研究视野下,媒介是由用户的需求和选择来定义的,这时候的媒介分析则成了用数据、算法、语音交互、深度学习等计算主义的工具,在一切具备了媒体属性的服务工具中找到最合适的工具,提供最合适的内容,匹配给最合适的用户。

---

① 石长顺,栾颖.大数据时代的媒体内容生产创新:基于耗散结构理论[J].现代传播(中国传媒大学学报),2017,39(4):73.
② ZHAO W X,JIANG J,WENG J S,et al.Comparing twitter and traditional media using topic models[J].Research Collection School of Information Systems,2011,19(2):152-164.
③ 罗自文,熊庚彤,马娅萌.智能媒体的概念、特征、发展阶段与未来走向:一种媒介分析的视角[J].新闻与传播研究,2021,28(S1):59-75+127.

(四)受众分析

受传者作为传播过程不可或缺的环节,普遍被看作大众传播过程中信息接受者的集合和总称,在过去常常被视为同质化的群体。经典传播学研究对传统媒体的受众规模、信息到达率、媒介接触等信息的统计,是通过抽样个体来推测总体,这种传统统计方法极容易出现误差,而且难以覆盖整体,不能反映整体的实际情况。此外,如果我们仅仅关注受众的年龄、性别、收入等人口学特征,停留在观众收听和观看了什么节目,已经不能适应相关研究的需要,我们还需要发现他们观看节目以后做了什么,调查他们的喜好、价值观和生活习惯,根据行为特征来描述和分析受众。

这正是计算传播学新范式与传播学传统范式的不同之处,观察和分析每一个受众,向不同的受众提供不一样的信息内容。在新范式下,运用大数据和互联网技术,通过收集用户的社会属性、消费习惯等各个维度的数据,进行用户画像,并分析、统计这些特征,挖掘潜在价值信息,从而形成标签化的个人特征模型,算法可以根据这些标签将用户与信息内容精准匹配,用户基于数据痕迹和平台背后的算法逻辑传播,成为传播网络结构中一个重要的节点。

(五)效果分析

传播过程中的效果研究是经典传播学的核心内容,一直以来该方向研究在发展中饱受争议。在传统大众传播时代初期,施拉姆提出了"魔弹论",认为传播媒介具有不可抵抗的强大威力,能够左右人们的态度和行为,产生显著的传播效果;而当大众传媒迎来了自己的黄金时代,学者们却开始转而认为传播的效果是有限的甚至是微弱的;自40年代兴起以来,有限效果论曾经风行一时,但随着社会的进步和媒体的进一步发展,其内在局限日益彰显,解释现实也渐显无力,强大效果论影响力渐起。但此后即遭遇发展瓶颈,传播效果的研究方法和理论一直没有取得根本性的突破。

在传播效果上传统传播学研究无法追踪信息传播路径和获取更多数据,看不到一些重要因素,导致传统效果研究难以做出精密的现象诠释,重大理论建构停滞不前。计算传播学的新范式带来全新的传播认知方式和实践方式,建立在海量规模数据和强大计算能力基础之上的效果分析,通过对海量数据的定向挖掘,能够发现人类行为或活动中出现的某些固有倾向,从而检视事件或行为发生的可能性。如计算传播的研究基于更精确的计算方法对情感化认知传播效果进行更科学的评估,通过网络之间的连接密度和集聚系数把握受众的情绪倾向、态度和行为转变。

二、新范式对经典传播观和方法论的影响

(一)数据思维是全新传播观基础

大数据不仅是技术与海量信息的集合,而且更是一种全新的思维方式,我们身处大数据时代,任何传播活动和传播行为无法离开海量数据而回到简单大众传播模式。计算传播学的数据思维改变了研究者和开发者的传播观,在他们眼中,"简单信息传播路径和整个世界的传播结构,都表现为相互关联相互作用的抽象数据,不同于过去传统传播学研究统计方法意义上的抽样数据,这些规模大、变化快、维度多的整体数据提供了彻底不同于以往看待传播世界的方式"[1]。数据思维对传播观的改造还体现在用户方面,用户开始寻求更加多元化、个性化的信息和服务,有意识地用数据看待信息传播和媒介消费,在算法技术支持下实时地、自动化地获取与他相关的全面数据。计算传播观正是建立在数据思维基础之上,重视数据运用与价值发掘,使人们获取信息和传播信息的态度、观念、媒介和策略都发生了根本性的变化。

大数据背景下传统分析工具很难发挥作用,传统数据库和统计技术难以在有限时间内完成存储、管理和分析等一系列数据流程,计算传播学可以通过借助数据挖掘、深度学习、并行处理技术等现代计算技术和新方法实现对大规模、异构数据的自动化处理和分析,这种基于科学研究的获取、测量和分析数据资料的一种量化研究方法意识影响着传播学研究[2]。

(二)算法逻辑是全新方法论的关键

与经典传播学研究相比较,大数据背景下计算传播学新范式的研究者更加注重社会科学研究方法革新与运用,经典传播学研究范式发生转向的主要因素是数据驱动下的计算方法。网络化社会中面对层出不穷的传播问题和大规模的数据信息,算法和计

---

[1] 刘庆振,于进,牛新权.计算传播学:智能媒体时代的传播学研究新范式[M].北京:人民日报出版社,2019:224.
[2] 巢乃鹏,黄文森.范式转型与科学意识:计算传播学的新思考[J].新闻与写作,2020,431(5):13-18.

算机可以帮助我们分析复杂的传播行为,发现隐藏在数据中的规律和对应关系,得出结论,在技术理性主义和数据客观真实的假设前提之下建立起了基于数据要素和计算能力的新传播秩序。

算法的出现重构了传统传播学的研究路径。现今各行各业的发展越来越离不开算法,包括GPS路线规划、购物推荐、属性匹配、病情预测等。美国华盛顿大学计算机科学教授佩德罗·多明戈斯认为,算法指基于特定而精确的逻辑运算,将输入的数据转化为可预期结果的编码指令[1],这个定义体现了算法的逻辑和数据的特点。事先设定一个目标,如个性化信息生产与推送,这些算法会通过大量的数据,不断优化数学模型,找到最精准的解决方案,从而迭代升级效果更好的算法,这正是算法认识、重构、优化传播过程的逻辑[2]。计算传播学的算法逻辑启示研究者在面对一个具体问题的时候,要善于从方法层面做出选择、判断和分析,数字化时代传播学者采用互联网大数据、深度挖掘、机器学习等计算技术和新方法对经典传播学理论进行验证和拓展,深刻影响了传播学研究新的研究方法论体系和谱系的建构。

计算传播学研究者不仅要善于获取多种来源和结构的数据,还要掌握数据处理、分析和解读的技能[3],数据思维是全新传播观的基础,算法逻辑是全新方法论的关键,由大数据和计算方法共同驱动的新型科学研究范式对经典传播学范式产生了重要影响。

三、新范式对传播效果研究的贡献

作为传播学的重要研究领域,传播效果研究"从以魔弹论为代表的强效果阶段,到以两级传播理论为代表的有限效果阶段,再到以议程设置理论、使用与满足理论、创新扩散理论为代表的适度效果阶段,最后到兼顾媒介和受众力量的协商效果阶段"[4],已经拥有了近百年的研究历史。然而,传播效果研究也饱受争议和质疑。例如,虽然传播学经典5W模式明确划分了传播学的研究领域,但是单向线性的传播流程也简化且割裂了复杂的传播过程。同时,社会信息环境的复杂性加大了研究者测量传播效果的难度,研究者需要处理的样本量较之以往大大增多,需要考虑更多中介变量对传播效果的影响。

---
[1] 李鹏翔,武阳.模糊的边界:算法传播中隐私边界的内涵、衍变及其规制[J].新闻与写作,2022,451(1):22-29.
[2] 刘庆振,于ం,牛新权.计算传播学:智能媒体时代的传播学研究新范式[M].北京:人民日报出版社,2019:229.
[3] 巢乃鹏,黄文森.范式转型与科学意识:计算传播学的新思考[J].新闻与写作,2020,431(5):13-18.
[4] 韩霄.人·机·物:走出单一的传播效果研究[J].青年记者,2022(13):24-27.

计算传播学研究范式对传播效果研究所带来的贡献主要体现在理论拓展与数据收集和分析两个方面。在理论拓展方面,计算传播学对传播效果研究的影响主要包括以下几点:首先,计算传播学范式可以通过新的用户数据及数据分析方法对传播效果研究的经典理论进行检验。其次,计算传播学的研究范式可以判定传播效果研究经典理论的边界条件和作用机制。例如,部分学者通过探究社交媒体平台的虚假信息、社交机器人以及新闻消费的信息茧房和回音室效应,进一步厘清了沉默的螺旋理论在移动互联网时代的边界条件[①]。再者,计算传播学研究范式可以对传播效果经典理论进行拓展。例如,计算传播学研究范式拓展了传统的议程设置理论,发现在社交媒体时代新闻媒体不仅可以影响公众想什么和如何想,更可以影响公众如何联系议题与特征[②]。最后,计算传播学通过借鉴、运用和转化其他学科的经典理论为传播效果研究带来了新的研究视域。在数据获取方面,计算传播学主要依靠在线爬取数据以及通过合作的方式从在线平台提取数据。因此,计算传播学可以获取到体量更大、时效性更强、时间跨度更长、时间标度更加精细的数据。在数据收集和分析方面,由于依托于海量数据,计算传播学在一定程度上转变了假设检验的数据分析重点。首先,计算传播学范式可以通过海量数据的挖掘和分析发现微小但具有重要影响的变量。其次,计算传播学范式可以进行全样本研究,判定变量间的关系,确证统计不显著的关系。最后,计算传播学范式可以通过全样本分析发现并研究传统研究方法无法探究的"异常"现象。

　　然而,计算传播学研究范式也在数据测量的信度和效度、样本的代表性等方面为传播效果研究带来了挑战。在测量的信度和效度方面,由于计算传播学研究范式主要通过在线抓取的方式来获取海量数据,这在一定程度上限制了对关键变量的测量,研究者只能依据数据的已有信息来完成对概念的测量。因此,研究者并不能完全保证概念测量的信度和效度。在样本的代表性方面,计算传播学研究范式主要依赖数据抓取来获取所需要的研究数据,这使所获取数据的随机性受到较大的挑战。一方面,由于在线平台对数据抓取的限制、可抓取时间的不明确等原因,研究者在给定的平台上通过抓取所获取的用户数据在代表性上存在不足;另一方面,计算传播学研究的抽样框总体上仍然局限于某一平台上,这将限制研究者探究传播效果的作用边界。

---

① 张伦.计算传播学范式对传播效果研究的机遇与挑战[J].新闻与写作,2020(5):19-25.
② 张伦.计算传播学范式对传播效果研究的机遇与挑战[J].新闻与写作,2020(5):19-25.

本章小结

本章从学科范式的角度解析计算传播学。分析大数据驱动传播学的范式转型。介绍经典传播学传统范式、计算传播学崛起的背景以及计算传播学研究范式的内涵。在大数据时代,海量数据可获取性的提升和计算方法及计算工具的发展共同推动了计算传播学的兴起,计算传播学在研究逻辑和理论拓展方面实现了对传统量化研究范式的超越和革新,推动着传播学研究的范式转型。在理论拓展与数据收集分析等方面为传播效果研究带来了贡献。

思考题

1. 简述经典传播学的三种传统范式。
2. 计算传播学研究范式与以往传播学的研究范式有哪些不同?
3. 谈谈你对"传播为本、计算为用"元范式的理解。
4. 计算传播学的起源受到哪些学科发展的重要影响?
5. 计算传播学的主要研究方向具体可细分为哪些方面?
6. 以5W为例,分析新范式对经典传播学理论的影响。
7. 计算传播学新范式引入媒介效果研究有什么优势?

第三章　计算传播背景下大众传播的新样态

知识目标

☆ 大众传播模式的嬗变及计算传播的逻辑。
☆ 控制研究的嬗变及计算传播学助力传播网络分析。
☆ 传播内容研究的嬗变及计算传播学的助力。
☆ 传播媒介研究的嬗变及计算传播学的助力。
☆ 传播受众研究的嬗变及用户画像。
☆ 传播效果研究的嬗变及精准传播。

能力目标

1. 理解大众传播模式的嬗变。
2. 熟悉用户画像及精准传播等概念。
3. 掌握计算传播学对传统的大众传播研究造成的转变。

思维导图

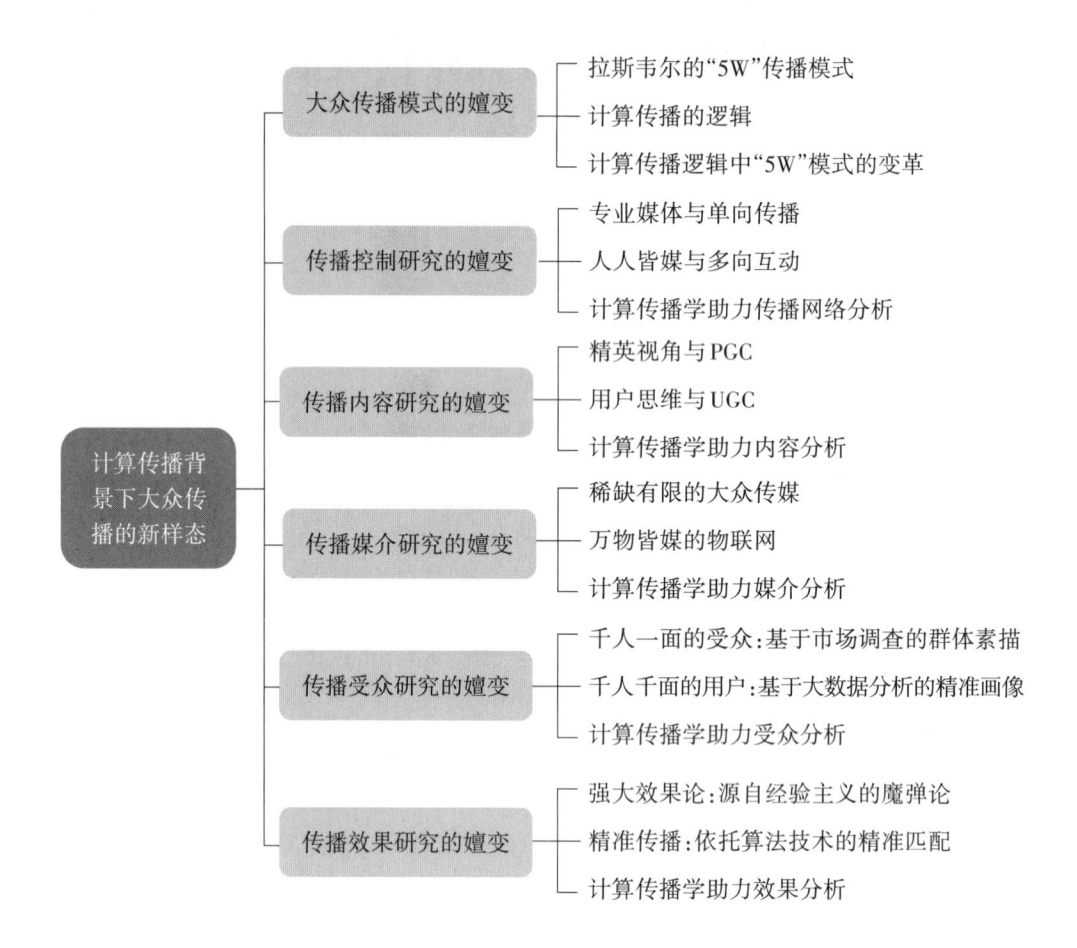

- 计算传播背景下大众传播的新样态
  - 大众传播模式的嬗变
    - 拉斯韦尔的"5W"传播模式
    - 计算传播的逻辑
    - 计算传播逻辑中"5W"模式的变革
  - 传播控制研究的嬗变
    - 专业媒体与单向传播
    - 人人皆媒与多向互动
    - 计算传播学助力传播网络分析
  - 传播内容研究的嬗变
    - 精英视角与PGC
    - 用户思维与UGC
    - 计算传播学助力内容分析
  - 传播媒介研究的嬗变
    - 稀缺有限的大众传媒
    - 万物皆媒的物联网
    - 计算传播学助力媒介分析
  - 传播受众研究的嬗变
    - 千人一面的受众：基于市场调查的群体素描
    - 千人千面的用户：基于大数据分析的精准画像
    - 计算传播学助力受众分析
  - 传播效果研究的嬗变
    - 强大效果论：源自经验主义的魔弹论
    - 精准传播：依托算法技术的精准匹配
    - 计算传播学助力效果分析

案例导入

网购平台中商品不计其数，用户的特点与偏好各不相同，淘宝通过展现符合他们个性化需求的商品来实现精准营销。用户使用淘宝App过程中会产生浏览、购买等行为，这些行为会被淘宝记录，进一步对这些数据进行分析，可得知消费者的购物喜好、时间偏好、购物习惯等信息，进而进行个性化算法推荐广告的投放。

网购平台最常用的经典个性化推荐算法有协同过滤、基于关联规则的推荐和基于内容/知识的推荐和混合推荐。协同过滤的核心思想是根据与目标用户的兴趣偏好相似的最近邻的偏好来进行推荐。基于关联规则的推荐算法是通过分析用户历史购物篮中的商品集合,找到商品之间关联关系的关联算法,根据商品之间的关系,找出顾客的购买行为,进而在用户下一次购物时推荐与其喜欢的商品相关联的商品。基于内容/知识的推荐算法是根据历史信息(如评价、分享、收藏的文档)构造用户偏好文档,计算推荐项目与用户偏好文档的相似度,将最相似的项目推荐给用户。混合推荐是通过加权、变换、混合、特征组合和层叠等方式将多个算法技术融合计算和推荐,弥补单一算法的缺陷,从而获得更优的推荐效果。

随着计算传播学的快速兴起,一种全新的传播学研究范式逐渐成型。它对现有的传播学话语体系起到了重构作用,并且在一定程度上进一步完善丰富了大众传播学的理论框架。本章通过把拉斯韦尔的"5W"传播模型作为理论切入点,以此来分析大众传播模式的嬗变和计算传播学这一新兴范式对传统的大众传播研究的继承与重塑。

第一节 大众传播模式的嬗变

计算传播的兴起与发展,使得传统大众传播模式随之发生嬗变。"5W"历来都是传播学研究的重要理论基础,作为新闻传播领域的一种新兴发展方向,计算传播学的研究重点依然是"5W",即关注"谁(传播对象),经过哪里(传播途径),对谁(受众),说了些什么(信息)并产生了哪些影响(传播效果)"五大方面的问题。计算传播的研究技术也把全新的学术视野带入了传统的媒介研究,使得过去一些无法被研究、被量化的研究对象成为了可能,带来了众多全新的发现。

一、拉斯韦尔的"5W"传播模式

传播过程是非常多变的,人类为了能够更好地去理解传播过程,便将有关过程的各个环节提炼出来,从而形成了不同的传播模式。在传播学史上,第一个传播过程模型由美籍传播学者哈罗德·拉斯韦尔在1948年发表一篇名为的《传播在社会中的结构与功能》的学术论文中首次提出,即后来被人们称作"5W模式"或者"拉斯韦尔模式"的传播过程模型。"5W"模式指出了整个传播过程由五种基本要素构成,并且根据特定组织构成次序把它们进行排列。同时这篇论文所涵盖的"5W"传播模式直接回答了传播学研究的关键问题与核心价值,即"谁？说了什么？通过了哪些渠道？向谁说？有哪些作用？(Who? Say what? In which channel? To whom? With what effect?)"。

(1)Who(谁):即传播者,在信息传递过程中担负着对消息的收集、汇总、制作和传播的重要任务。既可能是人,也可能是某个团体或组织。

(2)Say what(说了什么):指传达的信息内容,是由一个个有价值的信息符号所组成,字符包括话语符号、文字和非语言字符三大类。

(3)In which channel(通过什么渠道):指传递讯息所需要的物质媒介。它可能是包括书信、话语等人际载体,也可能是报刊、广播电视、互联网等社会媒介。

(4)To whom(向谁说):即信息的接收者或受众,是对读者、听众、观众等的统一称呼,是信息传递的最终对象,信息所到达的目的地。

(5)With what effect(有什么效果):即受众接收到信息后,其对该类信息在意识、情感、动作等方面所产生的反应。这是考察传播活动是否实现的重要标准。

国内外的众多传播学者都将论文《传播在社会中的结构与功能》视为传播学重要的启蒙著作。在我国教材中,不仅仅着重阐述这篇文章中提出的传播的"5W"模式和大众传播的社会功能,而且很多教科书都是沿着"传者—载体—信息—受众—结果"这五大环节而建构知识内容,[①]由此可见其对新闻传播学的重要意义。因为这个模式首次把人类每天进行的,极其复杂而又解释不清的传播活动,具体描述为由五个环节和要素所组成的传播过程,为人们进一步认识社会传播的构成和特点指明了具体的理论出发点,同时也把传播学研究划定成五大领域——"控制研究、内容分析、媒介分析、受众分析和效果分析",后来的研究基本上都是在这五大领域的框架中进行的。与"5W"模式有着密切关联的,是这篇论文中提出的另一个重要概念"传播的三功能学说"。在拉斯韦尔看来传播有三种基础的社会功能,分别是:(1)环境监视;(2)社会联系与协调;(3)社会遗产传承。[②]1959年,美国学者查尔斯·赖特又从社会学的视角,为其增添了"提供娱乐"的职能。由此,形成了传播学中经典的大众传播四功能学说。直至今日,虽然国内外传播学者依然围绕着传播的功能这个问题展开激烈的探讨和争论,但是任何对传播功能的研究都无法绕开拉斯韦尔的这篇论文。自从这篇论文发表以来,无论是"5W"还是"三功能

[①] 刘海龙.一篇存在争议的传播学奠基文献[J].国际新闻界,2009(2):9–14.
[②] 哈罗德·拉斯韦尔.社会传播的结构与功能[M].何道宽,译.北京:中国传媒大学出版社,2015:37.

说"都对全球范围内传播学研究领域产生了深刻影响,并且随着时代与科技的进步历久弥新。

二、计算传播的逻辑

随着传播工具日新月异的进步和新兴技术的迅速发展,互联网、大数据、物联网、人工智能等技术的普遍应用,人类社会迎来了全新的数智时代。在这样的背景之下,建立在过去大众传播时代的传统传播学理论、法则、规律开始呈现出解释力不足的问题。今天的传播学在社会变迁中也随之迎来变革。相较于以往的理论范式创新,计算传播在以技术驱动的媒介环境下,关键是需要一种跨学科的研究视野,例如MIT媒体实验室的第一任主任尼葛洛庞帝就曾提到只有通过对多学科进行联合,才能对技术驱动下的传播生态产生新的认识、解读和把握。因此,当今传播学研究需要横跨多种学科并将它们差异化的逻辑融会贯通,才能塑造出适合且能够把握数智时代背景的新的传播学理论体系。

传媒业在日益发展的信息技术革命的背景下也迎来了翻天覆地的变化,原有的发展目标、结构要素、运行机制和内在逻辑均被颠覆。传播学研究范式和实践的革命也势在必行。大数据和智能算法能够做到对用户个体在互联网络中的行为轨迹、习惯秉性进行悉数捕获、解析和预测,传播链条中的核心开始从大众群体向分众个体转变。传播环境的改变,迫使我们要用一种全新的思维和视角来审视传播研究的路径、方法,从而理论在实践中取得创新性突破。学者在着手重塑一套对全新传媒生态认识论和方法论,于是乎作为新兴交叉学科、创新性传播范式的"计算传播学"应运而生。

曾经大众传媒时代,由于传播媒介匮乏、信息闭塞等原因,古人一直存在着一种信息匮乏现象。如今人类社会已经步入一种泛媒介化的智能多媒体时代,人们周围存在和接触的媒介种类与规模达到了前所未有的高峰,并且还会继续呈指数级加速增长,也就是说,现如今人们面临的主要问题是与信息匮乏截然相反的信息过载问题。

把信息有效地传递给受众是传播学研究的重要问题,可是过去的研究一直存在无法精确化有效测量的问题而被学术界和业内人士诟病。计算传播学作为传播学研究的支流,需要解决的重大问题便是要克服研究中量化方式上存在的不足,并且进一步把有效传播向前推动为具化的精确传播,进而实现智能传播时代中用户、场景和内容三者之间的精准适配。在这种研究背景下,传播学为了有效地解决上述存在的问题就必须掌握计算能力。因此,大数据分析、云计算、人工智能等工具成为了我们不得不接触并且必须掌握的技术手段。

过去,信息传播渠道中存在着"把关人"的角色,专业媒介机构及其媒介管理者基于自身立场、原则、标准代替用户取舍过滤信息。这种方法逐渐显现出效率低下、信息滞后、缺乏反馈等缺点。在这样一种智能多媒体时代,我们需要研究出更加符合时代需要的信息传播与过滤方法,对于媒介来说,需要的是一种能够在合适的时间、以合适的方式、呈现在合适的终端上的工具;对于个体用户来说,需要是一种将海量信息进行分类、筛选和过滤的方法。发现并且研究出这样类型的方法和手段,这就是这个时代赋予计算传播学的重要使命任务。

三、计算传播逻辑中"5W"模式的变革

拉斯韦尔提出的"5W"传播模型在传播学领域中奠定的经典地位无法撼动,这毋庸置疑。但是,伴随着时代的向前发展和技术的不断更迭,其在新型传播关系中的局限性也开始凸显,而计算传播学的出现则在新的时代背景下,拓展了"5W"各个要素的边界。[1]

在传播主体和受众层面,互联网时代的大背景下,绝大多数用户改变了在曾经传播渠道中的被动局面,他们开始承担起了双重角色——这些用户既是信息的接受者,同时又能够主动地参与信息生产与传播过程中,扮演积极的信息创作者与发布者的角色。此外,与曾经在大众传播时代主流媒体是信息生产的绝对主体相比较,新技术既赋予了用户更多的信息创作空间,同时也拓展了信息生产主体的范围,例如社交机器人,使得机器也能够以传播主体的角色,在社交媒体中模仿人类的思维和行为而发布各式各样的内容与评论等。

在传播内容和媒介方面,有学者用计算传播学方法对社交机器人在主题化传播路径中的相关问题进行研究,通过对机器人账号的数据捕捉和分析,来对传播现象进行描述与分析。研究发现,在智能化信息技术加持下的新闻内容,较之以往传统媒体发生了重大改变。这些计算传播技术能够借助大数据收集、挖掘与新闻要素相关的新闻线索和更深层次的背景资源,从而拓展内容的广度与深度。传播内容样态改变的同时,传播

---

[1] 巢乃鹏,黄文森.范式转型与科学意识:计算传播学的新思考[J].新闻与写作,2020,431(5):13-18.

媒介的变革也同时进行。如今互联网时代形成了全新的媒介形态,即关系媒介,这是一种人与人在互联网络中、在各种社交化平台上通过排列形成一种无形的、具有权重标识的关联关系。而计算传播则可以依托于大量的数据和定量的社会网络分析方法,将人和人、人和物的信息连接到一起,也就是说关系媒介能够把人与其他方方面面的事物关联起来。因此,这种变化使得媒介不仅仅只是信息的载体,更成为了以用户的需求和选择而定义的媒介。

在传播效果研究方面,计算传播学的范式中,用户成为社交性信息传播网络中的一个个关键节点,通过对用户在网络中的数据痕迹的收集以及借助算法逻辑的分析,能够精准地把握用户的认知、情感和行为,从而推动传统的"5W"传播模型中的传播效果向更深层次拓展与延伸。

第二节 传播控制研究的嬗变

控制研究旨在揭示信息传播过程中的权力关系、规范和制约因素,以及这些因素如何影响公众的信息获取和理解。传统的控制研究通常集中在大众传播的控制手段上,而计算传播时代则更多地关注于个体层面的传播行为,以及个体传播行为变化引发的一系列媒介权利变迁的问题。

一、专业媒体与单向传播

控制分析的研究对象主要是传播者及其对传播行为的影响。过去由于大众传播媒介本身的精英化倾向以及稀缺性资源等属性,导致传播的话语权通常集中于较少数的观点领导者,即意见领袖。所谓意见领袖就是在人际传播网络中,经常为他人提供信息、观点或建议,同时又对他人施加个人影响的人物,舆论往往先经过他们,再由他们流向一般受众。事实上,在大众传播过程中,非数字化和非普及化的媒介形式使得信息在触及受众之后很难再形成大规模的多次转发、评论和再生产、再加工,因此信息的接收者便被动地沦为"沉默的大多数",意见领袖得以因此对沉默的大多数产生影响。正因为这种清晰、单向和简洁的传播结构,使得彼时的控制分析能够非常快捷地找到作为意见领袖的传播者并对他们施加影响,进而改变传播者的传播动机、心理、行为和影响。新闻传播学中的传播是社会信息的传递或社会信息系统的运行。单向传递是一种没有反馈或互动机制的传递,即信源发出的讯息,经由传递机制而到达信宿的单向信息传播过程。

在单向传播中,传播者和受传者之间被看作是单方面的"给与"和"接受"的关系。反映这一观点的代表模型有拉斯韦尔的线性传播模型(即上文的"5W"模式)以及香农—韦弗模式。香农—韦弗系统,是美国的两位信息专家香农与韦弗在1949年发表的一篇名为《传播的数学理论》的文章中用来描述电子通信过程的模式。它的第一个环节是信源,由信源发出讯息,再由发射器将讯息转为可以传送的信号,经过传输,由接收器把接收到的信号还原为讯息,将之传递给信宿。在这个过程中,讯息可能受到噪音的干扰,产生某些衰减或失真。这种模式的一大价值便是引入了"噪音"的概念,表明了传播并不是在密闭的真空中进行的,传播过程中的各种障碍因素会产生对讯息的干扰,这个重要因素在社会传播中是非常重要不可忽视的。由于香农—韦弗模式所讲述的是电子通信过程,而且是一种直线的、单向的,没有反馈的过程。这两种模型都无法完全运用在人类社会传播中,因为前者认为传播只是一个劝服和影响的过程,后者认为传播只是单方面的传递信息的过程。[1]

单向传播模式忽略了受众的反馈活动。在这一类传播系统中,传者与受者之间的联系主要是通过单向的信息流动进行的,传播过程的中心是传播者,受众则无法主动地与传者进行联系,只是作为被动的客体。在这种传播系统结构中,传受双方之间的联系通常无法实现最优化。在现实社会生活中,这种纯粹的单向传播也是少见的。

二、人人皆媒与多向互动

近20年来,数字化媒体的快速发展逐渐地消解了传统大众媒体时代的意见领袖所特有的权威地位,这一状况与它对信息接收者的大范围赋权所造成的"传受合一"现象互为因果。社交媒体网络、自媒体内容平台等数字媒体形式的不断演化和迭代,使得过

---

[1] 沈正赋.信息耗散模式与新闻真实性——兼论香农—韦弗"噪音"说和马莱兹克系统模式[J].安徽师范大学学报(人文社会科学版),2012,40(2):201-207.

去被动接收信息的大众媒体受众身份转变,成为了能够即时接收信息、评论信息、加工信息、生产信息和传播信息的用户。①这种双向互动的新型网络传播结构冲蚀着单向被动的大众传播结构,同时两者在更微观层面却又在发生融合与重构。传统媒体的意见领袖仍然在起作用,数字媒体的时空中也不断涌现着新的关键意见领袖(Key Opinion Leader,KOL)阶层,他们以科技大咖、微博大V、自媒体大神、网红主播的身份活跃在不同的数字媒体平台和各色的线上线下活动之中。更关键的还在于,他们来自用户,同时也回归于用户、作用于用户,他们就是广大用户群体中不可被割裂的有机成员之一,他们在影响着用户的同时也被用户影响着。

事实上,数字媒体所特有的这种参与性、网络化和扁平式特征,使得每一位用户都有机会能够在特定的场景和周期中成为意见领袖。作为网络结构中的一个节点,任何人的任何言论都有可能在某一时刻爆发出巨大的影响力,哪怕这种影响只是短暂的一瞬间。也正是这种对于网络社会中关键意见领袖所可能造成的影响力的迷恋甚至狂热,驱动着越来越多的用户不再满足于单纯的信息获取,而开始热衷于个性化的话语表达。越来越多的用户想成为意见领袖,这种用户对传播话语权的广泛竞争已经彻底解构了大众传播时代的意见领袖们所拥有的超乎寻常的影响力。

三、计算传播学助力传播网络分析

数字化媒体时代的信息源和传播者数量变得越来越多,媒介空间呈现出众声喧哗的现象,这意味着信息接收者所面对的数据规模越来越庞大,同时用户与用户之间相互作用形成的传播关系和传播结构越来越复杂。这种情况下的控制分析,就与过去大众媒体时代的基本逻辑产生了差异。其关注的新的重要问题就是"已知用户间的网络结构,并通过节点间的关联推断信息传递的可能性"②。但仅仅依赖过去的最简单方式根本就无法知晓已知用户之间的网络结构,更无法对当前的传播现象和传播问题进行有效的控制分析,因为在意见领袖和意见结晶遍地都是的信息洪流之中,任何人都已经无法分清谁是最初的信息源、谁是活跃的关键节点、谁是影响巨大的转发者、谁是信息的二次加工者。没有有效的工具以及合理的理论根本无法全面而准确地掌握这些纷杂的信息脉络。

---

① 蒋琳.从拉斯韦尔5W模式看微传播的发展特征[J].编辑学刊,2017(3):112-116.
② 张伦,王成军,许小可.计算传播学导论[M].北京:北京师范大学出版社,2018:93.

如今社会现象充斥着巨大的异质性的个体互动,社会逐渐变得异常复杂,面临复杂的社会环境,网络科学开始开辟全新的探索方式。由于网络科学研究仍然需要大量丰富的实证数据,而基于互联网的传播恰好提供了两种新的研究方式,一种是各种各样的"数字足迹",另外一种是互联网实验。[①]在理论上,或者在进行互联网实验的前提下,我们的控制分析过程是完全可以借助传统的统计量化方式,根据用户的数字足迹(如阅读、评论、转发等情况),抽象出某一条具体信息在特定时间周期内的传播路径和传播结构模型的,这个模型向我们展示了信息传播的起点、传播的层级、路径的长度、分享的广度等。但现实的用户行为具有多变性、传播环境具有复杂性、信息规模具有海量性,这就导致传统研究方式根本无法应对瞬息万变的网络传播现实,这种挑战对于传统的大众传播学而言是技术性的,没有相应的技术手段、分析方法和专业人才去落实这种理论在研究上的可行性。

在这一点上,大数据分析思想与技术的发展让人们对数字化的传播路径探究有了强有力的抓手,特别是数据可视化技术的广泛使用,为我们研究信息传播过程中产生的大规模数据提供了简便但可行的具体工具。如数据可视化工具,它主要使用像微博数据流之类的大量非数值类数据,把有源数据转换为简单易懂,又适合人类认知习惯的视觉图形信息。既为学者们克服了因资源数量过大而带来的科研困难,也免去了对许多社会背景知识的学习。[②]这时候,我们依然能够运用数据主义和计算主义的工具,以最直观的方式在最短的时间内找到发声者、附和者、追随者、反对者以及搅局者等传播过程的关键意见领袖,从而展开相应的控制分析和影响施加。

第三节 传播内容研究的嬗变

内容研究旨在通过对传播内容的系统和定量描述来揭示其中的规律和含义,通常涉及对文本、图像或其他视觉元素的深入分析,以理解它们传达的信息和情感。在媒介技术和信息技术飞速发展的时代,传播内容的改变为计算传播学带来了更多全新的议题。

[①] 王成军.计算传播学的起源、概念和应用[J].编辑学刊,2016(3):59-64.
[②] 陆斌斌.社交网络中话题传播结构的可视化研究与实现[J].现代计算机(专业版),2017(7):58-60+65.

一、精英视角与PGC

内容分析聚焦于信息传播的主要对象上,研究传播者应该说什么、正在说什么、说了些什么等问题,也就是"Says What"的问题。从报纸杂志到广播电视,尽管承载信息的媒介形式发生了重要的变化,但是内容生产的决策权始终保持着精英化的状态,传统四类大众媒体的内容几乎都是由专业人士完成的,这些人中的大部分都受过良好的高等教育或专业的技术教育。与真正消费媒体内容的大众相比起来,他们所生产的内容是从专业主义和精英主义视角出发的。这种从精英角度来看、由专门工作者来完成内容制作的做法就叫作PGC,其英文全名为Professional Generated Content,即为专业制作内容、专家生产内容。具体到新闻传媒业来看,具备新闻专业主义的新闻专业从业人员所做的专业性报道就是PGC新闻。

PGC模式一般具有如下特点:准入壁垒较高;内容生产者一般具备一定学科背景及专业能力;内容专业化、内容高质量;内容覆盖范围垂直。其提供的信息往往更具权威,对受众更具实用性和影响力。PGC生成机制生产内容具备了专业、深入、垂直化等特征,有助于提高内容生产的品质,使平台的认知度和声誉程度都能得到大大提高,因为优秀的内容生产可以对用户形成巨大的吸引力,也可以进行用户导流,为进行知识消费创造机会,也可以为以后的衍生产业和关联产业发展打下良好基础,从而成为谋求内容变现的重要选择。但同时,由于PGC制度较易于出现著作权纠纷,高门槛也使之无法适应受众信息广度上的要求。

事实上,这种视角在国内外的大众传播领域随处可见,整个传播过程中所涉及的内容部分,几乎都是由专业人士和精英阶层为广泛的受众群体过滤和筛选他们所能看到的信息,并在编辑或剪辑人员的精心修改之下,编码成了报纸上的一块块图文信息、广播中的一段段语音信息以及电视里的一集集影像信息。在这个过程中,专业人士充当了非常关键的"把关人"角色。之所以如此是由于两方面的原因:一方面,传统大众媒体本身的物理属性决定了印刷在纸张上的文字或者广播出去的信号本身无法进行修改或者撤回,这就要求我们必须最大限度地提升信息本身的质量和准确性;另一方面,虽然大众媒体的覆盖范围广泛,但其受众的认知能力和水平有限,不良的内容会造成非常恶劣的社会影响。

在这样的环境下,对传播模式中的内容进行分析是比较容易操作的,只要站在创造这些内容的专业人士的立场上看内容是否符合社会的主流价值、是否符合社会精英阶级的审美趣味、是否符合对广泛群众的宣传教育的真实需要即可。因为这种信息分析的观点是传者本位的,而读者自身的实际需要往往被人们忽视,特别是在媒体这个信息市场中,专业主义的观念就更加根深蒂固。因此,公众参与信息活动的过程中,专业从事内容创作的人士通常会认为受众只是参与者而不是主导者,因为在他们看来新闻工作具有专业性,是那些没有经历过任何专业培训或系统学习过的普罗大众而无法胜任的。

二、用户思维与UGC

随着基于互联网、移动互联网等各类数字媒体不断涌现,大众传媒时代内容稀缺现象逐渐被打破,通过互联网受众能够任意访问、接触和获取各种信息。更为重要的是,互联网赋权给受众,将话语权、信息接触权、内容制作权等下放给受众,使其身份完成了向"用户"的转变。这种背景下,那些专业主义视角之外,对用户心理有着敏锐洞察和对用户痛点有着精准把握的通俗内容层出不穷,这给了用户以更多自由选择内容的空间和权利。用户在互联网的赋权下也开始成为内容的生产者,出现了与PGC相对的UGC。UGC的英文全称为User Generated Content,即为用户生产内容,网友可以把自己所制造的内容利用此平台加以呈现,并提供给其他使用者。[1]UGC是伴随着具有个性化特征的Web 2.0技术而出现的,但UGC不是某一项具体的服务,它只是每一个用户利用网络的一个手段,即从最初的下载为主转向下载与上传并重。主要的使用方式有社区网站、视频分享、博客和播客。

在UGC平台下,网友成为互联网内容的生产者和供应者。UGC的特点是:准入门槛降低;用户既是内容生产者又是接受者;内容个性化、内容品质参差不齐;内容涉及面广;等等。梨视频、快手、火山小视频、抖音等视频平台都可以看作是UGC的成功案例。UGC模式彻底改变了传统的信息传受关系,用户既是受众又是信息源,从而拓宽了传播渠道,达到病毒化传播,实现内容生产的去中心化和自主化。

---

[1] 张琳.PGC视野下的内容生产模式重构——以央视《财经云直播》为例[J].中国广播电视学刊,2021,363(6):107-109.

伴随着市场权力从内容稀缺的生产本位主义过渡到用户注意力稀缺的消费本位主义,无论是方兴未艾的数字媒体还是被不断唱衰的大众媒体都开始注重用户思维,即越来越多地把用户对内容的消费需求作为内容供给的决定因素。

把个人的自我满足和快乐放到第一位的消费思潮或风气即消费主义思想,该思想会推动人们不断寻求新的消费品,以实现自身精神满足。这种现象在今天的内容消费领域也同样愈演愈烈,用户更倾向于内容产品的娱乐功能、休闲功能、社交功能,大多数人只是希望通过内容产品满足找乐、猎奇、消遣、宣泄等个人化的情感或精神需求。这种用户至上的内容消费主义盛行的确造成了一些明显的问题,但如何在伦理和法律层面解决这些问题并不是本文探讨的议题,计算传播关注的重点在于如何面向海量用户的个性化需求实现定制化的内容生产和分发。

三、计算传播学助力内容分析

计算传播学对面向消费者的内容生产提供了解决方案,这种方案摒弃了传统大众传媒时代经常采用的定性研究方法和经验主义决策机制,更多地依靠来自全网的量化数据来提供生产决策的客观依据,即利用大数据技术去分析被网络记录下的人们收视的时间、内容和媒介,从而探索每个受众的收视时机、需求和动机。通过对这些数据资料的挖掘与研究,完整立体的受众收视图谱能够被勾勒出,从而呈现出受众的显性需要与隐性需求,这种做法可以为媒介内容的创新提供全新的参考。这种以用户思维和数据主义为导向的内容生产意味着传播学研究方法和实践方式发生了颠覆性的转向,它更强调数据对于信息生产和消费所带来的变革意义。在对用户注意力竞争的过程中,如果我们不能对内容产品的各项指标进行量化,那就无法更好地改进它,只有那些可以被数据化的内容产品才可能被更好地分析和改进。[1]在利用数据辅助内容创作领域,BuzzFeed是一个非常有代表性的企业,它拥有遍布全球的新闻工作团队、技术精湛的视频内容工作室、顶级的数据运算中心和脑洞大开的广告创意机构,其创作的内容每个月有多达五十亿的全网观看率,但是它并不觉得自己是一个传媒企业。"'数据驱动的内容创作'是BuzzFeed为自身所贴上的标签。在该公司的文章撰写与发行流程中,反馈闭环(Feedback Loop)是出现频率最高的术语:将市场环境和读者反馈数据尽

---

[1] 巢乃鹏.人工智能与计算传播学[J].人民论坛·学术前沿,2019,180(20):20-31+107.

可能地量化和结构化,以及时反馈给运营人员、内容编辑,从而构成一个辅助创作的闭环。"[1]

第四节　传播媒介研究的嬗变

计算传播时代媒介不仅是信息传播的主要载体,而且在现代社会中扮演着塑造公众意见,影响社会行为和文化趋势的重要角色。人类社会从最初的口头传播到现在的数智媒体,媒介技术的发展极大地扩展了信息传播的范围和速度,同时相关研究也迎来了新的挑战。

一、稀缺有限的大众传媒

在过去媒介分析重点研究的是报纸、杂志、广播、电视等传统大众媒体渠道对信息传播、内容生产和受众消费的重要影响。这些媒介渠道最重要的特征就是中心性、单向性和稀缺性,因此它所塑造的媒介生产和消费形态也相应地具有生产的专业化、接收的被动性和消费内容的不丰富等特点。对于报纸和杂志这样的平面媒体来说,它的版面在理论上可以无限制地增加,但现实的情况是在版面达到一个临界值之后它每增加一个版面其边际效益便开始递减,因此用户能看到的报纸有16版、48版、64版,但几乎很少看到256版或者512版,杂志亦然。而且用户规模依然因为识字率和教育水平等原因而受到了较大的限制。这也在很大程度上意味着与广播电视媒体相比,平面媒体的影响无法到达理想中的那么广泛。电视媒体曾经是所有媒体类型中覆盖范围最广的媒体,妇孺皆知、老少咸宜。然而它的频道数量是有限的,每个频道的时段也是有限的,以频道最多的中央电视台为例,如果其下属的19个常用频道24小时不间断地播放电视节目,每天能够播放的节目时长也就只有456小时。更何况,无论是报纸杂志还是广播电视,其内容生产和分发都是面向不特定的大众群体展开的,尽管它们在努力尝试通过设置民生、体育、娱乐等专版或者开辟少儿、电影、新闻等频道的方式,向不同的用户群体

---

[1] 闫泽华.内容算法:把内容变成价值的效率系统[M].北京:中信出版社,2018:144.

提供不同的媒体内容,但版面或时段的稀缺性使得传统大众媒体并不能在本质上真正满足每一位受众的异质化内容需求。

建立在此种逻辑基础之上的媒介分析则较为简单粗暴地把焦点聚集在平面媒体的发行量或者广电媒体的收视率/收听率,因为这个数字背后关联着的是现实的企业广告费用投放额度,也就是媒体的广告费收入,它占据了传统媒体整体收入的70%甚至更高。而为了提高发行量或者收视率等,大众媒体不断地通过提升内容质量、丰富产品类型、改革版面/节目编排等方法与竞争对手在媒体市场上争夺用户的注意力。更有甚者,各大卫视收视率数据造假已经成为行业内心照不宣的潜规则,这在一定程度上反映了传统大众媒体在全新的媒介环境下所面临的真实困境。

二、万物皆媒的物联网

数字化、数据化以及智能化进程已经彻底改变了20世纪以来建立起来的大众传播格局,今天的媒介渠道已经是充裕的、多层次的、全方位的、立体式的、无处不在的。可以无限链接下去的互联网网页、能够安装成百上千移动应用的智能手机、触角延伸到每个楼宇的数字屏幕、连接了居家环境中各类智能硬件的家用机器人、车联网中像电子产品一样不断更新换代的汽车以及正在普遍被应用到各个场景之下的柔性屏幕。越来越多日常生活中的普通事物因为植入了廉价、强大、高性能的传感器、智能芯片或显示屏幕都具备了信息传播和内容展示的媒介属性。这种现象意味着万物皆媒的时代到来,越来越多的物体成为了能够获取、存储、传播和反馈人类所需要信息的媒介,可以达到在全新深度与广度上为人类提供更加便捷高效的服务。也就是说,我们可以通过这些不断增加的渠道及其无限延伸的时空来获取信息、内容和娱乐,而不再仅仅是依靠传统的少数大众媒体渠道。同时,这些更加智能、更加泛在、更加个性化的新的渠道,包括新终端、新媒体、新应用等,它们还在以一种全新的加速度不断出现在我们的生活、工作、学习和社交活动等越来越多的场景中。

泛媒介化、万物皆媒、媒介基础设施化等趋势使得媒介本身不再是稀缺资源,用户可以在任何时空、任何场景、任何状态、任何环境下以最合适的渠道获取信息资源和内容产品。此时的媒介分析便不能再将目光锁定在发行量或者收视率这样依赖广泛覆盖而堆积起来的单一数据上面,因为媒介已经从单纯的内容传输和呈现方式演变成了为用户提供多元化信息解决方案的服务方式。在过去,媒介即讯息[①];在今天,媒介即服务[②]。在渠道稀缺的大众传播时代,媒介以及依赖于媒介而存在的从业者们高高在上俯视受众和广告主,在今天万物皆媒的时代,他们已经没有了这样做的资本。尽管没必要去仰视逢迎用户,但媒介也应该把自己的姿态放低,做到与用户之间展开地位平等的对话,否则用户就会立马转身离开并投奔竞争对手的阵营。在智能媒体语境下,无论是提供信息服务的媒介还是获取信息服务的用户都不再是泾渭分明的甲方乙方关系,而是一种协同成长、相互成就的共生进化关系。

三、计算传播学助力媒介分析

在万物皆媒的大背景下,媒体分析要解决的最关键问题是:用户在具体场景下的信息需求是什么?通过哪种最合适的媒体终端和媒体应用为他们提供这种信息服务或解决方案?同质化的大众消费时代试图用一刀切的单一媒体渠道提供面向所有受众的内容呈现,而异质化的个性消费时代则必须用数据、算法、语音交互、深度学习等计算主义的工具,在一切具备了媒体属性的服务工具中找到最合适的工具、提供最合适的内容、匹配给最合适的用户。用户可以用数据把媒体训练得越来越贴心,而媒体应用服务则让用户的生活更智慧,这时候的媒体分析,变成了算法对具体媒介所提供的具体服务与具体用户需求是否高度匹配的分析。

第五节 传播受众研究的嬗变

人工智能、大数据等新技术的发展,使得传播学研究的算力得到质的飞跃。受众研究已经不再满足于只关注受众的基本特征和行为模式,受众媒介使用情况背后蕴含的深层次的兴趣偏向、情感体验、价值观念和文化背景等成为研究的重点。

[①] 马歇尔·麦克卢汉.理解媒介:论人的延伸[M].何道宽,译.南京:译林出版社,2011:1.
[②] 夏洪波.全球品牌工程[J].中国广告,2018(5):34-36.

一、千人一面的受众:基于市场调查的群体素描

大众媒体时代的受众被认为是典型的同质化群体,媒体面向受众呈现无差别的内容,尽管它们在信息生产、内容分发和广告营销的过程中也会投入费用进行市场调查,然而这样的市场调查与其说是中立客观的数据参考,不如说是一种自欺欺人、掩耳盗铃的把戏。从调查公司手中得到的数据就像美国广告大师约翰·沃纳梅克的那句经典名言说的那样:"我知道广告费用有一半是浪费了,但我不知道是哪一半。"来自调查企业的客户调查数据也是这样,"我知道这些数据有一半是虚假的,但我不知道是哪一半。"媒体也好,广告主、广告公司也罢,他们中的大多数拿这些数据只是用来为早已经制定好的产品策略或内容策略作合理性解释,而不是因为真的对这些数据高度认可而做出改进产品的决定。这主要原因在于调查公司所采用的传统统计学的调查研究方法在根本上无法真正反映媒体受众的全面特征和真实需求。这种统计方式是通过抽样个体去推断总体情况,因为采用多层抽样调查汇总的方法,其结果容易产生偏差,而且抽样调查涉及的区域局限,无法真实反映整体真实的状况。而且传统统计有时会遇到被调查者不配合的现象,从而造成统计人员的压力大、效率低、环节多且复杂、信息准确性不易掌握、数据准确性低的现象。[1]这些问题在过去的媒体实践和市场调研中就存在的。

电视节目受众调查通常会采用抽样调查和深度访谈相结合的办法,其最基本的假设就是所有受众具有高度同构的特征,在这样的逻辑下通过合理抽样得到的2000名用户是可以代表坐在电视机前观看这档节目的2000万用户的。然而事实证明,通过问卷获得的数据甚至连用户本人的真实意图都反映不了,又如何能够真正代表更多其他用户呢?这种研究假设的谬误必然影响研究数据和研究结论。统调研方式在受众分析上表现得捉襟见肘,因此它所给出的结论都是高度抽象的群体素描,例如20~25岁的年轻人、女性、大学生、白领人群、喜爱旅游或者热爱摄影等,这种对于受众群体的泛泛表述最大的优点就在于它几乎不会出错,但同样其最大的缺点在于拿着这张素描去对照就会发现跟谁都有点像但跟谁也不完全像。因此,传统媒体的受众调查分析并不能精准地描述受众的行为特征。

---

[1] 吕欣,李鹏.大数据时代传统统计模式变革探析[J].宏观经济管理,2015(8):37-38+42.

二、千人千面的用户：基于大数据分析的精准画像

上述问题是计算传播学的研究方法在受众分析层面所必须面对并需要解决的问题，而计算主义的思维和工具则颠覆了传统媒体将受众视为同质化群体而展开的研究体系，并代之以更加具象化、更加个性化和更加清晰化的用户画像。其实，媒介市场一直以来都不是同质的，而是充斥着各种异质性，不是大数据把普罗大众划分成了多元个体，而是大数据的思维和工具给了我们直接面对多元个体的机会，并且给予了我们分析个体的方式和服务个体的契机。过去的受众分析采用问卷访谈、小组走访等市场调研方法去研究用户，并从一个甚至几个维度来定义细分市场，并给一个客户群一种标准化的形象面孔……大数据所给出的用户定义，不再是一种群体标准化的面貌，而是立体、完整的用户面貌。利用大数据分析，产品将由大众化、细分化转为微分化、个人化。[1]而解决微分化、个人化信息需求和内容消费的关键技术和基本方法则是算法以及建立在各种算法之上的信息过滤程序和内容推荐系统，其核心原理是：一方面对具体用户在具体场景下的具体内容需求进行精准的预测（用户画像），另一方面是更全面、更细致、更准确地对海量内容库中的每一条信息进行体系化、类型化和标签化（内容画像），从而以最少的时间、最低的成本、最高的效率完成个性化需求和差异化内容之间的精准匹配。与传统内容画像比较，计算主义用户画像的复杂度要高上许多，它既涉及统计学中主要研究的静态人口特点，也涉及与用户的消费兴趣相关的主动行为特征，还涉及了用户所处于具体市场中的社会环境特点及其瞬息万变的心理特征等方方面面，但建立起了一个全方位、立体而丰富的用户图像，有助于平台根据用户特征及其偏好为其提供更加精准化、定制化的服务。[2]

三、计算传播学助力受众分析

事实上，计算传播学新范式与大众传播学传统范式之间存在的根本性差异，这也正是计算传播学所有研究的出发点：观察并了解每一位用户，向不同的用户提供不同的信息服务。在全新的信息范式下，谁将可以最准确地对用户画像做出描绘、最精确地预知

---

[1] 赵国栋,易欢欢,糜万军,等.大数据时代的历史机遇：产业变革与数据科学[M].北京：清华大学出版社,2013:257-258.
[2] 韩文静.基于用户画像的数字广告智能传播[J].青年记者,2019,638(18):76-77.

用户在下一秒的信息需求并最精确地向他提出关于这一需求的信息解决方案,谁将会在更加激烈的信息市场竞争环境下,取得最有力的核心竞争力。完善用户画像的最主要方式就是利用用户在线产生的大数据对其相关信息进行挖掘,并输出为具体的标签体系。例如,基于某位具体用户的LBS地理位置数据显示,这位用户每个工作日9时至17时的坐标通常是国贸大厦,系统便会自动将"国贸大厦"这个标签与用户画像中"工作"相关的标签进行关联。同样的道理,借助于大数据技术,我们可以为这位用户贴上"工作狂""购物狂""xx粉"等各种标签,这些标签能够更好地提取和呈现这位用户身上所表现出来的各种特征,算法借此将用户与内容进行更精准的匹配。

第六节　传播效果研究的嬗变

随着技术和社会的发展,传播效果研究的方法和关注点随之不断演变。效果研究不仅关注传播活动对个体心理、态度和行为的影响,还关注对社会整体结构和功能的影响。对传播效果的研究是把握当前数智技术时代传播现象和社会结构变化的有效途径。

一、强大效果论:源自经验主义的魔弹论

传播的效果研究一直是传媒学术界和产业界非常关注的基本议题之一,然而20世纪末21世纪初,这一研究方向在方式方法上却一直没有发生根本性的突破。悲观主义者认为效果研究只是无足轻重地证明了传播本身的的确确是产生了效果的,至于这种传播效果是什么、怎样产生的、影响程度有多大,传播效果的研究者们则无法做出详细准确的解释。于是大多数传播效果的研究总是在各界高度期待的目光中得出一个尽人皆知的空洞结论。也正因此,这种打着定量研究招牌的经验主义终于陷入死而不僵的逻辑怪圈中再也无法跳脱出来。尽管如此,大众传播的效果研究也在过去取得了轰动一时的成果,最典型的是施拉姆发明的"魔弹论",虽然这一学说从开始流行到逐渐式微的整个过程都一直饱受传播学理论界的批判,但作为一种应用逻辑,它却不折不扣地深

刻影响了20世纪下半叶国内外大众传播的实践进程。其主要观点是：传播媒介拥有不可抵抗的强大力量，它们所传递的信息在受传者身上就像子弹击中身体，药剂注入皮肤一样，可以引起直接速效的反应；它们能够左右人们的态度和意见，甚至直接支配他们的行动。如此看来，"魔弹论"传播效果观便是过去大众传播效果研究范式的真实写照，即认为效果研究只需要看见受众在传播的枪打响之后应声而倒就行了，不要问他们是怎么被击中的，究竟是被谁击中的。[1]

但是，以"魔弹论"为代表的传统效果研究理论随着信息技术的发展终究走向了衰落，没落的原因更多在于客观技术层面上研究者和实践者没有办法获取精确到每一位用户的媒介浏览、阅读、收视、购买等行为数据，没有客观数据的支撑，仅凭经验主义的主观臆断是无法得出真正具有说服力的效果分析的。以传统的广告效果监测为例，广告的"整合营销传播所整合的很多营销手段和传播方法都不具有可跟踪性，企业可以监测到广告投放和信息发布这一动作是否在指定媒体上得以完成，却无法监测到这一动作完成之后的大量信息，例如信息是否触达受众、受众是否是目标消费者、目标消费者是否看了广告、看完广告之后是否引发了购买行为等。"[2]事实上，无论对于广告传播还是内容传播，信息路径的不可跟踪和受众数据的无法获取这两大主要问题，在传统的大众传播时代一直都是传播效果研究者面前两座无法翻越的大山，直接导致了传统效果研究既无法提供严丝合缝的现象诠释，又不能带来逻辑合理的理论建构。

二、精准传播：依托算法技术的精准匹配

互联网技术和大数据技术所带来的路径的可跟踪性与数据的可获取性使得传播效果的研究发生了根本性的转变，这种转变不仅仅是数据获取方式和处理方式的转变，更是一种传播认知方式和实践方式的转变。建立在海量规模数据和强大计算能力基础之上的效果分析，不但能够解释为什么某位具体用户阅读了这则新闻，还能够清晰地勾勒出这则新闻经过了几次转发才触达这位用户，甚至能够对他进行细致的用户画像，从而预测他更喜欢阅读什么样的新闻内容以便下次出现此类新闻的时候向他进行精准的推送。这种以分析历史数据和预见未来行为为核心的传播效应分析，通过对海量数据的

---

[1] 高海波.魔弹论：层累地造成的学术史[J].国际新闻界，2010，186(4)：17-21.
[2] 刘庆振，赵磊.计算广告学：智能媒体时代的广告研究新思维[M].北京：人民日报出版社，2017：28.

定向挖掘,能够发现人类行为或活动中出现的某些固有倾向,从而检视事件或行为发生的可能性。这时候的传播效果分析是针对个体的,而不是针对群体的;是具体到每一张图片或每一则新闻的,而不是泛化为某一家媒体或某一个品牌的;是可以建立在客观数据之上得出解决方案来的,而不是凭借主观推测只给出几条大而无当的改进意见的。

三、计算传播学助力效果分析

计算传播学视野中的效果分析在根本上要解决的问题是面向具体用户的个性化传播效果问题,其基本假设是只有那些与用户需求高度匹配的信息才有可能获得良好的传播效果,在这样的前提下效果分析就能够作为内容个性化推荐和广告程序化投放的重要决策参考。例如,内容个性化推荐系统向用户A频繁地推荐清史相关的资讯而不向用户B推荐这些内容,原因在于用户A点击此类资讯的频率比用户B高很多,而且阅读完成的比例较高,在完成阅读之后还存在比较积极的点赞、评论、收藏、分享等社交互动行为。根据这些短期或长期的传播效果,推荐系统就能够动态化地调整它向用户推荐的个性化内容,而推荐系统的个性化匹配程度越高,其所收获的传播效果也就越好。传播效果越好,系统则会根据真实反映出来的效果数据更好地揣测用户的内容需求,从而不断地提升内容匹配的精准度。同样,以程序化投放为典型代表的计算广告逻辑也是通过针对具体用户的个人画像及其浏览广告的效果分析来决定向他推送哪些广告。对于所有的营销人员来说,他们时时刻刻都在思考的一个问题就是"如何提升广告传播的真实效果?"而提升广告效果的最好方式就是运用大数据技术和程序化方式"在合适的时间合适的地点对合适的人传递合适的品牌及产品信息"[1]。在提升传播效果的同时,计算传播学的研究方法也极大地提升了针对不同用户进行个性化分发和程序化广告的效率,降低了传统"魔弹论"在大众传播模式下的资源浪费,实现了媒介资源和广告费用的集约化管理。

本章小结

本章重点关注计算传播背景下大众传播模式的嬗变。第一节介绍了拉斯韦尔的"5W"传播模式,对计算传播逻辑进行了阐释并分析了计算传播逻辑中"5W"模式的变

---

[1] 吴俊.程序化广告实战[M].北京:机械工业出版社,2017:18.

革。第二节从"5W"传播模式中的控制研究入手，将传统的专业媒体及其单向传播与如今的人人皆媒和多项互动进行了分析对比，并简要介绍了计算传播学如何助力传播网络分析。第三节主要分析内容研究的嬗变，介绍了精英视角与PGC、用户思维与UGC，通过对比分析阐释了计算传播背景下的内容分析。第四节以传播媒介研究的嬗变为主线，通过将过去大众传媒的稀缺有限和现如今的万物皆媒的互联网进行对比，进而阐释了计算传播背景下的媒介分析。第五节从传播受众研究的嬗变出发，对大众媒体时代通过市场调查得到的千人一面的受众素描和基于大数据分析得到的用户画像进行了介绍，并阐释了计算传播学如何助力受众分析。第六节从传播效果研究的嬗变切入，介绍了源自经验主义的魔弹论和依托算法技术的精准传播，同时阐释了计算传播背景下的效果分析。

思考题

1. 简述在新的媒介环境下，大众传播模式发生了怎样的嬗变。
2. 简述在新的媒介环境下，传播控制研究发生了怎样的嬗变。
3. 简述计算传播学如何助力传播效果分析研究。
4. 简述计算传播背景下，大众传播产生了如何的新样态。

第四章 数据闭环与营销变革

知识目标

☆ 中国程序化广告演进之路。

☆ 数据孤岛的影响与对策。

☆ 用户画像在广告业的应用方式。

☆ 数据资产概念以及与新零售新服务的关系。

☆ 数据闭环背景下如何进行营销变革。

能力目标

1. 理解在数据支撑下广告行业的变化。

2. 理解新媒体时代广告营销环境的变化。

3. 掌握新媒体时代在数据闭环基础上的营销变革。

思维导图

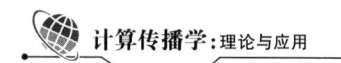

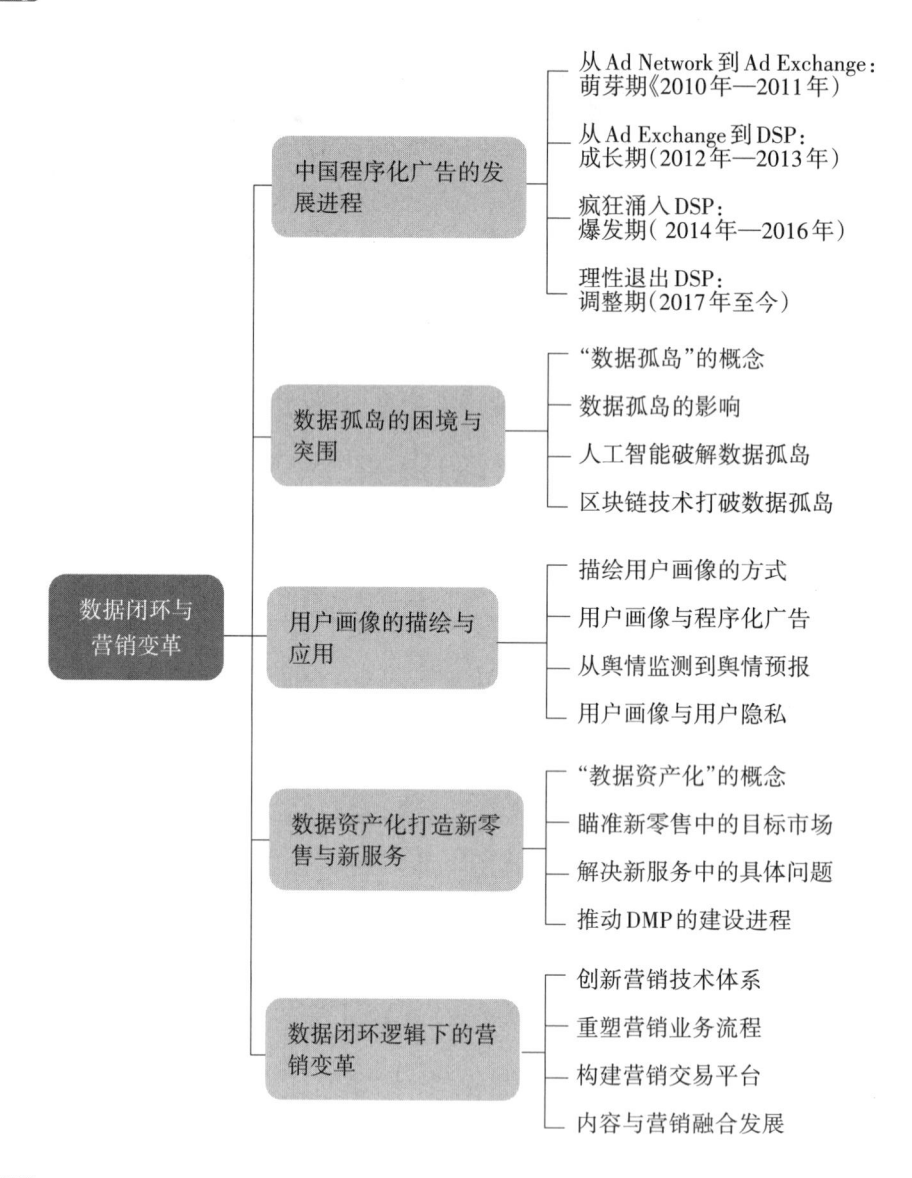

- 数据闭环与营销变革
  - 中国程序化广告的发展进程
    - 从 Ad Network 到 Ad Exchange：萌芽期（2010年—2011年）
    - 从 Ad Exchange 到 DSP：成长期（2012年—2013年）
    - 疯狂涌入 DSP：爆发期（2014年—2016年）
    - 理性退出 DSP：调整期（2017年至今）
  - 数据孤岛的困境与突围
    - "数据孤岛"的概念
    - 数据孤岛的影响
    - 人工智能破解数据孤岛
    - 区块链技术打破数据孤岛
  - 用户画像的描绘与应用
    - 描绘用户画像的方式
    - 用户画像与程序化广告
    - 从舆情监测到舆情预报
    - 用户画像与用户隐私
  - 数据资产化打造新零售与新服务
    - "数据资产化"的概念
    - 瞄准新零售中的目标市场
    - 解决新服务中的具体问题
    - 推动 DMP 的建设进程
  - 数据闭环逻辑下的营销变革
    - 创新营销技术体系
    - 重塑营销业务流程
    - 构建营销交易平台
    - 内容与营销融合发展

案例导入

在小家电领域，数智化转型成为家电行业的热词，家电业的头部企业也纷纷走上数智化道路。其中，作为小家电领导品牌之一的九阳积极引领厨房小家电升级换代，创新营销玩法,推动数智化转型,品牌转型取得明显成效。九阳在面对年轻消费人群时,快速地了解他们对产品的需求和痛点,以及他们对产品设计的独特喜好;同时,针对年轻消费者广泛使用的新型内容渠道进行品牌营销覆盖,并且在营销渠道上不断增加更多的线上渠道,以及新型社区团购渠道。在线下,九阳是首家以规模进驻年轻人生活方式为代表的MALL店。在九阳来看,数智化是业务发展的必然趋势,通过数智化手段不但可以降低成本、控制风险,还可以大幅优化业务运营和提高经营管理的效率。

就零售业务而言,九阳的触点类型主要包含线上的电商触点,如天猫商城等,线下的触点如门店、柜台,商业触点如营销广告,社交触点如网络平台。这些触点组合形成多面多角度的触点网络,构建了企业、渠道和消费者之间的桥梁。九阳线上和线下都有各种活跃的会员运营活动,通过门店和自营线上社交裂变活动、直播平台品牌广告投放工具等触点,引流到店,通过门店会员中台及各种数字化工具,完成消费者在店内的消费转化,同时,信息会回流至会员状态更新,这样进一步完善消费者的标签画像,从而为推动"人货"匹配形成精准的营销闭环打下基础。

在数字经济蓬勃发展的当下,数智化转型可以帮助企业实现精准化营销。数智化转型的目的就是让企业拥有一个数字大脑,基于复杂智能算法的推荐,预测决策等行为,让企业依靠技术决策采取相应的行动,并根据实时的数据反馈不断完善和补充,形成良性的闭环,最终帮助企业实现更精准的营销。

第一节 中国程序化广告的发展进程

程序化广告作为一种基于技术和数据驱动的广告交易方式,逐渐成为数字营销领域的重要分支,正以其独特的优势和无限的潜力引领着市场,其发展历程反映了中国数字广告市场的成长与进步。

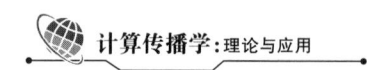

一、从Ad Network到Ad Exchange:萌芽期(2010年—2011年)

在数字营销界,程序化广告从Ad Network开始,进而发展到ADX,第一个ADX(Right Media)于2005年在美国成立[①],随后程序化广告在美国兴起,在中国也经历了从Ad Network到Ad Exchange再到DSP的演变。从2010年开始,一些国内的公司开始尝试程序化广告,直到2011年阿里妈妈推出了广告交易平台Tanx。

在这一时期,程序化广告行业的许多重要参与者创建了起来。程序化广告是一个新事物,所以有一个相对较长的探索和发展时期,这个时期的公司并没有直接就做成DSP或RTB,而是在探索新的商业模式的同时不断向前发展。例如,Rocket Fuel、Tube Mogul、Admaster、The Trade Desk、品友互动、传漾、悠易互动等公司都是在这个时期成立的,并在后期逐渐完成转型,进入了程序化购买领域。

二、从Ad Exchange到DSP:成长期(2012年—2013年)

多家企业在2012年推出了他们的DSP产品,包括品友、易传媒、聚效MediaV、舜飞IBiddingX等,谷歌旗下的广告交易平台也在中国正式启动,因此业界普遍认为2012年是国内程序化广告的元年[②]。

2013年,新浪SAX、百度流量交换服务BES、腾讯Tencent Ad Exchange等巨头企业都纷纷加入了程序化广告的战场,整个数字营销市场迅速发展,呈现出百花齐放的态势。

三、疯狂涌入DSP:爆发期(2014年—2016年)

在资本的影响下,程序化购买市场出现了爆发期,据不完全统计,前后涌现了一百多个程序化购买平台。同时,在程序化广告市场发展趋于成熟的同时,很多平台由于规模太小,无法与行业内成熟的技术公司进行竞争,由此也引发了一波行业内的并购潮,例如易传媒被阿里收购,多盟、璧合、晶赞、精硕科技、爱点击、亿动先后被蓝标收购,爱

[①] 吕尚彬,郑新刚.计算广告的兴起背景、运作机理和演进轨迹[J].山东社会科学,2019,291(11):164-169.
[②] 吕尚彬,郑新刚.计算广告的兴起背景、运作机理和演进轨迹[J].山东社会科学,2019,291(11):164-169.

点击iClick并购了智云众中，百视通收购了艾德思奇……也有数十家与程序化营销相关的公司在资本市场上出现，如磐石股份、力美科技、壁垒科技、有米广告……在资本的簇拥下，可以说程序化购买行业达到了高光时刻。

这个时期品牌安全、流量造假、信息不透明等问题不断出现，很多玩家被淘汰出局，那些信誉好、资源多、技术强的公司，如果运气好，可能被收购，最终背靠强大的资本慢慢发展，然而那些独立发展的公司是少之又少，而且这些公司为了生存不断建立新的竞争壁垒，试图向其他领域扩张，比如原来是做广告验证的，也开始做DMP和DSP；最初是做DSP的，也进入了TD；最初是做ADX的，也开始进入DSP，试图做全整个产业链。

四、理性退出DSP：调整期（2017年至今）

经过了五年的发展，技术基础设施、交易模式、各方意识及认识、流量规模及质量等方面都渐渐趋于明朗，国内的媒体方、程序化买家、广告交易市场、广告代理公司、监测方、广告主甲方等对程序化广告都没有了当初的那种好奇心和新鲜感。在这期间，宝洁等广告商对虚假流量的炮轰，广告投放的不透明以及程序化广告中存在的流量作弊等问题也开始引起人们的反思。来自eMarketer的数据显示，2016年1月至2018年4月，与广告主合作的需求方平台（DSP）数量减少了40%。根据世界广告主联合（WFA）之前对包括联合利华、可口可乐、葛兰素史克在内的43个全球知名品牌的调查显示，世界各地的大品牌都逐渐从代理公司的商业交易平台上撤出程序化购买，并在公司内部独立运作程序化购买，或与不隶属于代理机构的独立程序化购买公司合作。广告主也与原先大有不同，在广告投放支出方面与从前相比变得更为理智，逐渐开始对这些程序化购买公司进行客观、理性的评价。

现如今，程序化购买市场逐渐进入了行业调整期，市场的生存法则进行到了优胜劣汰阶段，整个程序化购买市场开始进行大浪淘沙，这也标志着程序化购买市场在"进化"后可能会出现新的发展方向或者有新的开始。

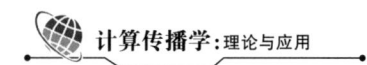

第二节　数据孤岛的困境与突围

随着数据的爆炸式增长和多元化发展,数据孤岛问题逐渐显现,不仅限制了数据的潜力,也严重阻碍了组织内容的信息流通和外部的合作效率,并成为制约进一步发展的重大障碍。

一、"数据孤岛"的概念

1948年,信息理论面世,这是由克劳德·香农(Claude Shannon)所提出,这是现代通信科学的发端,也成为现代大众传播研究的理论基础。数据作为信息的载体,其重要性在当今时代愈来愈凸显,数据在商业世界中变得越来越重要。随着人类社会进入信息时代,特别是随着大数据时代的到来和数据库技术的发明,数据的内涵发生了一定程度的转变,已经从"有根据的数字",即对客观世界测量结果的记录,变成了信息的代名词。[1]

放眼整个社会,数据扮演着重要的角色,大到整个社会的协调运作,小到个人的生产生活,在这个过程中所做的决策和判断都是建立在掌握了大量数据的基础上。尤其是商业领域,企业想要增强竞争力获得成功,数据便是其必须具备的重要资产。鉴于此,不可避免的就会发生数据割据和数据垄断。而数据垄断的问题已经开始受到学界和业界的关注,并称其为"数据孤岛",即在经过垄断和割据下,数据被分成了一座座互相隔绝的数据岛屿[2]。在早些时候,数据孤岛这个概念是被用来描述企业内部因为各个部门之间相互隔绝或者技术壁垒问题而产生的信息不流通和信息孤立现象,这些现象也被叫作"IT环境中最基本元素——数据的离散状态"[3]。这也引发了一场关于数据理念和整合技术之间的争辩。在此之后,"数据孤岛"一词在城市、图书馆信息系统建设以及政府治理和国家信息化建设等领域中被应用。在营销传播中,数据的被需求量也在不断增加。然而数据的收集并不是一件容易事,整个过程困难重重,由于这些困难的出

---

[1] 涂子沛.数据之巅:大数据革命,历史、现实与未来.[M].北京:中信出版社,2014:255-259.
[2] 叶明,王岩.人工智能时代数据孤岛破解法律制度研究[J].大连理工大学学报(社会科学版),2019,40(5):69-77.
[3] 吴洁,许向东.智能传播时代的人本主义新闻生产:实践境况与理论面向[J].编辑之友,2023(2):99-105.

现导致"数据孤岛"局面的产生,这一概念也在营销传播行业中盛行。例如,秒针系统首席营销官赵洁则从秒针的用户数据和第三方媒体检测的角度对数据孤岛进行了定义——数据孤岛是同一用户的不同终端上的数据孤立状态[1];赵伟在《封建的BAT》中把数据孤岛定义为"因为技术差距和遗留问题等形成的数据分散与无法集中共联的现象"[2],其主体是垄断数据的一方。因此,"数据孤岛"就是指在营销和传播行业中,由于利益分配不均,导致涉及多方的数据变成分离、割据的状态。

在数据产业中,数据所有者、用户和使用者这三者之间的利益是不平衡的,特别是用户和平台之间在协议上和权益关系中出现的不平衡,这些加重了数据孤岛现象。在中国,大多数数据都被收集在行业巨头、通信运营商和政府机构的数据库中。以BAT为代表的互联网公司和企业纷纷加快建立自己的大数据系统的步伐,以建立一个完整的广告闭环生态模式。同时,他们在云计算的支撑下,基于自己收集的海量网络用户的行为数据,建立了DMP平台。根据公开披露的材料,依靠自身掌握的现有资源,电商巨头阿里巴巴创建了阿里妈妈、淘宝指数、阿里云等数据平台,几乎拥有全国网民购物的消费数据。百度是一家巨型搜索引擎公司,自成立以来就收集了来自互联网用户的大量搜索数据,并创建了百度数智平台。腾讯作为中国最大的社交网络公司,收集了QQ和微信等大量社交数据,也据此创建了完整的数据服务平台,如广点通和腾讯社交广告平台等。这些互联网巨头并不直接生产数据,但他们拥有访问、使用数据的权力,可以将用户数据的使用权授权给他人,这使他们处于数据产业链的顶端,掌控着数据产业链大部分的上下游价值,并从数据中获取最高的利润。此外,数据生产者不仅没有获得任何数据收益,而且他们的数据还会被滥用,存在个人数据泄露和隐私受损的风险。从长远来看,数据产业生态系统中没有任何一方会成为最终的赢家。数据孤岛进一步增加了数据割据和数据链中各方的不平衡,系统的崩溃只会损害所有参与者的利益。

总的来说,目前的数据交易市场生态系统涉及多方利益,参与者之间存在着复杂的博弈关系,这是由他们之间的利益分配所决定的。从数据生产者角度来说,广大用户自身所生产的数据被他人滥用或转移。从数据垄断者的角度来说,各大运营商通过利用自身的垄断地位建立数据壁垒,从而实现利益最大化。从中间数据使用者的角度来说,

---

[1] 赵洁.2016:秒针的新元年[J].声屏世界·广告人,2017(2):102.
[2] 赵伟.封建的BAT[J].董事会,2014(8):106.

中间使用者通过高价从运营商那里获取数据使用权,并且为了不被发现,便将数据进行分离与割据再进行使用。在这样的多方利益交互下,数据孤岛逐渐产生,这是数据交易市场垄断和壁垒化的产物。

在实践中,数据共享的存在是非常困难的,这也是数据孤岛现象加剧的一个重要原因。目前,我国还没有严格规范数据共享和开放的监管体系,相关人员担心政府数据共享和开放会导致信息安全问题,担心数据泄露和失控,对数据共享和开放心存恐惧,不敢将自己掌握的数据资源共享和开放给他人。同时,大数据产业的开放程度和资源共享程度也不高,数据的价值难以得到有效挖掘。

在数据产业发展方面,中国的数据信息产业相对来说起步较晚,不同企业和公司的经济实力也呈现出两极分化的状态,大平台垄断数据,进而实现自主生产经营,而小企业和公司拥有的数据分散、数量少,难以被整合利用。关于数据互信机制的建立,由于数据关系复杂,再加上各行业背景不同,政府或相关机构在制定解决方案时缺乏有效参考,很难出台一个能够平衡各方利益的监管政策。并且现阶段中国的数据互信机制还不够健全,市场中没有一个完全标准化和透明的开放系统来支持数据流动[1]。这也就说明了现阶段我国在数据使用这方面存在缺陷与漏洞。中国的大型DMP平台对自己的数据极为保密,虽然像BAT这样的互联网巨头现在已经开放了一些数据,与其他平台或公司共享,但距离真正的数据共享和打破数据孤岛还有很长的路要走。

二、数据孤岛的影响

在中国,大多数数据都掌握在互联网巨头、移动运营商和政府机构手中。这些行为者拥有自己的垄断数据,这些数据庞大而全面,但也比较封闭。以BAT为代表的大型互联网公司,掌握了海量的用户网络行为数据,建立了技术含量高且稳定的DMP平台,借助数据驱动发展,建立了自己的数据生态,拥有完整的广告生态闭环。[2]他们拥有的数据属性各不相同,且数据扩张主要来自于他们自己的数据积累或投资、收购。他们拥有的数据可能有利可图,但缺乏促进行业内开放数据流动的动力。

---

[1] 吴庆富.基于人工智能技术的计算广告场景传播策略研究[D].广州:暨南大学,2019.
[2] 周茂君,潘宁.赋权与重构:区块链技术对数据孤岛的破解[J].新闻与传播评论,2018,71(5):58-67.

与以BAT为代表的互联网巨头类似,我国的三大运营商拥有着大量的底层真实数据,但想要与运营商合作是非常难的。这是因为它并不像BAT那样有着纯粹的商业性质。虽然运营商在通信行业有着垄断地位,但它们与消费者之间有着保密协议,这也就使得国家对他们的管理非常严格。只有给运营商带来巨大的利益,才能够与他们进行合作。并且,各地运营商垄断了本地数据,小范围的合作只能获得本地数据,无法获得全国性的数据。就算有数据合作,得到的也只是一小部分的脱敏数据。[1]数据的所有者将数据封锁在自己的"围墙"里,使得内部资源和外部资源难以流通。

数据孤岛所产生的危害是有目共睹的,长远来看,数据生态系统中的任何一方都不会是最终的"胜利者",相反的是,谁都可能会成为"受害者"。首先,由于数据监管的缺乏,用户的数据被运营商滥用,致使用户数据安全和隐私安全等问题产生,这被认为是互联网公司的"原罪",即过度收集和不规范使用个人信息和数据[2]。其次,在数据保护主义下数据的分散被加剧。一是因为用户的数据安全意识觉醒,不再随意将自己的数据分享给他人。二是在商业利益驱使下,企业开始垄断数据,导致数据整合不足以及数据浪费等问题出现,使得数据的价值大打折扣。显而易见,目前的数据交易生态系统是不可持续的,从长远来看,整个数据产业将在数据碎片化和数据安全问题的影响下停滞不前,甚至出现严重的舆论危机。

三、区块链技术打破数据孤岛

过去,企业和组织在存储数据时通常使用中央数据库,这意味着数据的控制权集中在管理层手中,访问和更新数据库的权利仅限于少数人。这种集中控制将数据限制在企业内部,导致同行业的公司因竞争而不能将数据轻易披露和交换,不同行业的公司也不能整合数据,这就限制了数据的流动,造成了数据孤岛的出现。

大数据不能顺利地横向流动,部分原因是企业不信任大数据市场。如果没有找到一个可靠的技术后端,大数据就无法完成横向流动。对大数据交换市场缺乏信任的原因主要有三个:大数据交易潜藏被第三方保留和转卖的风险;无法确保获得真实有效的数据;无法控制数据的规范使用。而区块链却可以增强对大数据交换市场的信心,帮助建立起数据横向流通机制。

---

[1] 钟夏泉.大数据与用户画像在计算广告发展中的应用研究[D].广州:华南理工大学,2017.
[2] 杨东.区块链+监管=法链[M].北京:人民出版社,2018:24-26.

首先是分布式账本摒弃了第三方,规避了第三方转存数据的风险。区块链技术在记录交易信息时采用的是分布式记账形式,这种形式没有第三方平台参与,因此不会存在数据被第三方平台转存的可能,进而就能规避这种潜藏的风险。[1]

其次是分布式存储数据可以保护数据真实和完整。在存储数据时,区块链技术使用的是分布式数据库,区块链上的每一位参与者在该数据库中都被当作节点,系统中的所有数据要靠所有的节点共同参与记录和验证。通过这种形式,链上的某一数据不可能被一个单独的节点所改变,区块链上的每一个数据都是被全网记录的。这可以使得数据库中的数据尤其是那些敏感的数据不会被篡改或者删除,可以保证数据的真实性和完整性[2]。

最后是通过对数据流通信息进行全面记录,规范数据的使用。从采集到交易再到分析。区块链中的所有数据以及交易的全过程都会被所有的节点如实记录下来,从而保证数据流通信息的公开透明。而不法分子一旦窃取数据,就会在所有的节点中留下痕迹。这将会提高不法分子的犯罪成本,从而使相应的犯罪减少,这样规范使用数据的目的便可以达到了。

四、人工智能破解数据孤岛

人工智能的发展离不开大数据的支撑,而大数据的发展也一定会使得人工智能在技术上有所突破。当区块链和大数据充分结合后再与人工智能技术进行深度融合,将会给社会带来更大的收益。在大数据的准确记录、执行和认证方面,区块链有着极大的优势,而人工智能则能够在理解数据模型和数据集以及方案决策评估上提供帮助。将大数据作为桥梁,人工智能和区块链有一些共通之处。首先,两者都要求数据共享。区块链重视各个节点之间的数据共享,它本身就是一个分布式的数据库,而数据越开放,人工智能生成的评估和预测越准确。其次,两者都需要确保数据的安全。区块链中没有中介,在区块链中的交易必须有一种方式使得交易数据安全可靠,而对于人工智能来说,要想避免发生灾难性事件,把机器自主运行时的意外降到最低,就需要提供安全有效的数据保证机器学习的效果。最后,作为技术,只有这两者具备一个健全的信任机制,才能够得到广泛的认可。

---

[1] 赵金旭,孟天广.技术赋能:区块链如何重塑治理结构与模式[J].当代世界与社会主义,2019,139(3):187-194.
[2] 周茂君,潘宁.赋权与重构:区块链技术对数据孤岛的破解[J].新闻与传播评论,2018,71(5):58-67.

当大数据技术和区块链充分结合形成"区块链+大数据"后,就能够与人工智能技术进一步融合发展,这可以进一步开放数据市场,打破数据孤岛现象[①]。多样的数据可以促进人工智能技术的进步。目前的人工智能巨头公司(如亚马逊、谷歌等)都拥有属于自己的人工智能数据源,然而这些数据在数据市场上并不流通。当大数据技术和区块链进行充分融合后,区块链就能够保证大数据的交易安全,从而加快数据市场的发展壮大。当数据市场壮大后,就会促进人工智能技术的发展。反之,当人工智能技术得到发展后,它就会反哺数据市场,在进行数据决策和评估数据资源时提供更加完善的方案。在这种良性循环下,数据市场就会不断地健康发展,迎来一个更加透明开放的数据时代,打破数据孤岛之间的围墙。

人工智能技术和区块链技术的结合将是未来数据产业发展的趋势。而由于两者都依靠大数据,因此"大数据+区块链"的成功也必然能够和人工智能技术进行深度融合,这种融合也将实现人性化和科技化的目标,为社会作出更多贡献。现在已经有企业在这个方向努力,"韦特大脑"就是一个不错的尝试。"韦特大脑"是一款人工智能软件,它可以根据企业的需求判断出企业所在的发展阶段并将客户与之匹配。韦特大脑以大数据技术为基础,它的机器智慧是靠深度学习多种客户知识后拥有的,能够通过区块链技术快速进行企业和企业,以及人和企业之间的精准匹配[②]。韦特大脑将人工智能技术融入到大数据和区块链结合的基础上,可以实现企业的数据价值更大化。同时,经过不断的学习与锻炼,它可以更加精准地对新对象进行诚信预测,进而帮助实现信用体系的数字化。

第三节　用户画像的描绘与应用

用户画像的描绘与应用是数字化营销和大数据分析中的关键环节,一个动态且持续优化的过程,涉及数据收集和处理技术,有效定位市场、优化产品、提供服务实现个性化营销。

[①] 姜智彬,马欣.领域、困境与对策:人工智能重构下的广告运作[J].新闻与传播评论,2019,72(3):56-63.
[②] 李俊.技术和法律:区块链金融发展的双轨[J].上海立信会计金融学院学报,2017(3):54-59.

一、描绘用户画像的方式

用户画像是每一个个性化推荐系统中不可或缺的一部分,它可以说是对用户所有行为活动的共同表现特征的描绘。在描绘用户画像的过程中,可以根据活跃用户的参与程度以及捕获的用户兴趣特点,将用户画像策略分为以下几类。

(一)显示与隐示画像

显示画像指的是根据用户的反馈信息以及相关排名信息进行描绘,用户所提供的信息的质量与数量是决定画像质量的关键。如果反馈信息真实、清晰,系统就可以根据反馈信息及时更新画像。现实是反馈信息在一定程度上是不完备的、模糊的,而这会使得其需要额外的手工操作,使其在推荐应用中缺乏有效性。

为了克服这种局限,研究人员开始关注自主学习用户画像的过程,这需要较低的用户参与度,但与用户的活动历史紧密相关,系统以相对较低的用户参与度和快速的处理方式隐秘地捕获了用户的活动历史。因此,隐示画像很重要,但由于缺乏对广泛的用户兴趣的反应能力而受到限制。

(二)静态与动态画像

显示画像技术可以细分为静态和动态技术。门户网站多采用静态画像技术,它依赖于用户的一些静态信息,如注册信息、反馈信息等。在这种画像方法中,偏好权重是固定的,一旦创建了用户画像,就很难改变。现实情况是,用户的兴趣和偏好随着时间、地点和环境的变化而变化。因此,这种技术是低效的。

动态画像技术通过收集动态的用户信息,包括日常搜索历史、点击历史、浏览历史和其他动态信息,克服了依赖静态用户信息的问题。动态画像的过程包括广泛的用户兴趣和偏好,并能对用户的真实兴趣进行及时模拟。神经网络算法、贝叶斯分类技术和遗传算法,经常被用来修正画像模型。

(三)基于概念与基于文档画像

隐示画像可细分为两类:基于概念形式的和基于文档的。基于概念的方式是通过对用户的浏览活动和点击活动进行捕捉来分析用户的偏好。而基于文档的方式是使用内容分析技术来探索用户的文档偏好,并学习和模拟他们的浏览活动,即常用的SVM向量权重模型[1]。

用户画像建模简单来说就是"贴标签",从对用户贴标签的方式来分类[2],可以将其分为三类。

第一类是统计类标签。这类标签最为基础和常见,可以从用户的注册数据、消费数据以及访问数据中得出用户的年龄、性别、学历、星座、城市、近七日活跃天数、近七日活跃次数等标签,这些标签构成了用户的一个基础画像。

第二类是规则类标签。这种标签的产生是基于确定的规则和用户行为。例如,平台上的"消费活跃"用户指的是:"在过去30天内有N2次交易"。在实际画像的开发过程中,基于规则类标签的规则是由运营人员和数据人员协商决定的,因为数据人员更熟悉数据的结构、分布和特点,而运营人员更熟悉业务。

第三类是机器学习挖掘类标签。这一类标签可以对用户的某些属性或行为进行预测,是由机器学习产生的。例如,根据用户的行为确定其是男性还是女性,或者根据用户的消费模式确定其对某一产品的偏好。这种类型的标签建立在算法的基础上。

在实践中,一般的统计类和规则类标签就可以满足实际需求,机器学习挖掘类标签主要用于预测性场景,如确定用户性别、购买偏好、退订意向等。一般来说,机器学习标签的开发周期较长且成本较高,所以它们在开发中的比例较小。

二、用户画像与程序化广告

在以程序化为代表的计算广告产业化应用中,用户画像技术和数据管理得到充分运用,使得广告实现了产业链的重组,广告模式得到变革。在媒体购买方面,以程序化广告为代表的计算广告已经实现了多样化的购买和全面覆盖。媒体已经从单一模式转为聚合模式,允许广告主集中购买他们需要的不同媒体形式,甚至可以多屏采买、跨屏投放,对比过去的广告有了很大的进步。同时,广告的投放在数据资产的充分指导下,变得更加透明、更加精准。在数据的整理下用户被分层,广告主根据自己的营销目标选择适合自己的用户群体,以此促进业务的发展。用户也不会因为一些与自己不相关的

---

[1] 吴明礼,杨双亮.用户画像在内容推送中的研究与应用[J].电脑知识与技术,2016,12(32):255-259.
[2] 许志强,徐瑾钰.基于大数据的用户画像构建及用户体验优化策略[J].中国出版,2019,455(6):52-56.

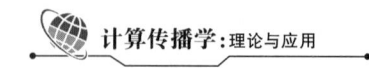

垃圾信息阻碍自己的正常行动,这些精准投放的广告内容也为用户节省了时间,有的广告是在特定的场景下投放的,可以让用户获得身心上的超预期体验。

此外,整个广告环境也十分优越,广告运行是在一个有序且不断优化的链条中进行的。一条广告在被投放之后不会立即停止,其投放后收集到的反馈数据会追溯到广告的开始,再由DMP系统不断计算广告内容,以实现最佳的包装和多重生产。在这种计算环境下,广告不断被优化组合,投放的效率也随之提高。

在广告投放技术中用户画像的地位非常高,处于这个技术的核心地位,这是因为画像的质量影响着广告投放技术的效果。通过用户画像能够提升用户的参与感,吸引用户的注意力,这也是计算广告业务流程的重点。媒体、用户、内容是广告投放的三要素。依托数据技术的进步,计算广告投放用户的精准性得到了很大的加强。从广告投放目标受众的精准,到目标受众需求的精准,再到目标受众情境需求的精准,在计算广告中都得到了很好的实现。用户画像作为广告投放中的核心变量,有着一个重要的功能,那就是实现广告的精准投放[1]。在用户画像技术的应用中,除了预先建立的画像结构和标签系统外,技术上的应用就是它最大的价值。如搜索定向、Look-Alike和重定向,这些都是建立在用户画像基础之上的。搜索定向涵盖了广泛的目标用户;Look-Alike帮助广告扩大同类人的市场;重定向帮助广告召回老客户,进行二次营销[2]。比如,通过生成的用户画像,阿里巴巴能够知道你的喜好,再通过机器算法来优化其电商页面上的商品,将"你"喜欢的商品推送给你。广告的三个要素也是基于确定目标用户,然后结合媒体特征和内容进行广告投放。用户画像的应用使服务更有针对性和精确性,可以使决策者在投放广告时站在用户的角度,观察用户需要什么,让整个广告流程高效、有序。若每个参与者都能够根据用户自己的画像做出正确的决策,平台在掌握了产品和广告诉求的方向后,其业务效率会得到很大的提升。

三、从舆情监测到舆情预报

互联网和传统媒体上每天会产生大量的舆论信息,它们是社会舆情的载体,能够反映公众的意见和态度,有时也会引起公共群体行为,甚至有可能会升级为舆情事件。经过网络不断发酵,许多由舆情引起的小事可能会产生严重的影响。

---

[1] 段淳林,任静.智能广告的程序化创意及其RECM模式研究[J].新闻大学,2020,166(2):17-31+119-120.
[2] 钟夏泉.大数据与用户画像在计算广告发展中的应用研究[D].广州:华南理工大学,2017.

我国社会舆情治理存在几方面问题。首先是社会舆情信息源整合不足,收集的信息质量较低。这是因为现如今收集信息采用的算法不够成熟,表现出重复性、非相关性、表层化的状态。有时还有可能采集到虚假信息。其次是系统智能化程度不高,信息分析深度不够。这是因为在舆情分析过程中缺乏智能性,获取的信息大多都是统计层面的结构化数据,进行数据分析时无法探寻隐藏在数据背后的深层知识,也不能清楚了解舆情信息的语义层次。最后是舆情研判能力弱,无法满足舆情预警工作。社会舆情监测分析系统没有一个较为科学系统的预警研判指标体系,在进行预警时多为人工经验和自动舆情分析报告相结合的方式,这会造成预警研判结果的不科学,影响决策的有效性和准确性。正是由于上述问题的存在,我国社会舆情治理的水平与能力有待进一步提升。

大数据在社会舆情监测和预警系统中的应用可以为解决上述问题作出贡献。一般来说,大数据在社会舆情监测和预警方面的应用主要表现在以下几个方面。一是在对社情民意信息进行科学分类和充分获取的前提下,巧妙利用大数据技术解决社情民意信息采集难,信息获取不充分、不正确,信息应用不方便等问题。对社会舆情的内在机理进行深入研究:从收集舆情信息转为对数据信息进行加工、挖掘和可视化处理,从简单有限的数据库到大型非结构化数据库,从舆情监测到舆情预警,从单向的危机应对到各领域的综合信息服务。在此基础上,构建社会舆情监测索引体系,设计社会舆情监测模型,科学规划监测对象,将定向采集和元搜索采集有机结合,兼顾深度和广度。二是在大数据的基础上对未来进行预测,科学构建社会舆情动态分析模型,以社会舆情信息分析为中介,将社会舆情监测指标应用于各类舆情事件,并根据各类事件的严重程度进行评估分级。三是巧妙引用评估结果,根据评估结果对社会舆情进行预警。可以说监测预警是建立在海量舆情数据分析的基础之上的,将不同的舆情数据和信息流汇总到一个大的社会舆情数据库,再经过评价指标和对舆情信息的分析,评估出各种社会舆情的等级或者严重程度,从而根据严重情况启动不同的应急预案[①]。

社会舆情治理在大数据的共享和合理利用下将创造出巨大的社会价值。如今的社会数据与原来收集的数据大有不同,现在的社会数据有着实时、非结构化和移动的特点。社交媒体每天都会产生成千上万的信息,这些信息都是由使用社交媒体的用户提供的,是用户在交流、销售、购买和进行其他日常活动时产生的。在互联网社会中,每个

[①] 蔡立辉,杨欣翥.大数据在社会舆情监测与决策制定中的应用研究[J].行政论坛,2015,22(2):1-10.

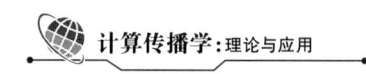

网民的微观行为将会转变成各种数据,这些数据有着很大的价值,社会舆情治理水平将会得到巨大的提升。在大数据的基础上建立预警管理系统,这样我们就可以积极运用多部门协同决策的模式来应对舆情事件,及时、合理地开展舆情应对工作,对社会舆情的发展趋势做出正确的判断和预测。

四、用户画像与用户隐私

在大数据时代,用户在网上点击、浏览、评论和其他零散的行为痕迹都被收集和存储,这些痕迹直接或间接反映了消费者的个性、习惯和态度。这些存储在数据库中的碎片化数据,可以被企业用来获取消费者的需求。这些对用户进行全面、立体分析的数据被称为"用户画像"。

用户画像在社交媒体时代正在成为隐私管理的一个战场。社交媒体上的用户画像首先与用户的"身份认证管理"有关。从狭义上讲,"身份认证管理"只是指登录账号、密码和其他身份符号的共享和安全追踪。在更广泛的意义上,它是"身份标识生态系统",人们在平台里透露的信息可以被工具仔细测量,人们有不同的身份包和为他们量身定做的人格面貌。平台使用身份认证管理系统来收集和分析用户身份,形成"用户画像"的初始信息,当用户使用社交媒体进行特定的社交行为时,他们在日常社会活动中的行为以及他们所属的社会群体的特征、其他社交网络用户页面的点击频率和社交动态的视觉暂留等数据都将由社交媒体数据分析中心进行深入分析,以形成每个用户的清晰和精确的用户画像。

社交媒体平台会根据用户画像进行精准的广告投放,其最终目标是出售数据和进行广告营销。一方面,完整的用户画像可以卖给下游的需求方;另一方面,它也在品牌营销者和用户之间充当了桥梁的作用,品牌营销者可以根据用户画像找到各种营销机会,并最终接触到用户,与他们联系并销售产品。社交媒体拥有庞大的用户群和高活跃度,一直是品牌营销人员青睐的领域之一。

拥有的数据越多,就越能获得更完整和准确的用户画像,使未来的营销活动更加容易。这有助于网络营销商,他们可以实时跟踪用户行为,对用户隐私数据进行分析,了解产品用户群及其偏好进而及时做出相应调整。然而,在我们为用户画像带来的益处欢呼的同时,忘记了它带来的风险:社交媒体几乎没有告知我们任何形式的隐私风险,这种分析出来的用户画像是在隐秘的情况下产生的。用户画像以一种用户不知情的方式制作、使用并在某种程度上强加到用户身上。频繁发生的隐私安全问题让用户开始担心自己的数据会不会被倒卖、变现,所以,越来越多的人开始提倡手机的"无痕浏览"和"网络遗忘权"。如果通过数据分析得到的用户画像完全准确,那么每个用户的未来都可以被准确预测。如果我们对自身的用户画像进行自我管理,我们不仅会失去生活中的选择权,而且还会失去名誉权、隐私权、个人尊严权,最终会丧失自由生活的权利[①]。

第四节 数据资产化打造新零售与新服务

在新零售与新服务领域,数据资产化是推动业务创新和提升顾客体验的关键因素。数据资产化能够增强新零售与新服务企业的竞争力,为企业带来前所未有的业务洞察。

一、"数据资产化"的概念

数据资产指的是以数据为载体和表现形式,且能够持续发挥作用并带来经济利益的数字化资源。企业借助计算机技术,从合法渠道获取相关信息,通过数据采集、挖掘和分析等形式将这些信息变成对企业自身有价值或有潜在价值的数据资源。

数据资产的概念可以从以下四点来解释。第一,对于互联网平台来说,主要是依靠用户行为数据来为企业创造价值,其中不应包括用户的隐私信息,如用户的交易记录、聊天记录、电子邮件等较为私密的个人信息,从非法渠道获取的信息也不应包括,如以欺骗的方式获取他人信息,或通过网络爬虫非法盗取他人私密信息。第二,获取的信息并非一手信息,而是经过处理的信息,是公司利用现代计算机技术挖掘、分析和处理的。第三,信息经过处理后,就像其他资产一样,可以为所有者带来价值,所有者有权将信息进行交换和转让,但需要对数据进行脱敏处理。第四,并不是所有公司都能有效利用数据资源,将数据资源资本化,在确认它们为"数据资产"之前,应进行价值评估,这可以在公司盈利模式和历史利润数据的基础上进行分析和确认[②]。

[①] 范海潮.社交媒体平台个人隐私自我管理研究[D].南京:南京师范大学,2019.
[②] 谭明军.论数据资产的概念发展与理论框架[J].财会月刊,2021,(10):87-93.

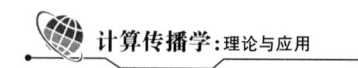

数据资产化要经历建立行业共识、数据加工处理、数据包封装这三大阶段,想要数据具有数据资产特征,就必须经过资产化的过程。

首先,要开展行业数据标准化、数据所有权共识和数据隐私管理等工作,建立起行业及社会共识。想要实现数据标准化,企业需要通过研究和分析数据标准的现状和实施数据标准化等过程,建立数据报文标准和数据字段标准体系,为行业内各公司的数据提供统一的参考标准,实现全行业数据资产标准的统一。在数据所有权保护方面,需要企业制定规章制度,确保数据的安全。员工和业务关系分配数据资产的权力由数据隐私审查的结果决定,这样可以确保员工根据最小特权原则和特权分离原则来使用和管理数据。制定基于数据资产所有权的智能合约,让企业在数据资产流通过程中就所有权达成共识。对于数据隐私管理,企业要列出数据资产与业务的关联程度,根据关联程度明确数据资产的类别,在类别基础上根据重要性来划分隐私等级,保证隐私数据在应用过程中的安全性和可控性。

其次是对数据进行处理,包括元数据提取、主数据填充和数据标签设置三步。第一步是根据元数据的业务关系,提取规范化的元数据。第二步是主数据写入,根据元数据字段填写经过隐私扫描的主数据,并检查数据内容的有效性。第三步是对数据内容贴标签,详细说明数据内容的应用领域和时效性。

最后,对数据包进行封装,主要包括对数据质量和价值的评估,以及对数据包内容的封装和设置数据包访问接口。针对数据资产质量评估,建立数据质量规则库,数据库中包括数据的属性、业务特征和模型关系等方面。规则库建成后还要建立数据质量规则库的发布、处理、审核和归档等监督机制,确保其正常运行。然后在各个监督机制的作用下对质量规则库中的每个指标定义权重和打分规则,最终得到评价结果从而生成质量评估报告。在数据资产价值评估方面,构建以数据资产价值评估的范围和目标为指导的数据资产价值评估指标体系。体系建成后,选择合适的数据资产价值评估方法进行评估,然后生成评估报告。在数据包封装方面,将数据内容、规范数据所有权的智能合约、数据资产质量评估报告和数据资产价值评估报告进行封装,形成统一的数据包,并采取加密措施确保数据包的安全性,并预先设计具有良好兼容性和扩展性的访问接口,确保可以直接使用封装后的数据包[1]。

---

[1] 纪婷婷,甘似禹,刘春花,等.数据资产化与数据资产增值路径研究[J].管理观察,2018(18):157-160.

二、瞄准新零售中的目标市场

2016年10月,马云首次提出"新零售"概念。据他描述,新零售就是企业以互联网为基础,通过大数据、人工智能等先进技术对商品的生产、流通和销售过程进行升级改造,重塑业态结构和生态圈,将线上服务、线下体验和现代物流深度融合[1]。新零售业务的首次阐述是阿里巴巴集团CEO张勇在2016年的"双11"购物节上做出的,他说这是一种新的商业模式,在互联网和大数据的加持下重建"人、货、场"等商业要素。

马云在2017年4月的IT领袖峰会上对新零售做了详细阐述。据他介绍,未来新零售的概念,将由线上和线下零售的深度结合,通过云计算、大数据以及智慧物流等新技术一起组成。在马云的详细阐述后,学者和经营者继续对"新零售"的概念和含义进行了解读和讨论,激起了人们研究新零售的热情,对新零售的研究也随之拉开序幕。在特定的背景下新零售应运而生,技术升级推动了新零售的发展,消费升级也助推了新零售的发展,因此新零售是技术升级和消费升级共同作用的结果。

新零售业出现的根本目的就是为了给用户提供更好的产品,更优质的服务,更有竞争力的价格。以此更有效地解决供求困难,实现高效交易,充分满足消费者的需求。以人为本,接近消费者内心,重塑价值链是新零售的特点,它能够将企业间与企业内部的流通损耗无限逼近于"零"。简而言之,就是要降低成本,满足需求。

目标市场是市场营销中的一个常见概念,企业的核心问题就是给目标用户提供更好的服务,更好地留住新老用户。无论是智慧零售还是新零售,他们都必须直接面对目标市场,但新零售是基于数据分析的新方法来面对目标市场的[2]。例如,一家咖啡馆可以通过挖掘和分析其所有用户的历史,并在不同时期针对他们进行不同的广告宣传,来提高每个客户的重复购买或交易率。我们也可以把这种高度整合的数据商业模式称为新服务,这对许多线下零售店来说是非常有意义的。过去,增加每个客户的交易数量在很大程度上依赖于个别商店员工的勤奋和情商,但现在基于数据化的工具使得标准化、系统化和个性化的服务成为可能。

不同阶段的新零售有着不同形式的创新,每个阶段都不一样,例如现在的新零售是由数据驱动的,跨界且满足消费者的体验需求的,在未来,它就有可能是由人工智能驱

---

[1] 何承洪,李福建.新零售背景下校园零售企业的机遇与挑战——以天猫校园店为例[J].商场现代化,2018(13):14-15.
[2] 张建军,赵启兰.新零售时代零售商主导的双渠道供应链线上线下服务水平决策——基于Hotelling模型[J].北京交通大学学报(社会科学版),2021,20(2):123-134.

动的、无边界且满足消费者的其他心理需求的。由于新零售业在不断创新,使得现阶段无法给予新零售一个精确的定义,只能给出一个宽泛的概念,那就是新零售是一种以消费者为中心的革新化的商品交易方式,目的是提高销售效率和降低成本,科技创新是其发展的动力。

新零售主体获得了新的角色——组织者和服务者。传统零售商的角色是专业的商品交易媒介,从事向消费者转售商品的工作,即零售商从上游供应商那里用批发价采购商品,然后再将商品以市场价售卖给下游消费者,从中赚取差价。随着网络的普及,一些零售商开始接触互联网,通过网络来采购以及销售商品,但他们传统零售商的角色性质并没有改变。在新零售情境下,商品交易活动中零售主体的角色已经改变。像天猫这样的新零售平台不只是作为中介或平台,而是成为整个贸易活动和商业关系链的组织者和服务者。新零售平台融入下游消费者的生活中,了解消费者的潜在需求,根据需求为他们提供相应的商品与服务,从而成为消费者的采购者和组织者。

零售商在大数据分析的基础上对消费者的需求痛点有了更深层次的了解,并在此基础上对构成零售业态的各要素再次做出边际调整,进而形成零售组织的经营新形态。社会经济的发展促进了市场供求关系的改变,供求关系重构,市场的主导权掌握在消费者的手中,各种生产经营活动的出发点已经变成了满足消费者的异质性需求。新零售就是一个适应消费者主权时代的新模式,商业实体的价值在新零售下被重塑,满足消费者的需求已经成为所有商业活动的价值起点[①]。

三、解决新服务中的具体问题

在新零售背景下,谁掌握了数据信息,谁就赢得了市场。而随着新零售的产生,新服务也随之而来。所谓的新服务是建立在数据的基础之上,以服务为核心将线上线下相结合,运用海量数据、用户思维、标签体系等工具来满足用户的个性化需求,并将其发挥到极致[②]。

在新零售环境下,零售业展现出新的发展状态,零售商与消费者之间保持持续互动,零售商为消费者提供数据服务,消费者在各种场景中的购物体验得到提升。线上和线下全渠道的整合增加了零售产出的"分销服务"新内容。例如,在品类服务、环境服务

---

① 商务部流通产业促进中心.走进零售新时代——深度解读新零售[J].中国连锁,2017(10):54-57.
② 钟书平,刘庆振,陈疆猛.计算广告语境下的数据闭环与营销变革[J].中国传媒科技,2019(1):24-28.

和交付服务等方面,天猫新零售通过将商品、会员和店铺数字化,在大数据分析的支持下,构建了线上和线下购物的新融合。

新零售其中一个新内容就是将消费者的画像数据提供给上游供应商。和传统零售产出不同,新零售产出针对的是完整产品交易中的所有参与者,不只是下游消费者。新零售平台在对终端大数据分析的基础上可以捕捉到用户不同的消费场景数据,根据数据对消费者的生活场景进行复原,并以此描绘出消费者的用户画像。在此之后新零售平台将消费者需求画像提供给供应商,帮助他们调整营销活动,以强化消费者多场景和全渠道的购物体验。

吸引特定的客户群体进行营销和服务是企业不断追求的目标。新零售中的大数据可用于细分客户群体,然后采取差异化的行动为每个群体提供个性化的服务。在运营商内部,根据用户的喜好推荐服务或应用是很常见的,例如视频节目推荐和应用商店的软件推荐等,但通过智能分析算法,如关联算法、情感分析和文本提取,可以将其扩展到商用化服务,在数据挖掘技术的基础上帮助客户进行精准营销。

在未来的新零售业中,某个智能数据系统可能发挥指挥官的作用,向商店里的值班人员下达命令,它会扫描智能数据系统里的知识,然后告诉服务人员提高顾客满意度和客单价的方法,这就是数据的意义和价值。实现消费升级最基础的就是要升级数据系统和数据思维。比如商业区的美食点评应用,可以通过LBS获得用户的具体地理位置,然后向用户推送当地的美食信息。就像在某栋写字楼附近,LBS定位到用户一整天都在这里到了晚上都没走,就可以向他精准推送附近的餐厅信息或优惠信息,这是数据化和程序化的典型应用,可以帮助我们解决新零售和新服务的许多具体问题。将用户、场景、内容和广告之间进行完美匹配,是计算广告要解决的核心问题。

四、推动DMP的建设进程

随着营销决策越来越依赖于数据驱动形成的用户画像,现今几乎每个企业、公司、零售商和媒体都在寻找方法来加速他们自身的数据资产化和DMP建设进程,因为他们意识到了数据作为一种资产带来的颠覆性影响。

DMP可以给品牌提供用户画像、品牌营销建议和消费者洞察,它按照分类标准对人群数据进行标签整理和相似人群的寻找,目的是对用户的数据进行精准处理。毫无疑

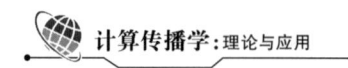

问,在进行数据资产化和创建DMP的过程中,大型组织和小型企业之间的差异是必然存在的。大型组织在数据资产化的进程中可能起步较早,在数据改进方面投资较多,但他们在这个过程中不一定是最快和最好的。在数据资产化的进程中,许多大公司在数据挖掘处理方面做得很好,但也有一些大企业做得并不好,这是因为他们还不知道数据在营销过程中甚至是整个商业模式中的重要作用,这也就使得一些大企业还不如一些全心全意建设DMP的中小企业。一些中小企业构成相对简单,和大企业相比没有复杂的内部结构和产品类别,所以能够成功创建起DMP并立即取得成效。这意味着,在数据资产化的过程中,大公司有大公司的困难,而中小企业也有着自己的优势。

实际上,广告公司、媒体和广告主都在积极推动其内部数据的资产化以及多方数据的相互开放。但对任何一家公司来说,最大的挑战首先是决策者有没有决心将数据平台做好,资金投入和具体实施步骤是次要的,技术层面的解决方案是重点。大多数技术问题都很容易解决,将公司的营销目标、消费场景、用户需求以及数据资产化过程中的人力和物力投入梳理清楚才是问题的关键所在。只有真正搞清楚这些关键问题,一个公司才能向技术方或其他将帮助项目实施和落地的第三方讲述清楚。

在数据资产化方面,大数据革命带来的东西值得所有个人和企业去学习与反思。换个角度看,数据资产化似乎也是新零售业态出现的一个非常重要的因素,包括BAT在内的许多大中型公司都是这个领域的先驱,它正在重塑,甚至完全颠覆传统的零售业。

第五节　数据闭环逻辑下的营销变革

数字闭环逻辑作为一种高效的管理和运营哲学,正逐渐成为推动营销变革的核心力量。这一逻辑提供了一个强大的框架,使企业能够通过持续的数据分析和利用来优化其营销策略。

一、创新营销技术体系

随着时代的发展以及互联网的普及,大数据技术的发展与运用,广告设计与广告投放方式变得越来越互动化、友好化和定向化,这将深深地影响互联网经济甚至是整个社会的发展方式。

广告学科在经过一个多世纪的构思、奠基和发展后,真正开始与信息、计算、数据和算法等科学概念进行更本质的有机结合,而不再仅仅只是形式上有所关联。可以说广告艺术不再将科学看作外衣,广告已经成为了激活艺术化营销传播的科学。社会科学中越来越多的领域,包括广告营销在内,越来越依赖于信息、算法和数据,甚至已经把它们视为其学科永久创新和持续发展的核心要素。实际上,这也适用于计算广告的新范式,未来广告学科的思想迭代、概念创新、理论拓展和方法论重塑,将在很大程度上取决于这些新的、高度互联的基础信息资源。而这也意味着,计算方法和数据思维的新范式将对20世纪后发展起来的广告和营销的经典理论进行解构和重构。

深植于数学、算法和数据基础之上的计算广告方法正变得越来越重要,并将作为一种基本工具继续深化。实际上,广告业务的各个环节和阶段已经与人工智能、机器学习和大数据等新技术实现了深度融合,新范式下的新思维、新应用和新技术几乎涵盖了所有主要媒体形式和广告的主要环节,早已超越了互联网广告的程序化投放这一特定领域。因此,建立在计算能力和数据挖掘基础上的互动化广告沟通、程序化文案创意、精准化用户画像以及智能化视频生成逐渐流行起来。

在一个万物皆媒的智能时代,广告和营销与其他信息服务之间的界限将完全消失,所有旨在满足用户信息需求的活动都将更加以服务为导向,而广告也将被重新定义,营销即服务、广告即服务取代了广告即传播、广告即销售。这一图景并不是遥不可及的,而是正在逐渐形成,它将对我们的社交和生活方式、互动以及营销产生深远的影响,并为整个21世纪社会和媒体经济的根本变革定下基调。到那时,虽然广告的概念会发生变化,但新范式的基本目标、技术基础和理论依据在较长的时间内会保持相对稳定的状态,即利用完美的算法将用户需求与海量产品进行动态化、智能化、精确化和个性化的匹配。在新的广告学科范式的规则下,谁能最好地提供这种服务并实现这一目标,谁就将成为新的赢家。用一套单一的算法向所有用户提供准确的信息和个性化的内容推荐的这种在今天流行的做法肯定会成为过去式。由于用户的信息需求是个性化的,所以为其提供解决方案的算法服务也必须是个性化的。学习能力更强的工具、更智能化的算法以及更加庞杂的数据将使这成为可能[①]。

二、重塑营销业务流程

新技术与新现象之间产生良性循环,新现象催生新技术,新技术发现新现象,也可以说新技术发现了导致新技术的新现象。广告领域的新现象就是计算广告,它与挖取数据、搜集信息、机器学习以及统计建模等新技术产生紧密联系,从而在广告领域中催生新的组合,使得计算广告持续创新与发展。

而计算广告发展的新过程又需要更多的技术和新技术组合,计算广告业的发展和完善在这种良性循环的推动下变得越来越好。广告业务流程中的每一个环节与细节都被新思想和新技术所渗透,并进行改造和更新,最终达到重建的效果。过去的广告业务流程是一个线性流程,先从企业的营销需求开始,然后依次进行市场分析、广告战略、广告策划、广告创意、媒体购买、广告投放和效果监测等环节。这样的流程虽有一定的好处,但是在整个线性过程中缺乏一定的数据支撑,这就产生了许多主观色彩浓厚的决策。

与传统的广告营销有所不同,计算广告的业务流程主要是以用户的实际或潜在需求为出发点,在此基础之上对将要投放的媒介以及广告形式进行倒推,依据倒推结果进行媒体购买和广告创作。和传统广告相比,计算广告每个阶段所做出的决策与判断都是建立在大量算法与数据上的。技术拥有自我强化的性质,计算广告和它一样,随着3D打印技术的兴起与快速发展,这种量化广告的极端业态可能会演变成全自动化和智能化,最终形成一个基于数据、技术和机器互动的高度量化的循环景观,即:程序化用户需求—程序化媒介匹配—程序化广告创意—程序化广告购买—程序化广告投放—程序化商品购买—程序化商品生产—程序化配送和消费—程序化用户需求。

---

① 刘庆振,安琪.从魔法艺术到营销科学:作为全新范式的计算广告学(四)[J].国际品牌观察,2021(16):31-32.

三、构建营销交易平台

个性化精准的营销时代是伴随着优质的程序化购买广告平台产生的,这些平台可以实现有效的互动沟通体验,并且可以提供高效的受众服务定位。技术平台构成主要有以下几种形式。

1.Ad Exchange(交易平台)。这是一个在线的自由广告平台,可以将媒体和广告主连接在一起。平台通过对在线媒体广告位资源进行整合和分类,广告主通过竞标的方式对他们所需要的数据出价,价高者得。

2.SSP(Sell-Side Platform,供应方平台)。SSP是一个服务媒体投放和管理广告的平台。该平台通过人群定向技术,智能的管理媒体广告位库存、优化广告的投放,帮助网络媒体实现其广告资源优化,提高其广告资源价值,达到帮助媒体提高收益的目的。

3.DSP(Demand Side Platform,需求方平台)。DSP是一个管理广告和帮助广告主进行广告投放的平台。平台通过科学的方法帮助广告主在互联网或者移动互联网上进行广告投放,以合理的价格购买到广告主所需要的数据,防止广告商的预算被浪费。DSP作为程序化购买市场中的一个核心部分,在未来两到三年内将成为产业链中增长最快的部分[1]。

4.DMP(Data-Management Platform,数据管理平台)。DMP是一个通过技术操作将散落在各地的数据整合到一起的技术平台。DMP通过手中拥有的数据去接触可能的潜在客户,DMP不属于任何一方,任何有数据的人都可以做DMP,目前对于DSP和AD Exchange来说,DMP基本都是标配[2]。

程序化购买RTB竞价模式有一套标准的操作流程。当收到用户访问时,AD Exchange平台会将用户之前注册时登记的信息连接到所有DSP平台,在收到信息后DSP平台会从当前用户的行为中了解用户类型。倘若这个用户符合DSP某个广告主的要求,DSP会根据广告主的要求进行出价。随后,AD Exchange将会收到多个DSP反馈来的合理的竞价信息,再从这些出价中选择最高的一个获得这次曝光的机会。最后,AD Exchange将从广告主那里获得广告创意和材料信息,在媒体所有者的网站上展示广告。

---

[1] 李儒俊,卢维林.程序化购买广告模式研究[J].传媒,2017,246(1):67-70.
[2] 李儒俊,卢维林.程序化购买广告模式研究[J].传媒,2017,246(1):67-70.

在以上技术平台投放广告是建立在对不同用户的行为进行分析的基础之上的,符合用户的兴趣属性和近期需求,使用户愿意点击广告,进而使广告的投资回报率得到明显的提升。

四、内容与营销融合发展

数字时代,融合媒体和泛媒体在社会中十分常见,在它们的影响下媒体的格局被不断改变和重塑。随着"互联网+"概念的盛行,所有媒体开始扩充自己的内容,甚至是实现跨领域的合作。广告开始展现出内容化的趋势,媒体内容的生产、传播和聚合开始从组织化走向社会化,使得广告与内容逐渐融合[1]。

当前,媒体行业的竞争格局正在被数字技术重塑,媒体数字化生存需要不断对广告运营方式进行创新。用户的媒体接触行为在数字技术和数字媒体的影响下变得更加碎片化,他们每天需要在数字媒体上花费许多零碎时间。传统媒体用户的注意力被打散,他们能够有更多的注意力观察别的东西,这也为基于内容的广告提供了更多的发展机遇。

广告经营的媒介环境在数字媒体快速发展的冲击下发生了很大的改变。各种新型媒体出现在人们的视野中,其形式也越来越多样化,手中的媒介选择变得越来越多。这样的变化给传统的广告经营模式带来了很大的冲击,这也就使得媒体不得不适时调整广告经营策略。对广告与内容融合的发展模式进行探索,按照内容产品的生产和传播模式对广告进行深耕,在内容产品中融入合适的广告信息,实现广告信息与内容产品的一体化生产和综合呈现,对数字时代的广告经营和媒体内容生产进行持续不断的创新,才是影响传媒业变革路径的关键问题。

在数字时代,广告主意识到提高广告准确性的重要性。准确投放广告意味着更好的投资回报,并确保信息正是受众所需要的。广告主投放广告的方式在数据时代发生了巨大的转变,从原来的向媒体购买变成了直接购买受众。在数字媒体环境中,广告的可视性、可读性、时效性和准确性在广告信息与媒体内容产品的整合下得到了很大的改善,实现了广告与内容的融合传播。通过大数据技术,广告主有着目标受众的精确画像,能够知道目标受众所处的具体场景,从而快速制作具有个性化内容的广告,并

---

[1] 雷蕾.从内容营销看出版业与广告业的另类融合[J].中国出版,2018,445(20):47-51.

在目标消费群体使用的媒体终端设备上进行广告投放,实现媒体选择和广告投放的精准化。

当前,媒体机构在大数据技术的帮助下,可以准确地分析受众,了解他们的兴趣和喜好以及他们的个人需求,并为他们提供量身定做的独家内容产品。未来媒体发展的主流将是以受众为中心的内容生产。广告的最佳传播载体就是个性化的内容产品,个性化的广告内容可以将为受众量身定做的广告信息传递给受众,满足受众精神和物质两个层面的需求。对于受众来说,对不同形式的媒体产品的接触只是一种外在表现,最终需要的还是不同形式产品中的信息以及信息中蕴含的价值。在这方面,广告和内容融合传播更符合数字时代受众的需求。在数字时代,二者的融合将真正满足受众对生活、工作和娱乐等全方位信息的需求,为受众带来个性化的极致体验[①]。

随着媒体技术的不断发展,数字时代的广告要对消费者的需求进行深入的洞察,将品牌广告与媒体内容进行深度融合,借助内容营销来实现广告传播的精准化和人性化,这是数字时代受众价值不断上升的必然要求,也是未来广告业发展的新趋势。广告与内容的融合发展是为了实现广告与内容、广告与用户、内容与广告、内容与用户的精确匹配,而这种深度融合是建立在数据的基础之上的,必须不断提升大数据的挖掘和分析处理能力,这样才能实现内容与营销的融合发展。

本章小结

本章主要围绕数据闭环与营销变革展开。第一节对中国程序化广告的发展进程进行了细致的梳理,包括萌芽期、成长期、发展期和调整期。第二节简要介绍了数据孤岛的概念并分析了数据孤岛的影响,同时介绍了人工智能和区块链技术如何打破数据孤岛。第三节以用户画像为主线,对描绘用户画像的方式进行了介绍,分析了用户需求预测与程序化广告之间的联系,将过去的舆情监测和现在的舆情预报进行了对比,同时分析了在刻画用户画像时出现的用户隐私问题。第四节从数据资产化入手,分析新零售中的目标市场和新服务中的具体问题,数据资产化正在重塑,甚至完全颠覆传统的零售业。第五节主要阐释数据闭环逻辑下的营销变革。以大数据为代表的新技术将对营销技术体系和业务流程产生影响,实现内容与营销的融合发展将是未来广告业发展的新趋势。

---

① 李新颖.数字时代的广告运营:广告与内容的融合[J].青年记者,2017(3):91-92.

思考题

1. 简述中国程序化广告的进程。

2. 简述数据孤岛的影响与解决之策。

3. 如何描绘用户画像?

4. 谈谈你对新零售与新服务的理解。

5. 谈谈你对数据闭环与营销变革的理解,并简述在营销变革的影响下广告业发生了哪些新变化。

第五章　Python编程与数据分析

知识目标

☆ Python基础编程知识。

☆ NumPy与Pandas的基础理解。

☆ 新闻关键词介绍与提取。

能力目标

1. 掌握Python的基础运用。

2. 掌握Python中NumPy和Pandas的概念和运用。

3. 掌握基本的关键词提取并形成模型构建意识。

思维导图

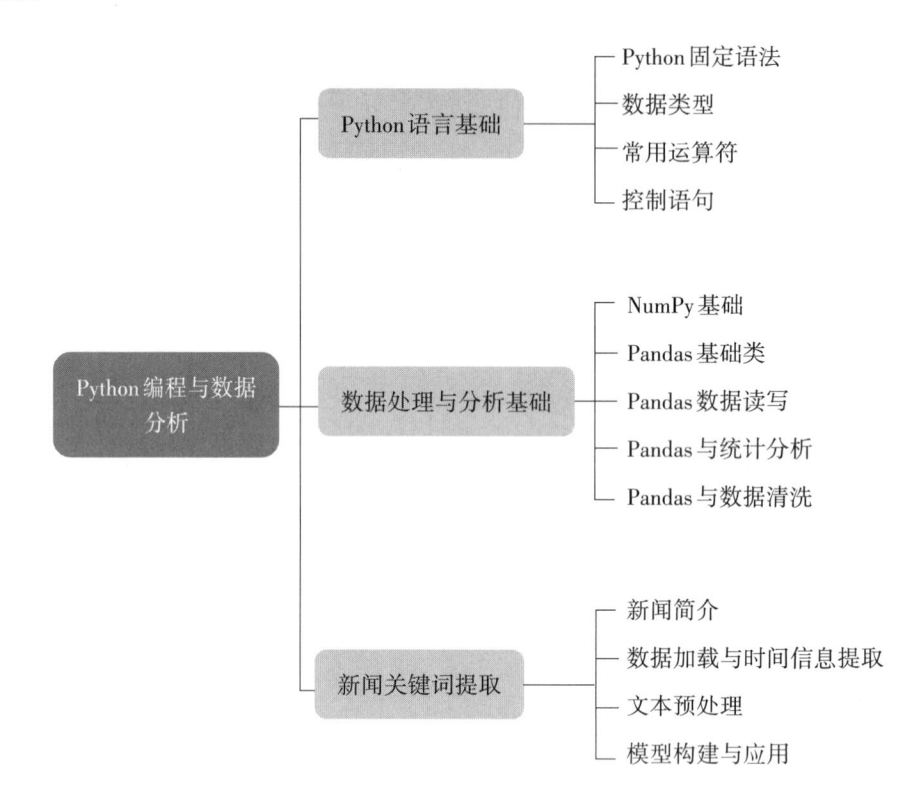

- Python 编程与数据分析
  - Python 语言基础
    - Python 固定语法
    - 数据类型
    - 常用运算符
    - 控制语句
  - 数据处理与分析基础
    - NumPy 基础
    - Pandas 基础类
    - Pandas 数据读写
    - Pandas 与统计分析
    - Pandas 与数据清洗
  - 新闻关键词提取
    - 新闻简介
    - 数据加载与时间信息提取
    - 文本预处理
    - 模型构建与应用

案例导入

耶鲁大学教授 Christakis 在《纽约时报》上说:"在过去的 100 年里,与自然科学相比,社会科学几乎停滞不前;其主要原因在于,社会科学遏制了新知识的创造。这也解释了为何社会科学没有获得如自然科学那般的声望。传统的社会科学研究过于强调理论和假设。传统社会科学研究有太多理论,而缺乏数据和恰当的方法对理论进行验证。"

如今的互联网和海量数据作为新的数据形式与来源,记录了很多传统社会科学数据获取方法所不能获得的信息。例如,连续的时空信息;人们在社交网络中对事件所表达的不同观点等文本信息;商业和健康信息等。这些新型信息使得社会科学研究的已有弊端能够得以改进,其主要原因在于这些海量数据不仅具有数量优势,而且在收集范围上也具备传统社会科学所无法获得的优势。相比于通过传统研究方法无法获知的人群或人类行为,在线数据能够在很大程度上帮助研究者进行研究对象的分析和判断。例如对艾滋病患者等亚文化群体行为的调查会更易开展,信息收集也会更为便利。同时还可以利用已有数据记录和分析个体的互动行为,从而对目前和之后的行为进行影响分析和预测。

社会科学的重要研究问题是人们的社会化行为以及相互影响,而传统社会科学大多假设个体是独立的。通过软件语言对在线数据进行分析,这个"独立性"的假设可以被解放,人们可以更好地探究具有互动特征的社会行为规律。[①]

Python 是一种功能全面且易学易用的程序设计语言。其强大的开源开放性,使得众多的科学计算机软件包都选择借助 Python 实现功能;同时,Python 自身也有如 NumPy、SciPy 和 matplotlib 等常用的科学计算扩展库,分别为 Python 提供了快速数组处理、数值运算与绘图等功能。在计算传播方面,Python 在图表制作、数据处理、程序开发等方面也占据着十分重要的地位。本章将从 Python 编程与数据分析着手,围绕 Python 使用操作的部分基础性内容展开介绍。

第一节　Python 语言基础

Python 语言并非一门完全独立的计算机编程语言。Python 语言在借鉴 C 语言的同时,也受到了 ABC 语言的较大影响,这使得 Python 语言基础与 C 语言、ABC 语言基础之间有着较多的相通之处。

一、固定语法

程序员们常常借助 Python 的一些固定语法,以实现对各类数据进行更为便捷的编写及运算操作。下面将重点介绍 Python 固定语法中的声明、注释、缩进、多行语句等内容。

[①] 张伦,王成军,许小可.计算传播学导论[M].北京:北京师范大学出版社,2018:4.

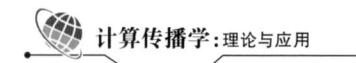

(一)声明

在Python程序中,声明用于向程序表明变量的类型和名字。

在Python 2.x的版本中,默认的编码方式是ASCII格式(是一种单字节编码格式,最多只能表示256种字符)。而在Python 3.x的版本中,程序的编码则采用了UTF-8格式。UTF-8格式不仅突破了ASCII格式的字符限制,还可以用来表示Unicode标准中的任何字符;此外,原来处理ASCII字符的软件仍可继续使用,无须额外调整。

但当编辑器不支持UTF-8格式,或者程序中采用了其他格式,编辑器将无法自动识别脚本文件内容。此时可在脚本文件的首行或第二行插入注释(编码声明),则源文件中的所有字符都将被当作UTF-8编码来处理。编码声明如下所示:

```
#-*- coding: utf-8 -*-
```

除编码声明外,人们也常常会在首行加上一个路径说明,指出系统调用的是哪种路径下的Python编辑器,从而进行有关操作。路径声明如下所示(以"/usr/bin"为例):

```
#! /usr/bin/Python
```

(二)注释

在Python程序中,注释的作用是通过文字描述的方式向编码人员解释代码内容或功能。

在Python的代码书写中,优秀的程序员往往会适时加入相关注释,能够较好地解决代码行数过多带来的查询不便、解读不便等问题。需要注意的是,输入的注释并不会参与程序的实际运行。

通常来说,Python的注释有两种方式:单行注释与多行注释。

1.单行注释

指对Python代码中的某一行特定代码进行注释。在Python语言中,"#"后的内容将成为注释内容。单行注释的位置,可以是注释代码的前一行,也可选择直接写在注释代码的同行后侧。如下所示:

```
#第一个注释
print("Hello,python!")#第二个注释
Hello,python!
```

2.多行注释

指对Python代码中的某一段或多行特定代码进行注释。在Python语言中,我们可以通过多行的单行注释加以实现,但更多情况下人们会采用3个单引号(''')或者3个双引号(""")将注释对象括号起来,即对括号中的内容进行注释操作。如下所示:

```
'''
第三注释
第四注释
'''
"""
第五注释
第六注释
"""
print("Hello,python!")
Hello,python!
```

(三)缩进

在Python程序中,缩进用于区分不同的代码块。这种方式较为简便,同时也是Python的一大特色。代码中行尾的冒号与下一行的缩进,表示着一个代码块的开始;而代码块也会随着缩进的结束而结束。

缩进的具体操作体现在不同数目的空格上。如下所示:

```
if True:
    print("True")
else:
    print("False")
```

值得注意的是,尽管缩进的空格格式可变,但优秀的程序员往往需要保持缩进的一致性,即尽量不要混用空格键或Tab按键,以免造成空格数目的不一致。这将有可能导致代码的显示出现混乱,影响代码的可读性或带来其他不便。如下所示:

```
if True:
    print("Answer")
    print("True")
else:
    print("Answer")
  print("False")    #缩进不一致,会导致运行错误
```

(四)多行语句

在Python程序中,有时会出现一行语句较长的情况。此时可选择使用反斜杠"\"实现多行语句的换行,让原先一行的内容以多行的形式呈现。如此书写的内容不会被Python认定为多个语句。注意当程序员使用回车键时,编译器会默认按键为反斜杠。如下所示:

```
total = item_one +
        item_two +
        item_three
```

(五)保留字符

在Python程序中,保留字符表示的是Python系统已预先对其赋予了特殊意义的字符。Python提供了一个keyword模块,人们借此可查阅所有的保留字符。如下所示:

```
import keyword
print('Python中所有的保留字符为:\n',keyword.kwlist)
Python中所有的保留字符为:
 ['False', 'None', 'True', '__peg_parser__', 'and', 'as', 'assert', 'async', 'await', 'break', 'class', 'continue', 'def', 'del', 'elif', 'else', 'except', 'finally', 'for', 'from', 'global', 'if', 'import', 'in', 'is', 'lambda', 'nonlocal', 'not', 'or', 'pass', 'raise', 'return', 'try', 'while', 'with', 'yield']
```

不同名称的保留字符在程序运行的含义和功能也会有所不同。部分保留字符及其含义列表如表5-1所示。

表5-1 Python保留字符及含义对照表(部分)

保留字符	含义
False	数据类型布尔类型的值,表示假,常用于条件语句中作为判断条件
none	空对象,Python里的一个特殊的值
true	表示真,与False相反
and	逻辑与操作,用于表达式运算,参与运算的值
as	用于类型转换
assert	断言,用于判断变量或条件表达式的值是否为真
break	break可以用在for循环或while循环语句中,跳出整个循环
class	用于定义类
continue	跳出本次循环
def	用于定义函数或方法
del	删除变量
elif	条件语句,与if else组合使用

(六)赋值

在Python程序中,赋值是指将某一数值赋予某个变量的过程。具体的赋值方式主要有以下几种。

1.基本赋值

在下面的示例中,基本赋值以"="为连接;x为被赋值的变量,放在等号左侧;"hello, world!"为将要赋予x的值,置于等号右侧,即完成了基本的赋值操作。

```
x="hello, world!"
y=x
print(x)
print(y)

hello, world!
hello, world!
```

2.序列赋值

序列赋值可被视作是基本赋值的叠加,左侧仍是要被赋值的变量,右侧仍是要被赋予变量的数值,但在数量上一次性变得更多。等号两边的变量和数值一一对应,且用逗号分隔开来。如下所示:

```
x,y,z=1,2,3
print(x)
print(y)
print(z)

1
2
3
```

3.增量赋值

增量赋值又被称为增强赋值,其基本形式是将原有的赋值语句进行改写。人们可在左侧的变量旁加上有关的运算符号,等号右边表示在原有基础上所需变化的数值。如下图所示,x+=1就代表x在原先为3的基础上加1,最终x的赋值为4。其他基础操作(如相乘等)也是如此。如下所示:

```
x=3
x+=1
print(x)

4

x=3
x*=2
print(x)

6
```

二、数据类型

数据类型具有数据的一部分属性。当程序员使用不同的数据类型时,编译器会以相应的方式对其进行编码,以更好地实现对数据的处理。在Python中,常用的数据类型有六种:number、str、list、tuple、dict 和 set。

(一)number

number专门用来存储数值。如若需要在Python中执行数学运算时,人们便需要使用number数据类型。如表5-2所示。

表5-2 number数值类型(部分)

数据类型	说明	示范
int	整数	1、10、100
float	浮点数	15.20、-21.9
complex	复数	3.14j、45.j
bool	布尔值	1、0

(二)str

str是专门用于存储文本的数据类型。在Python中,str可由包括字母、数值、符号或标点符号的任意组合构成。人们在Python中通常可以通过str完成表示字符串、索引、查询、改写等功能。

1.表示字符串

创建一个字符串,除了需要输入适当的字符外,还需要在字符序列的首尾同时加上单引号(')或双引号("),两者是等效的。如下所示:

```
a="123456" #此处为双引号
print(a)
```

123456

```
a='123456' #此处为单引号
print(a)
```

123456

2.索引

索引是将数据库表中一列或多列的值进行排序的一种结构。人们通过使用索引可快速访问数据库表中的特定信息。索引一般按照"变量[下标]"和"变量[头下标:尾下标]"两种格式处理,还可指定固定步长,其格式为"变量[头下标:尾下标:步长]"。人们也可通过变量[::-1]这个索引式对整个字符串进行反向排序。如下所示:

```
a='123456'
b=a[2] #下标从零开始,这里索引的是三
print(b)
```

3

```
a='123456'
b=a[0:3] #头下标从第一个开始,左闭右开区间
print(b)
```

123

```
a='123456'
b=a[0:6:2] #步长为2,每隔一个输出一个
print(b)
```

135

```
a='123456'
b=a[::-1] #反向排序
print(b)
```

654321

(三)list

list 又称作列表,属于序列类数据,可包含0或多个对象引用的有序序列,是 Python 中最通用的复合数据类型。

在具体操作中,list 可通过方括号"[ ]"或 list 函数进行创建。Python 为 list 提供了一些内置方法,可以实现 list 的查询、增删和排序等功能。如表 5-3 所示。

表 5-3 list 方法名称说明(部分)

方法名称	说明
list.index()	定位 list 中首个匹配项
list.insert()	在 list 中指定位置插入元素
list.extend()	将一个 list 扩展至另一 list
list.remove()	按对象删除 list 中的第 1 个匹配项
list.sort()	对原 list 进行排序

(四)tuple

tuple 又称元组,与列表类似,是可包含 0 个或多个对象引用的有序序列。但与 list 不同的是,tuple 是不可更改的数据类型。tuple 可以用圆括号进行创建;在包含了一个或多个项的 tuple 中,各个元素之间使用逗号加以分隔。[1]如表 5-4 所示。

表 5-4 tuple 方法名称说明(部分)

方法名称	说明
tuple.count()	计算某一元素在 tuple 中出现的次数
tuple.index()	找出某一元素在 tuple 中首次出现的位置

(五)dict

dict 称作字典,是 Python 中唯一一种映射数据类型,具有可变性。dict 中的值既可以是 Python 内置的标准数据,也可以是用户自定义的。注意在创建 dict 时,如果同一个键被赋值两次,只有后一次赋值会被记住。

dict 的创建有两种方式:人们可以使用空的大括号来创建空的 dict,也可以通过 dict 函数来创建 dict。另外,dict 拥有丰富的内置方法,人们借此可以实现字典的查询、增删和创建等功能。如表 5-5 所示。

---

[1] 李明江,张良均,周东平,等.Python 3 智能数据分析快速入门[M].北京:机械工业出版社,2019:57.

表5-5　dict方法名称说明(部分)

方法名称	说明
dict.items()	返回dict的所有键值对
dict.values()	返回dict的所有值
dict.copy()	将一个dict的内容拷贝给另一dict

(六)set

set是Python中一种内置集合类型。set可以通过使用大括号{}或set函数进行创建。值得注意的是,set中的项是无序的,因此其没有索引的概念。set可变且无法索引,这使得它无法进行查询或修改元素等操作,但仍支持人们进行元素的增删或者清空、拷贝等。如表5-6所示。

表5-6　set方法名称说明(部分)

方法名称	说明
set.add()	将元素添加到set中,如已存在则不做操作
set.update()	通过更新添加元素,对象可以是其他复合类型
set.pop()	随机set中的删除
set.remove()	删除指定元素

三、常用运算符

现实问题中,计算机运算并不仅仅局限于普通的数学计算。事实上,它更贴近于"逻辑推算"这一概念。目前,Python提供了算术运算符、赋值运算符、比较运算符、逻辑运算符、按位运算符、身份运算符和成员运算符这7类运算符。

1.算术运算符

是对运算数进行算术运算的一系列符号,能够满足一般的运算需求,如下所示:

```
num_int = 4
num_float=4.0
print('整数与浮点数的和为:',num_int + num_float)
```

```
整数与浮点数的和为: 8.0
```

2. 赋值运算符

赋值运算符用于变量的赋值与更新,如下所示:

```
num_int1=4
print('赋值后num_int1为:',num_int1)
```

赋值后num_int1为: 4

3. 比较运算符

用于比较数据之间的大小是否相等,如下所示:

```
num_int = 6
num_float=6.0
print('num_int 与num_float是否相等:',num_int == num_float)
```

num_int 与num_float是否相等: True

4. 逻辑运算符

用于判断事物之间的"与""或""非"关系。Python中对应的逻辑运算符为"and""or""not",如下所示:

```
num_bool1=False
num_bool2=True
print('num_bool1 and num_bool2返回值为:',num_bool1 and num_bool2)
```

num_bool1 and num_bool2返回值为: False

5. 按位运算符

将十进制数转变为二进制数,并进行运算,如下所示:

```
num_int1=15  #15=00001111
num_int2=23  #23=00010111
print('num_int1按位与num_int2结果为:',num_int1&num_int2)
```

num_int1按位与num_int2结果为: 7

6. 身份运算符

用于比较两个对象的储存单位,如下所示:

```
num_int1 = 18
num_int3 = 18
print('num_int1与num_int3储存单位是否相同:',num_int1 is num_int3)
```

num_int1与num_int3储存单位是否相同: True

7.成员运算符

作用是判断某个指定值是否位于某一序列(如字符串、列表或元组等)中,如下所示:

```
num_int1 = 18
list2 = [1,'apple',18]
print('num_int1是否在list2中:',num_int1 in list2)
num_int1是否在list2中: True
```

四、控制语句

在计算机中,程序执行的方向被称为控制流。通常情况下,程序会从首条代码开始依次执行。调用函数、使用控制结构或程序发生异常等情况都可能使控制流发生转向。Python中用于操纵控制流的常用语句有if语句、for语句、while语句、break语句、continue语句等。

1.if语句

基础形式是if-else。if-else语句通过条件判断的结果决定下一步的执行方向,即程序首先会判断if条件表达式的真假:如果条件表达式返回,真值,则执行操作语;反之则执行else语句中的内容,如下所示:

```
name = input('请输入用户名:')
password = input('请输入密码:')
if name =="Jack" and password =="666666":
  print('欢迎登录!')
else:
  print('---密码有误,登录失败! ----')

请输入用户名: Jack
请输入密码: 666666
欢迎登录!
```

2.for语句

for语句属于循环语句,是最常用的语句之一。for语句不属于条件判断,它将遍历序列对象内的元素并对每个元素运行一次循环体。在for语句中,for和in搭配组成for-in循环结构,能依次把list或tuple等数据结构中的元素迭代出来。程序的执行从"for变量in序列"开始,该语句将把序列中的每个元素代入变量,执行一遍操作语句。重复的次数即为序列中元素的个数,如下所示:

```
names = ['Jack','Rose','Tom']#单纯遍历的for语句
for name in names:
    print (name)
Jack
Rose
Tom
```

3.while 语句

while 循环结构包含有条件判断式,属于"当型"循环。while 语句可以组成 while 的形式。在执行while语句时,只要顶部的条件表达式返回真值,便能一直执行while部分嵌套的递归代码;当条件表达式返回假值时,便不再执行操作语句,同时程序将跳出while结构,如下所示:

```
sum = 0
n = 99
while n > 0:
    sum+= n
    n-= 2
print(sum)
2500
```

4.break 语句

在 Python 中,break 语句用于终止循环语句的执行。执行到该语句时,即使循环条件判断为真或序列未被完全递归,循环语句都将被立刻停止并跳出循环。break 语句一般配合条件判断使用,因为程序的终止必须是在某一条件被满足时执行,如在for循环或while 循环中使用等。需要注意的是,break 语句只会使程序跳出一次循环,如下所示:

```
string = "Python"#break语句用于for循环
for i in string:
    if i=='n':#遍历至字符n时,不再执行else代码块
        break
    else:
        print("letter:{}".format(i))
letter:P
letter:y
letter:t
letter:h
letter:o
```

5.continue 语句

continue 语句用于跳出当前循环,并执行下一次循环。其与 break 语句不同之处在于,break 语句是跳出整层循环。如果一段代码中包含 continue 语句,则当循环执行至

continue处时,会先跳出本次循环,在本层仍满足条件的剩余循环次数中继续执行循环,即不会终止该层循环。如果在某一层的每次循环中都会执行continue语句,则相当于使用了break语句,如下所示：

```
for i in range(0,5):#当i等于2或4时，跳过continue后的print语句
    if i == 2 or i == 4:
        continue
    print(i)
0
1
3
```

6.pass语句

pass是空语句,即不做任何操作,仅起到占位作用。人们常常为了保持程序结构的完整性而使用pass语句。也就是说,尽管pass语句不执行任何操作,但当程序员暂时无法确定对应位置的代码时,可选择先放置一个pass语句,以此来让代码实现正常运行,如下所示：

```
for i in "Python":#i为y时，不做任何操作，不会被输出
    if i == "y":
        pass
    else:
        print(i)
P
t
h
o
n
```

第二节　数据处理与分析基础

　　Pandas是一款开放源码的BSD许可的Python库。它基于NumPy创建,为Python编程语言提供了高性能的、易于使用的数据结构和数据分析工具。Pandas应用领域广泛,包括金融、经济、统计、分析等学术和商业领域。本节将介绍NumPy基础、Pandas数据读写、Pandas统计分析等。

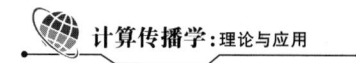

一、NumPy 基础

NumPy 是 Python 语言的一个扩展程序库,内含大量的数学函数用以支持多维度的数组(N 维数组对象 ndarray)与矩阵运算。NumPy 数组与 Python 内置的列表类型在许多方面都较为相似,但 NumPy 数组提供了更加高效的存储及数据处理操作。可以说,NumPy 数组几乎构成了整个 Python 数据科学工具生态系统的核心。

(一)NumPy 数组的属性

NumPy 最重要的一个特点就是支持 N 维数组对象 ndarray。NumPy 的 ndarray 对象与列表有相似之处,但又有着显著区别。例如,构成列表的元素类型可以是字符串、字典、元组等数据结构中的一种或多种;但 NumPy 数组中的元素则显得"纯洁"很多,即它的元素类型必须"从一而终",只能是同一种数据类型。

生成 NumPy 数组最简单的方式,莫过于利用 array 方法。此方法可以接收任意数据类型(如列表、元组等)作为数据源,如下所示:

```
import numpy as np
a = [1, 2, 3, 4, 5, 6]
b = np.array(a)
b
array([1, 2, 3, 4, 5, 6])
```

如果构造 NumPy 数组的数据源类型在精度上不统一,且这些数据类型可以相互转换,那么 NumPy 会将所有数据都自动转换为精度更高的类型。通过类型转换,NumPy 数组的数据源类型精度也可保持统一,如下所示:

```
import numpy as np
arr = np.array([2.2, 3.3, 4.4, 5])
arr_int = arr.astype(np.int32)
print(arr_int)
[2 3 4 5]
```

(二)NumPy 中的数组运算

数据只有人们对其进行操作才有意义。我们将在本节中讨论 NumPy 中的一些基本运算,包括向量运算、算术运算等。

1.向量运算

假设有如下两个列表:

In [1]: list1=[1,2,3,4,5,6,7,8,9,10]

In [2]: list2=[11,12,13,14,15,16,17,18,19,20]

现在我们的任务是,求上述两个列表对应元素的和。通过前面的学习可以知道,我们能通过已有列表来创建数组,其内部各个元素均为数值型元素,并对其进行快速求和。如下所示:

```
import numpy as np
list1 = [1, 2, 3, 4, 5, 6, 7, 8, 9, 10]
list2 = [11, 12, 13, 14, 15, 16, 17, 18, 19, 20]
list1_arr = np.array(list1)
list2_arr = np.array(list2)
list_sum = list1_arr + list2_arr
print(list_sum)
[12 14 16 18 20 22 24 26 28 30]
```

上面我们分别将两个列表转换成了 NumPy 数组。一旦列表被转换成数组,我们就可直接使用加号(+)进行求和操作,这便是我们常用的向量化运算。

基于 NumPy 数组的减法、乘法、除法等各类数学运算均可用类似的方法实现。

2. 算术运算

为达到运算目的,我们可以直接调用 NumPy 的一些内置函数。如下所示:

```
a = np.arange(10)   #生成一维ndarray数组,长度为10
a                   #输出验证
array([0, 1, 2, 3, 4, 5, 6, 7, 8, 9])
```

```
b = np.linspace(1, 10, 10)  #生成一维ndarray数组,长度为10
b                            #输出验证
array([ 1.,  2.,  3.,  4.,  5.,  6.,  7.,  8.,  9., 10.])
```

```
a+b
array([ 1.,  3.,  5.,  7.,  9., 11., 13., 15., 17., 19.])
```

```
a-b
array([-1., -1., -1., -1., -1., -1., -1., -1., -1., -1.])
```

```
a*b
array([ 0.,  2.,  6., 12., 20., 30., 42., 56., 72., 90.])
```

```
a/b
array([0.        , 0.5       , 0.66666667, 0.75      , 0.8       ,
       0.83333333, 0.85714286, 0.875     , 0.88888889, 0.9       ])
```

从以上的运算及输出可以看出,只要数组的形状(维度)保持一致,我们就可以很方便地利用NumPy对它们逐元素实施加、减、乘、除等操作。

事实上,NumPy中还有众多非常实用的统计函数,这也使得人们在导入NumPy后,Python宛若一个功能强大的科学计算器。人们通过这些函数的调用,可以让运行效率更加高效。如表5-7所示。

表5-7　NumPy中常用的函数(部分)

函数名称	描述
np.sum	计算元素的和
np.prod	计算元素的积
np.mean	计算元素的平均值
np.std	计算元素的标准差
np.var	计算元素的方差
np.min	找出最小值
np.max	找出最大值
np.median	计算元素的中位数
np.any	验证任何一个元素是否为真
np.all	验证所有元素是否为真

二、Pandas基础类

Pandas是Python生态环境下非常重要的数据分析包。它是一个开源的、有BSD开源协议的库。Pandas吸纳了NumPy中的很多精华,但二者最大的不同在于,Pandas在设计之初就是倾向于支持图表和混杂数据运算的。Pandas虽是基于NumPy构建的数据分析包,但它含有比ndarray更为高级的数据结构和操作工具,如Series类型、DataFrame类型等。有了这些高级工具的辅佐,人们通过Pandas进行数据分析将变得更加便捷、高效。Pandas支持从多种数据存储文件中读取数据,同时还支持从Web中读取数据。除了可以通过管理索引来快速访问数据、执行分析和转换运算,Pandas实际上还可实现高效绘图等复杂的任务需求。

导入Pandas的具体操作过程如下：

```
import pandas as pd                    #导入 pandas 包并取一个别名 pd
```

Pandas 主要有三种数据结构：Series、DataFrame 和 Index 等。

（一）Series 的创建

Series 是由一组数据及与之对应的标签（即索引）构成。创建 Series 的语法非常简单，如下所示：

```
pd.series(data, index = index)
```

在上述构造方法的参数中，data 为数据源，其类型可以是一系列的整数、字符串，也可是浮点数或某类 Python 对象。默认索引即为数据的标签（label）。如下所示：

```
import pandas as pd        #导入pandas包并取一个别名pd
a=pd.Series([2,0,-4,12])   #创建一个series对象a
a                          #输出a的值
0    2
1    0
2   -4
3   12
dtype: int64
```

Series 的数据源可用列表来填充，但 Series 中的元素并不能如列表中的多种多样，它依赖于 NumPy 中的 N 维数组（ndarray）而构建。因此，其内部的数据需要保持整齐划一，即数据类型必须相同。

此外，Series 可增加对应的标签（label）作为索引。如果没有人为显式添加索引数值，Python 会为其自动添加一个 0~(n-1) 内的索引值，n 为 Series 对象内含元素的个数。

Series 是一种自带标签的一维数组。我们可以通过 Series 的 index 和 values 属性，分别获取其索引和数组元素值，如下所示：

```
import pandas as pd        #导入pandas包并取一个别名pd
a=pd.Series([2,0,-4,12])   #创建一个series对象a
a.values                   #获取series中的数组元素值
array([ 2,  0, -4, 12], dtype=int64)
```

```
import pandas as pd        #导入pandas包并取一个别名pd
a=pd.Series([2,0,-4,12])   #创建一个series对象a
a.index                    #获取对应数据的索引
RangeIndex(start=0, stop=4, step=1)
```

表5-8　Series常用属性及其说明(部分)

属性	说明
values	以ndarray的格式返回Series对象的所有元素
index	返回Series对象的索引
dtype	返回Series对象的数据类型
shape	返回Series对象的形状
ndim	返回Series对象的维度
size	返回Series对象的个数
T	返回Series对象的转置

(二)DataFrame类型数据及构建

从数据结构的角度来看,如果将Series比作一个带标签的一维数组,则DataFrame就是一个带标签的二维数组,由若干个一维数组(Series)构成。

为了方便访问数据,DataFrame中不仅有行索引,还有列索引。我们可以通过字典、Series等基本数据结构来构建DataFrame。最常用的方法是,先构建一个由列表或NumPy数组组成的字典,然后再将字典作为DataFrame中的参数,如下所示：

```
df= pd.DataFrame({'sentences':['hello , world','good job','nice to meet you']}) #输出验证
df
```

```
   sentences
0  hello , world
1  good job
2  nice to meet you
```

DataFrame是一种表格型数据结构。它含有一组有序的列,每列的值可以不同。如上所示,字典的key(如sentences)变成了DataFrame的列名称；而字典的value是一个列表,列表的长度就是行数。DataFrame对象的最左侧便是索引,从上图的输出可以看出,DataFrame的索引在默认情况下是从0开始的自然数序列。

如果充当数据源的字典中有多个key/value对,则每个key值都对应一列,如下所示：

```
import pandas as pd
data={'one':[1,3,5],'two':[2,4,6],'three':[7,8,9]}  #构造字典
df = pd.DataFrame(data)                              #通过字典构造DataFrame
df                                                   #输出验证
```

	one	two	three
0	1	2	7
1	3	4	8
2	5	6	9

由输出结果可知,字典的key(如上例中的one、two和three)对应着DataFrame的column(列);每个key对应的value则变成了不同的列数据。因此,DataFrame在某种程度上可看作由Series组成的大字典。

(三)Index对象的创建

Index对象可通过Pandas.Index()函数创建,也可以在创建数据对象Series、DataFrame时接收index(或column)参数进行创建。前者属于显式创建,后者属于隐式创建。[①]

Pandas的Index对象是一个很有趣的数据结构,我们可将它看作是一个不可变数组或有序集合,但它实际上是一个多集(因为Index对象可能会包含重复值)。这使得Index对象能实现一些特殊功能。以一个简单的整数列表来创建Index对象为例:

```
import pandas as pd
ind = pd.Index([2,3,5,7,11])
ind
Int64Index([2, 3, 5, 7, 11], dtype='int64')
```

(1)将Index看作不可变数组

Index对象的许多操作十分类似于数组。例如,我们可以通过标准Python的取值方法获取数值,切片方法也同样适用,如下所示:

```
import pandas as pd
ind = pd.Index([2,3,5,7,11])
ind[1]

3
```

Index对象还有许多与NumPy数组相似的属性,如下所示:

[①] 李明江,张良均,周东平,等.Python 3智能数据分析快速入门[M].北京:机械工业出版社,2019:191.

```
import pandas as pd
ind = pd.Index([2,3,5,7,11])
ind[1]
print(ind.size, ind.shape, ind.ndim, ind.dtype)

5 (5,) 1 int64
```

Index对象与NumPy数组的不同之处在于,Index对象的索引是不可变的。该特征使得多个DataFrame和数组之间进行索引共享时会变得更加安全,尤其可以避免人们因修改索引时的粗心大意而导致的一系列失误。

(2)将Index看作有序集合

Pandas对象被设计成能够实现如连接(join)数据集等的众多功能,其中便会涉及许多集合操作。Index对象遵循Python标准库的集合(set)数据结构的许多习惯用法,包括并集、交集、差集等。

三、Pandas读写数据

一旦指定Series的索引,就可通过特定索引值去访问、修改索引位置处对应的数值。Series对象本质上就是一个带有标签的NumPy数组,NumPy中的一些概念和操作手法可直接用于Series对象。

Pandas提供了10余种数据源类型(如CSV和Excel等)的读取、写入函数等。现介绍如下:

(一)CSV格式

CSV是一种字符分隔文件,文件以纯文本形式存储表格数据。因为大量的程序都支持CSV或者其变体形式,因此它常常作为大多数程序的输入、输出格式。

read_csv函数中的sep参数可用来指定文本的分隔符。如果分隔符指定错误,读取数据时的每一行数据将会连成一片;read_table函数也可用来读取CSV文件。其参数与用法同read_csv大体相同,唯一的区别在于read_table的分隔符默认设置成为制表符"[Tab]";Encoding参数表示文件的编码格式。常用的编码有UTF-8和UTF-16等。如果编码指定错误,数据也将会无法读取。如表5-9所示。

表5-9 read_csv函数常用的参数及其说明（部分）

参数名称	说　明
filepath	接收str,表示文件路径,无默认值
sep	接收str,表示文件的分隔符,默认为","
header	接收int或sequence,表示将某行数据作为列名
names	接收array,表示列名,默认为None
dtype	接收dict,表示写入的数据类型,默认为None
engine	接收c或者Python,表示数据解析引擎,默认为c
nrows	接收int,表示读取前n行,默认为None
encoding	接收str,表示文件的编码格式,无默认值

（二）Excel格式

Excel是微软公司旗下的办公软件Microsoft Office的组件之一。Pandas提供了read_excel函数，可用来读取后缀为"xls"和"xlsx"的两种Excel文件类型。read_excel函数常用的参数及其说明如表5-10所示。

表5-10 read_excel函数常用的参数及其说明（部分）

参数名称	说　明
io	接收str,表示文件路径,无默认值
sheetname	接收str或int,表示Excel表内数据的分表位置,默认为0
names	接收array,表示列名,默认为None
index_col	接收int、sequence,表示索引名,默认为None
dtype	接收dict,表示写入的数据类型,默认为None

（三）数据库

在生产环境中，绝大多数的数据都存储在数据库中。Pandas提供了读取与存储关系型数据库数据的众多函数。实现数据库数据读取的常用3个函数：read_sql、read_sql_table和read_sql_query。其中，read_sql_table函数只能读取数据库的某一个表格,不能实现查询操作;read_sql_query函数只能实现查询操作而不能直接读取数据库中的某表;read_sql函数是两者的综合,它既能读取数据库中的某一个表,也能实现查询操作。[①]

以上3个数据库数据读取函数的参数几乎一致,唯一的区别在于人们需要注意传入的是语句还是表名。read_sql函数常用的参数及其说明如表5-11所示。

表5-11　read_sql函数常用的参数及其说明(部分)

参数名称	说　明
sql	接收str,表示读取的数据的表名或者sql语句,无默认值。
con	接收数据库连接,表示数据库连接信息,无默认值
columns	接收list,表示读取数据的列名,默认为None

值得注意的是,read_sql函数的con参数是一个数据库连接。它需要提前被建立完成,方能允许人们正常读取数据库中的数据。

四、Pandas统计分析

描述性统计是用来概括、表述事物整体状况以及事物间关系的统计方法,一般表现为通过几个统计值以简洁表示一组数据的集中趋势或离散程度。以下是Pandas提供的几种描述性统计分析方法。

(一)移动窗口rolling法

窗口是指为了提升数据的准确性,将某个点的取值扩大到包含这个点的一段区间,移动窗口便是窗口向一端滑行。注意每次滑行并不是区间整块的滑行,而是一个单位的滑行。移动窗口在处理时间序列的相关数据时,可与描述性统计方法进行有效的结合。Pandas提供的rolling方法可对DataFrame数据结构进行移动窗口操作,其基本语法格式如下:

DataFrame.rolling(window, min_periods=None, freq=None, center=False, win_type=None, on=None, axis=0, closed=None)

rolling方法常用的参数及其说明如表5-12所示。

[①] 李明江,张良均,周东平,等.Python 3智能数据分析快速入门[M].北京:机械工业出版社,2019:233.

表5-12　rolling方法常用的参数及其说明(部分)

参数名称	说明
window	接收int或offset,表示移动窗口的大小,当接收offset时,它是每个窗口的时间段,此时的索引必须为时间类型,无默认值
minperiods	接收int,表示窗口中需要有值的观测点数量的最小值,默认为None
center	接收bool,表示窗口中间设置标签,默认为False
win_type	接收str,表示窗口类型,默认为None
on	接收str,表示对于DataFrame做移动窗口计算的列,无默认值
axis	接收int,表示作用的轴方向,0表示横轴,1表示纵轴,默认为0
closed	接收str,表示区间的开闭,无默认值

(二)累计计算法

累计法又称作"方程式法""代数平均法",是指用一个方程式,来表达从最初水平开始,按平均发展速度计算的各期水平的累计总和,从而判断与相应的各期实际水平的总和是否一致的方法。

Pandas提供了四种累计计算法方法如表5-13所示。

表5-13　累计计算方法(部分)

方法	说明
cummax	依次给出前n个数的最大值
cummin	依次给出前n个数的最小值
cumprod	依次给出前n个数的乘积
cumsum	依次给出前n个数的和

上表所示的四种累计计算方法的基本语法格式相同。以cumsum方法为例示例如下:

Pandas.DataFrame.cumsum(axis=None,skipna=True,*args,**kwargs)

cumsum方法常用的参数及其说明如表5-14所示。

表5-14　cumsum方法常用的参数及其说明(部分)

参数名称	说明
axis	接收int,表示作用的轴,默认为0,即行方向
skipna	接收bool,表示是否跳过NaN,默认为True,跳过

五、Pandas 与数据清洗

数据清洗就是对数据文件进行整理,删除重复或无效的数据,以达到规范化的过程。原始数据在采集过程中,往往会由于各种各样的原因而出现矛盾、错误的数据,常常被称作"脏数据"。为了使程序运行更加合理,避免脏数据的干扰,人们往往需要通过数据清洗来让数据分析更为准确。

(一)缺失值处理

数据中的某个或某些值不完整,那么这些值便被称为缺失值。缺失值处理之前需要首先识别各缺失值。Pandas 提供的 isnull 方法能够快速识别缺失值并返回数据结果。isnull 方法可结合其他操作,找出缺失值的数量及占比,如下所示:

```
import pandas as pd
dit = {"col1":[0,1,2,None,4],"col2":[5,None,6,7,None]}
df = pd.DataFrame(dit)
print('完整数据为: \n',df)

完整数据为:
   col1  col2
0  0.0   5.0
1  1.0   NaN
2  2.0   6.0
3  NaN   7.0
4  4.0   NaN
```

```
import pandas as pd
dit = {"col1":[0,1,2,None,4],"col2":[5,None,6,7,None]}
df = pd.DataFrame(dit)
print('缺失值占比为:\n{}'.format(df.isnull().sum()/len(df)))

缺失值占比为:
col1    0.2
col2    0.4
dtype: float64
```

识别出缺失值后,我们还需要对缺失值进行处理。常见的处理方式分为3种:删除、替换、插值。

(二)重复数据处理

重复数据处理是人们经常面对的问题之一。对重复数据进行处理前,需要分析其产生的原因,以及去除这部分数据后可能造成的不良影响。

drop_duplicates 方法针对一个或多个特征的重复记录,可进行相应的去除操作。其基本语法格式如下:

DataFrame.drop_duplicates(self,subset=None,keep='first',inplace=False)

drop_duplicates方法常用的参数及其说明如表5-15所示。

表5-15 drop_duplicates方法常用的参数及其说明(部分)

参数名称	说 明
subset	接收列标签或者标签的sequence,表示参与去重操作的列名,默认为None,表示全部列
inplace	接收bool,表示是否在原表上进行操作,默认为False,不进行

使用drop_duplicates方法去除数据中的重复记录时,默认会对所有特征起作用。当然,它还能够针对某个或某几个特征进行去重,只需要人们指定特征名称并传给subset参数即可。

第三节 新闻关键词提取

新闻关键词提取是信息提取领域中的一个重要应用,它涉及从大量的新闻文本中快速准确地提取出关键信息,这些信息对于理解新闻内容、把握新闻要点以及进行后续的信息分析具有重要意义。

一、新闻关键词

新闻起源于人类的信息交流和社会交往,故必须为受众提供外部世界新近发生变动的事实。新闻报道中的关键词包括时间、地点、人物、事件、原因和发生过程这些构成新闻报道基本结构的要素,确保了新闻信息的准确性。提取和标注新闻关键词有助于新闻的分类与检索,也有利于用户快速获取和了解新闻内容。

二、数据加载与时间信息提取

数据加载是继数据抽取和转换清洗后的新阶段。人们从数据源中抽取并加工所需数据,经过数据清洗和转换后,最终将按照预定义好的数据仓库模型,将数据加载到目标数据集市或数据仓库中去,以实现SQL或批量加载。这在前期需要完成很多预先工作,其中大部分都来自数据分析和数据建模。经过数据清洗后,完整的数据保存在CSV文件中,这些数据需要按照一定要求加载到内存里。

在Python标准库与第三方库中,有许多可以表示日期、时间、持续时间和时间跨度(timespan)的工具。主要可分为以下三类。

1.原生Python的日期与时间工具:datetime与dateutil

Python基本的日期与时间功能都在标准库的datetime模块中。如果和第三方库dateutil模块搭配使用,人们可以快速实现许多与时间处理有关的功能。例如,你可以用datetime类型创建一个日期,如下所示:

```
from datetime import datetime
datetime(year=2015,month=7,day=4)
datetime.datetime(2015, 7, 4, 0, 0)
```

或者使用dateutil模块对各种字符串格式的日期进行正确解析:

```
from datetime import datetime
datetime(year = 2015,month = 7,day = 4)
datetime.datetime(2015, 7, 4, 0, 0)
```

datetime和dateutil模块在灵活性与易用性方面都表现出色。但当处理的时间数据量较大时,其响应速度较慢。

2.时间类型数组:NumPy的datetime64类型

datetime64类型可以将日期编码为64位整数,让日期数组变得更加紧凑以节省内存。datetime64需要在设置日期时确定具体的输入类型,如下所示:

```
import numpy as np
date = np.array('2015-07-04', dtype=np.datetime64)
date
array('2015-07-04', dtype='datetime64[D]')
```

datetime64与timedelta64对象的一个共同特点是,它们都是在基本时间单位的基础上建立的。由于datetime64对象是64位精度,所以可编码的时间范围是基本单元的264倍。

3.Pandas的日期与时间工具:理想与现实的最佳解决方案

针对时间戳数据,Pandas提供了Timestamp数据类型。它本质上是Python原生的datetime数据类型的替代品,但却能在性能更好的numPy.datetime64类型的基础上创建,其对应的索引数据结构为DatetimeIndex。

针对时间周期数据,Pandas提供了Period数据类型。这是利用numpy.datetime64类型将固定频率的时间间隔进行编码,对应的索引数据结构便是PeriodIndex。

针对时间增量或持续时间,Pandas还提供了timedelta类型。timedelta是一种代替Python原生datetime.timedelta类型的高性能数据结构,其同样也是基于numpy.timedelta64类型。

Pandas所有关于日期与时间的处理方法全部都是通过timestamp对象实现。timestamp利用numpy.datetime64的有效存储和向量化接口,将datetime和dateutil的易用性有机地结合起来,使得人们通过一组Timestamp对象就可创建一个能够作为Series或DataFrame索引的DatetimeIndex。

例如,我们可以用Pandas的方式演示前面介绍过的日期与时间功能,如下所示:

```
import pandas as pd
date= pd.to_datetime("4th of July,2015")
date
date.strftime('%A')
'Saturday'
```

我们可以灵活处理不同格式的日期与时间字符串来获取某一天是星期几的信息。

三、文本预处理

文本预处理是从文本中提取关键词来实现对文本的处理过程。文本预处理根据语言不同可分为中文文本预处理和英文文本预处理。中文文本预处理通常要经历分词、去除停用词、低频词过滤等过程。文本预处理也不能与下游任务分割开来,需要根据实际情况进行相应的处理。

在文本预处理的学习中,我们首先要学会"分词"的概念。分词就是将连续的字序列按照一定的规范重新组合成词序列的过程。分词在中文和英文中是不同的:由于英文文本都是UTF-8的编码,因此英文文本在大多数处理情况中无须考虑编码转换的问题。其次,英文文本存在拼写及单复数形式的检查问题。有关词干提取以及词形还原过程,两者的共同点都是要找到词的原始形式。而在英文文本中,实际上存在着很多无效词汇,比如"a""to"等,甚至包括一些短词以及标点符号等,这些不想在文本分析时引入的词常被称作是停用词。在完成这些步骤之后,人们需要对文本进行特征处理,从而建立起分析模型以供数据分析。在中文分词方面,目前人们主要采用的是jieba分词,也会同样引入停用词概念,比如"着""和",还有一些标点符号等。和英文文本一样,人们还需要对其进行特征处理,建立相关的分析模型。

四、模型构建与应用

模型是指人们通过定性或定量等多种方式简化对事物的描述。简化后的模型不再包括原型的全部特征,但又能描述原型的本质特征。模型舍去了原型的一些次要细节和非本质联系等,以简化和理想化的形式再现原型的各种复杂结构、功能和联系,是连接理论和应用的桥梁,如图5-1所示。

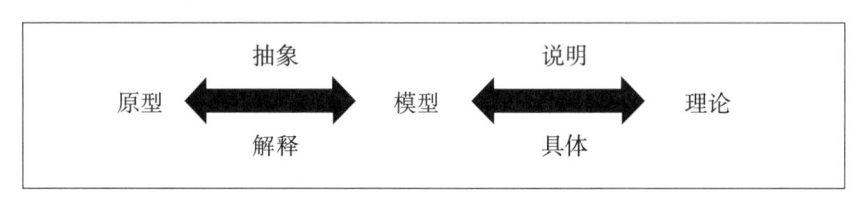

图5-1 模型与原型和理论的关系

随着社会实际问题复杂性的不断提高,人们认识世界和改造世界的实践也在不断发展。在面对新问题的出现,以及解决新问题的过程中,众多研究者们保持对自身思维方式的反思。在学科交叉融合大背景的推动下,社会科学领域的计算建模方法应运而生。这些不仅提供了来自其他学科的动态演化、宏微观层次相互作用、复杂系统自组织等思考维度和研究范式,更与传统方式相结合,形成了一套更为综合而深刻的独特方法论。

一方面，学科之间的交叉融合广泛存在，没有一个非常明显的界限。另一方面，无论是计算科学还是社会科学研究，在面对从微观的个体特征到宏观的社会结构等不同层次的问题时，二者都提供了多种解决思路。比如社会学、经济学中的一些范式会和物理学在某种程度上相通，即从结构和交互的角度较为一致地去解释人的关注及行为。新闻学与计算科学在模型搭建上也已有诸多的合作尝试，比如在信息传播领域广泛使用的传染病模型、创新扩散模型等。

本章小结

本章主要是有关Python基础内容及用法的介绍，涵盖了Python的语言基础、数据处理与分析基础，也涉及有关新闻关键词提取等方面的内容。在Python的语言基础上，我们学习了Python的一些固定语法、数据类型、常用运算符、控制语句、自定义函数以及Python库等知识。在数据处理与分析基础上，我们则主要学习了NumPy基础以及一些Pandas的基础操作，包括数据读写、统计分析以及数据清理等。最后一部分则与新闻关键词的提取相关，内容涉及实际应用中的数据加载、文本预处理和模型构建等部分。

思考题

1. 简述Python的发展历程。
2. 简述掌握Python中NumPy的概念和运用。
3. 简述Python中Pandas的概念和运用。
4. 简述如何运用Python进行新闻关键词的提取操作。

第六章　社会网络分析与计算传播学

知识目标

☆ 社会网络分析的含义、意义及其发展渊源。

☆ 社会网络分析的一般过程。

☆ 社会网络分析的典型应用。

☆ 社会网络分析在计算传播中的应用。

☆ 社会网络分析典型案例的代码实现流程。

能力目标

1. 理解社会网络分析的基本概念与发展。

2. 掌握社会网络分析的一般过程和方法。

3. 了解社会网络分析在传统领域中的典型应用。

4. 理解社会网络分析在计算传播研究中的应用。

5. 理解运用Python实现社会网络分析的过程。

思维导图

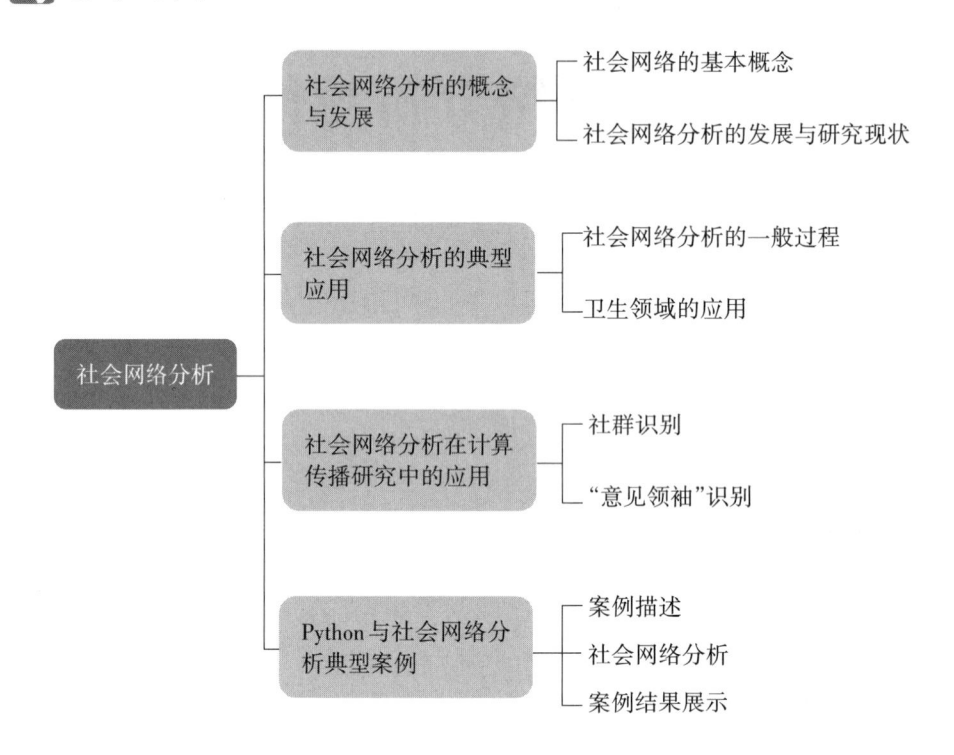

- 社会网络分析
  - 社会网络分析的概念与发展
    - 社会网络的基本概念
    - 社会网络分析的发展与研究现状
  - 社会网络分析的典型应用
    - 社会网络分析的一般过程
    - 卫生领域的应用
  - 社会网络分析在计算传播研究中的应用
    - 社群识别
    - "意见领袖"识别
  - Python与社会网络分析典型案例
    - 案例描述
    - 社会网络分析
    - 案例结果展示

案例导入

在互联网上观看影视节目时，会看到大量评论从屏幕上飘过，看上去就像是飞行射击游戏里的大量子弹飞过，广大网友们把这种效果称为弹幕。弹幕成为广大网民特别是青少年观看视频表达观点的一种方式，也成为互联网影视播放器的一种特色。随着影视剧情的发展，观众通过发送文本的方式，参与剧情的讨论，表达自己对剧情或主人公的喜恶。弹幕的出现，使网友们感觉到自己是跟一群人在观影或观剧，特别是当自己的观点与别人的观点一致时，便会引发一定程度的共鸣。

李明是动漫爱好者，观影是工作之余的主要休闲娱乐方式。观影时不仅会被剧情深深吸引而且还会浏览弹幕，并发送弹幕表达自己的观点。《你的名字》是李明最喜欢的日本动画电影。在观看过程中，李明受观众A所发表弹幕的影响，继续带着相似的观点观看视频；在后续的剧情中李明从该观点出发继续抒发自己的感想，又影响着其他用户……现实中，如李明般成百上千的弹幕爱好者徜徉在视频弹幕之中，他们互相影响着大家对同一视频内容的观点和看法，逐渐形成了一张社会网络。

传播是若干个个体之间互相传递信息的过程,信息在个体之间流转,将原本互不关联的个体联结在一起,形成了社会网络。社会网络存在于传播过程当中,体现了传播过程的结构特点。社会网络分析不是对被传播的信息进行分析,而是对信息的传播结构进行分析。

第一节 社会网络分析的概念与发展

顾名思义,社会网络分析的基础是社会网络的构建。由于个体之间的联系是客观存在的,通过个体与个体之间的联系而构建起来的社会网络,像一张无形的网将群体中的每一个个体连接起来,并刻画了它们之间的信息传递关系。社会网络的历史渊源由来已久,本节将对社会网络、社会网络分析及其历史沿革进行简要介绍。

一、社会网络的基本概念

随着我国互联网的高度普及,"网络"一词早已"飞入寻常百姓家"。从图论的角度来看,网络(Network)是一个包含了结点(Node)和连接结点的边(Edge)的集合,如图6-1所示。

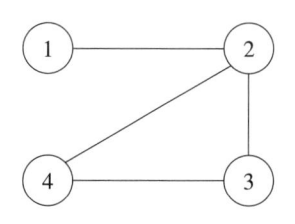

图6-1 网络示例图

图6-1是一幅简明的网络示例图,图中编号为1、2、3和4的圆分别表示结点,线段<1,2>、<2,4>、<2,3>和<3,4>分别作为对应结点之间的边。结点之间通过边联系起来,构成了完整的网络结构。在计算机领域,通常称这种网络结构为"图"。对于网络结构的研究,通常采用图论的研究方法,因此,本章在涉及图论相关知识时会使用"图"来代指"网络结构"以展开论述。

社会网络(Social Network)是由表示社会行动者的结点以及表示社会行动者之间关系的边所构成的集合,是对普通网络结构的扩展。在社会网络中,结点与边被赋予了特殊的含义:结点代表社会行动者(Social Actor),而边代表社会行动者之间的关系。社会行动者不仅可以代表某一个体,还可以代表公司、国家等具有集体性质的社会单位。关系体现了社会行动者之间的客观联系,包括亲属关系、合作关系、竞争关系、从属关系等[①]。例如,在一个三口之家中,父亲、母亲、孩子之间便构成了一个简单的社会网络,三者之间具有亲属关系,如图6-2所示。

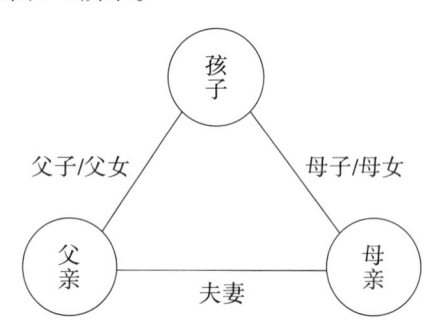

图6-2 社会网络示例图

社会网络具有良好的抽象能力,可以有效地对一个复杂系统内部各结点和它们之间的关系进行建模。社会网络分析(Social Network Analysis)是结合数学和图论等理论知识对社会网络进行定量分析的研究方法。通过社会网络分析,可以刻画出网络结点的密度、结点之间的平均最短路径、个人行动者在网络中的影响力等社会网络的结构性特征。此外,通过社会网络分析方法,还可以识别网络中的子群结构,探究网络内部的层次结构。

二、社会网络分析的发展与研究现状

20世纪40年代,英国人类学家Radiclffe Brown首次提出了"社会网"的概念。这是社会网络概念的发端,但Brown所提出的"社会网"不同于现代意义上的社会网络,而仅仅是作为一个对英国社会结构的比喻而提出。到20世纪50年代,人类学家S.F.Nadel和J.A.Barnes开始系统地研究网络概念,Barnes曾在1954年运用社会网络分析挪威某渔村

---
① 李翰超,张婷,陈鸿昶,等.基于社会网络分析的反恐研究综述[J].信息工程大学学报,2021,22(1):87-93+118.

的跨亲缘和阶级的关系。在20世纪70年代以后,社会网络分析成为社会学中较具影响力的领域[1][2]。

近年来,社会网络分析在我国被广泛应用。Rim H等利用社会网络分析方法,考察了星巴克和百威啤酒在2017年响应唐纳德·特朗普总统的移民禁令时,抵制和支持这两个品牌的消费者所组成的网络结构[3];Gan C等以长江中下游城市群为例,采用旅游经济引力模型和社会网络分析方法,研究了旅游经济空间网络结构的特征[4];Sun L等应用多区域投入产出模型和社会网络分析方法估算了中国碳排放的转移网络[5];Yu XY以"长春长生疫苗事件"作为切入点,通过应用社会网络分析方法,研究了公共卫生紧急事件的网络舆论的传播特征[6];吴芸通过社会网络分析考察了政府牵头、其他不同组织合作进行公共治理的具体事例[7];胡改丽等通过社会网络分析对天涯论坛中关于浙江温岭虐童事件的舆论进行研究,分析并对比了该热点事件在不同演化阶段中的社会网络结构特征[8];王召兵等通过社会网络分析并结合聚类分析、多维尺度分析等手段,对CNKI引文数据库中的文献同被引情况进行了考察[9];姚睿琦等通过社会网络分析方法分析了金庸小说中人物的影响力和关系演变[10];杨辉等通过社会网络分析构建了微博"转基因食品"话题的传播网络,并对其网络结构进行定量研究[11]。罗强认为可以通过视频网站中的弹幕发送行为来确定用户之间的互动关系,构建了基于视频弹幕的社会网络,并对其进行了定量分析与研究[12]。

社会网络分析是对某一类群体中的社会关系进行研究的方法,因而社会网络分析

---

[1] 吴飞.社会传播网络分析——传播学研究的新进路[J].中国人民大学学报,2007(4):106-113.
[2] 侯梦利,孙国君,董作军.一篇社会网络分析法的应用综述[J].产业与科技论坛,2020,19(5):90-93.
[3] RIM H,LEE Y A,YOO S. Polarized public opinion responding to corporate social advocacy:Social network analysis of boycotters and advocators[J/OL]. Public Relations Review,2020,46(2):101869.[2024-05-11].https://www.sciencedivet.com./science/article/pii/S036381111930092x? via%3Dihub.
[4] GAN C,VODA M,WANG K,et al. Spatial network structure of the tourism economy in urban agglomeration:A social network analysis[J]. Journal of Hospitality and Tourism Management,2021,47:124-133.
[5] SUN L,QIN L,TAGHIZADEH-HESARY F,et al. Analyzing carbon emission transfer network structure among provinces in China:new evidence from social network analysis[J]. Environmental Science and Pollution Research International,2020,27:23281-23300.
[6] YU X Y. Analysis of online public opinion transmission structure and measurement of public health emergency based on SNA——Take 'Changchun changsheng problem vaccine event' as an example[J]. Frontiers,2021,2(5):282-289.
[7] 吴芸.公共治理中的社会网络分析[J].理论界,2014(1):166-170.
[8] 胡改丽,陈婷,陈福集.基于社会网络分析的网络热点事件传播主体研究[J].情报杂志,2015,34(1):127-133.
[9] 王召兵,陈燕,王标,等.期刊同被引的社会网络分析[J].现代情报,2011,31(4):77-81.
[10] 姚睿琦,张辉,姚云洪.社会网络分析方法在金庸小说人物关系中的应用研究[J].文献与数据学报,2021,3(3):68-80.
[11] 杨辉,尚智丛.微博科学传播机制的社会网络分析——以转基因食品议题为例[J].科学学研究,2015,33(3):337-346.
[12] 罗强.视频网站的社交网络分析挖掘[D].苏州:苏州大学,2021.

具有较为广泛的应用场景。社会网络中的关系可以通过各种形式来建立,例如支持或反对关系、合作关系和婚姻关系等。在互联网时代,最常见的建立关系的方式是社交平台点赞、转发和互相关注等,这些方式也是构建社会网络主要的方式。目前,社会网络中的关系构建方式正在随着社会的发展而变化。例如在视频网站兴起后,弹幕逐渐获得了年轻人的青睐,成为了一种新的用户互动方式,因此通过用户在弹幕中的互动行为来建立社会网络成为了一种新的社会网络构建形式。但是,尽管社会网络分析的对象各有不同,但社会网络分析的方法大同小异,基本可以概括为社会网络的构建、社会网络的可视化、社会网络的中心性分析、社会网络中的社区检测等四个主要的核心步骤,下文将详细讲解。

第二节　社会网络分析的典型应用

社会网络分析具有广泛的应用范围,已经在多个传统领域中获得应用,例如卫生、教育和社交平台等。本节首先梳理社会网络分析的一般过程,以便从整体上介绍社会网络分析的流程。而后,分别以"新冠政策性文件的发文主体之间的关系网络""武汉某中学初一班级学生的社交关系网络""社交平台中的诈骗团伙识别"三个例子对社会网络分析在卫生、教育和社交平台中的应用展开介绍。

一、社会网络分析的一般过程

面对不同的具体任务,社会网络分析的步骤和方法也不尽相同,但大体上可以将分析过程总结为七个步骤,包括明确研究问题、数据收集、数据预处理、构建邻接矩阵、社会网络的生成与可视化、中心性分析和网络社区检测。

(一)明确研究问题

首先,应当明确待研究问题的目的和意义,明确该问题所涉及的范畴,分析在此范畴内各社会行动者的类型及其之间的关系类型。例如,在本章案例导入中的基于弹幕抽取构建的社会网络中,待研究问题的目的和意义是抽取弹幕中的用户互动关系,并识别出弹幕互动行为中的关键用户;问题所涉及的范畴为某电影的弹幕评论内容;在此范畴内,各社会行动者的类型均为网站用户,他们之间的关系均为通过对同一内容发送弹幕而产生的互动关系。

(二)数据收集

数据是进行科学研究的必需品,其质量和数量是数据收集的重要指标。诚然,收集到的数据质量越高、数量越多,越有利于提高对社会网络分析方法运用的有效性。然而在实际应用过程中,通常会出现"鱼与熊掌不可兼得"的情况,在这种情况下大多数用户会首先选择保证数据的质量,其次是数据的数量。

关于收集数据的方式,可采用问卷调查或网络爬虫的方法。问卷调查作为一种收集数据的传统方式,需要精心设计问卷并发放问卷,同时还要对已经收集的问卷数据进行筛选和甄别。传统的问卷调查方法造成了大量的人力、物力和时间消耗。近年来,互联网在我国实现了飞跃式发展,据第51次《中国互联网络发展状况统计报告》显示,我国网民数量已达到10.67亿。庞大的网民数量造就了网络平台的繁荣,论坛中大量的活跃用户为社会网络分析留下了充足的可利用的数据。在这种情况下,近年来的社会网络分析研究大都围绕着网络平台(如微博、百度贴吧等)中的用户评论数据所展开,而采用网络爬虫在网络平台爬取大量研究数据的方法也顺势成为数据收集过程中被广泛使用的方式。在接下来的内容中,将重点针对运用网络爬虫方法为收集数据的方式来展开讲解。

(三)数据预处理

在网络环境中,利用爬虫收集的数据通常是杂乱无章的,所以需要对数据进行预处理,即将数据整理成便于后续操作的形式。例如,在某研究任务中,在抓取到用户群体对某一话题的评论后,通常需要对评论文本运用分词、去除停用词、统计高频词等文本分析方法来对数据进行预处理。

(四)构建邻接矩阵

邻接矩阵(Adjacency Matrix)是表示结点之间相邻关系的矩阵。它是线性代数中的方阵,可用于表示社会网络关系,是图中的每一个结点以及结点间的连接关系的体现。

邻接矩阵与图具有一一对应的关系,邻接矩阵是矩阵化的图,图是网络化的邻接矩阵。邻接矩阵内含结点和边的信息,是生成图结构的重要参数,因此构建邻接矩阵是生成社会网络的必要步骤。为便于说明,将图6-1转换为邻接矩阵形式,如表6-1所示。

表6-1 邻接矩阵

结点＼结点	1	2	3	4
1	0	1	0	0
2	1	0	1	1
3	0	1	0	1
4	0	1	1	0

在表6-1中,第一行代表结点1、2、3和4,第一列同样代表结点1、2、3和4。在表格其他部分中,数值为1代表两结点间存在边,0则表示不存在。如图6-1中,结点1与结点2之间有边,则对应到表6-1中结点1所在的行与结点2所在的列交叉处的值为1;结点2与结点3、结点4之间有边,因此在表6-1中第3行与第4列和第5列交叉处的值为1,纵列亦然。

可以直观地发现表6-1所呈现的矩阵是一个对称矩阵,这是因为图6-1所示的网络是无向图(Undirected Graph),即任意两个结点间的边是没有方向的,所以<1,2>和<2,1>两个元素的数值均为1。

与无向图相对,有向图(Directed Graph)意味着连接结点的边具有方向,为便于与无向图区分,我们将图6-1改造成一个有向图,如图6-3所示。

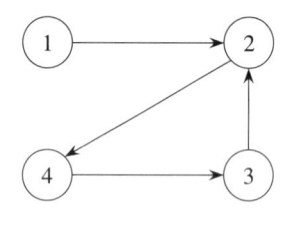

图6-3 有向图示例

显而易见,图6-3在图6-1的基础上为结点之间的边添加了方向。如上文所述,邻接矩阵与图具有一一对应的关系,因此图6-3对应的邻接矩阵与表6-1有明显不同,如表6-2所示。

表6-2 有向图对应的邻接矩阵形式

结点\结点	1	2	3	4
1	0	1	0	0
2	0	0	0	1
3	0	1	0	0
4	0	0	1	0

由此可见,表6-2所呈现的邻接矩阵不再是一个对称矩阵,因为连接结点之间的边已具有方向。此时边<1,2>数值为1,而边<2,1>数值为0,表示存在一条由结点1指向结点2的边,但不存在一条由结点2指向结点1的边。

至此,本小节已讨论了无向图和有向图的邻接矩阵表示形式,但目前的讨论仍然仅停留在衡量结点之间是否存在边的问题上。在社会网络中,边象征着两个结点之间所具有的关系,通常情况下研究者只需要关注结点之间的联系是否存在,但有时也要考察边的权重,即结点之间的紧密程度。因此,可为边增添权重属性(范围为1~10),以表示每条边的重要程度,如图6-4所示是一幅带权无向图(Weighted Undirected Graph)。

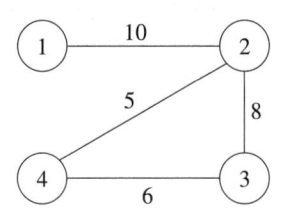

图6-4 带权无向图示例

如图6-4所示,图中每条边不仅表示两结点间所具有的联系,而且量化了联系的重要程度。带权无向图的邻接矩阵表示如表6-3所示。在带权无向图的邻接矩阵中,用权重值代替表示边存在的数值1,边不存在的情况仍用数值0表示。

表6-3　带权无向图对应的邻接矩阵形式

结点＼结点	1	2	3	4
1	0	10	0	0
2	10	0	8	5
3	0	8	0	6
4	0	5	6	0

在某一研究任务中，若仅需记录结点之间是否存在联系，则可使用无权重图；若不仅需要记录结点之间是否存在联系，而且需量化联系的强弱，则可应用带权图。例如，要记录某个学者群体间的合作关系，则只需要记录某两位（或多位）学者之间是否有过合作即可，因此可以应用无权重图；如果在记录学者间合作关系的基础上还需量化合作关系的强弱，则可将两位（或多位）学者共同出现在一篇论文（或其他成果）中的次数作为他们之间边的权重，这时便可使用带权图。

图6-2所表示的社会网络图的邻接矩阵与图6-4有所不同，边所承载的信息并不是权重而是关系类型，其邻接矩阵表示如表6-4所示。

表6-4　亲情社会网络对应的邻接矩阵表示

结点＼结点	父亲	母亲	孩子
父亲	0	夫妻	父子/父女
母亲	夫妻	0	母子/母女
孩子	父子/父女	母子/母女	0

表6-4所呈现的邻接矩阵用文字形式表示结点间的关系，这便于人脑的理解，但并不适合计算机对其进行处理。由此，可以将"夫妻"关系表示为1，将"父子/父女"关系表示为2，将"母子/母女"关系表示为3，如此便将邻接矩阵对应到表6-5所示的形式。在此处，邻接矩阵中每条边的数值大小并不代表其权重大小，而仅是作为结点间关系种类的区分。

表6-5 亲情社会网络对应邻接矩阵的数字表示形式

结点＼结点	父亲	母亲	孩子
父亲	0	1	2
母亲	1	0	3
孩子	2	3	0

(五)社会网络的生成与可视化

网络图可根据邻接矩阵由社会网络分析软件生成,常见的软件有Ucinet、Gephi、NetMiner、Pajek、Iknow、ultieNet等[①],也可以利用Python中Networkx软件包提供的相关方法编写程序,以实现更加灵活的处理方式。在这里,主要介绍Ucinet、Gephi以及Python中Networkx软件包三种分析工具。

1.Ucinet

Ucinet是一款非开源商业软件,最初是加州大学欧文分校(University of California at Irvine)的L. Freeman编写完成的,其后续功能主要由美国波士顿大学(Boston University)的S. Borgattih和英国威斯敏斯特大学(University of Westminster)的M. Everett等人进行扩展[②]。

Ucinet可以对1-模网络和2-模网络进行处理分析,其中1-模网络是指网络中各结点均来自同一个行动者集体,2-模网络指网络中结点来自两个不同的行动者集体。Ucinet集成了NetDraw软件的功能,可对一维或二维数据进行统计和可视化分析,其中NetDraw是一款由美国肯塔基州立大学教授Steve Borgatti开发的一款社会网络分析软件,Ucinet的网络结构可视化功能正是通过集成NetDraw来实现的。此外,Ucinet还集成了三维图形展示分析软件MAGE以及专为处理大型数据集而开发的网络分析和可视化软件Pajek。以上特性使得Ucinet在网络结构可视化和用户交互性探索两个方面具有良好的效果[12]。假设存在如表6-6所示的邻接矩阵,接下来以此矩阵为例展示Ucinet所生成社会网络图的效果。用数值1代表两位同学是朋友关系,数值0代表两位同学是非朋友关系。

---

① 邓君,马晓君,毕强.社会网络分析工具Ucinet和Gephi的比较研究[J].情报理论与实践,2014,37(8):133-138.
② 梁辰,徐健.社会网络可视化的技术方法与工具研究[J].现代图书情报技术,2012,219(5):7-15.

表6-6 "朋友圈"邻接矩阵表示

结点＼结点	李闯	陈亮	李华	徐友之	秦明	王燕
李闯	0	1	1	1	1	1
陈亮	1	0	0	0	0	0
李华	1	0	0	1	0	1
徐友之	1	0	1	0	1	0
秦明	1	0	0	1	0	1
王燕	1	0	1	0	1	0

Ucinet可以直接导入Excel表格文件或TXT文本文件。这里选择将上表的Excel形式导入Ucinet得到对应社会网络图,如图6-5所示,可见Ucinet具有较好的可视化效果。

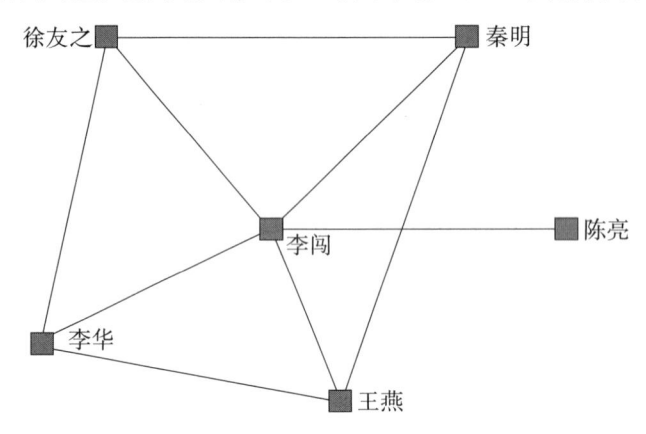

图6-5 "朋友圈"社会网络Ucinet效果图

2.Gephi

Gephi是一款开源软件,截至2022年7月29日,已有来自世界各地的70余位工程师和科学家为Gephi软件的演化发展作出贡献。源代码可在Github网站中的Gephi仓库(https://github.com/gephi/gephi)获取。Gephi的愿景是成为"数据可视化领域的Photoshop",通过Gephi可生成比Ucinet更加精美绚丽的社会网络图[①]。此处,仍然使用表6-6所示邻接矩阵作为示例,结果如图6-6所示。

---

① 梁辰,徐健.社会网络可视化的技术方法与工具研究[J].现代图书情报技术,2012,219(5):7-15.

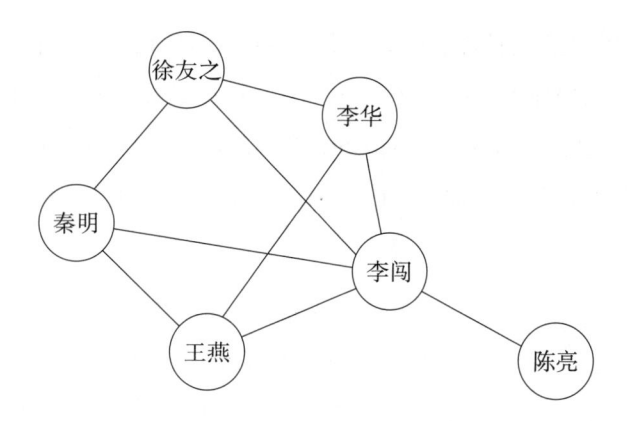

图6-6 "朋友圈"社会网络Gephi效果图

3.Networkx

Networkx是Python的开源类库,提供了有关社会网络分析的一系列操作和方法,具有跨平台、易扩展等特点。Networkx本身并不具备可视化功能,但与Matplotlib类库相结合便可实现良好的数据可视化效果。与Ucinet、Gephi等现成软件不同的是,Networkx无法被直接操作,需要通过编写Python程序调用其提供的方法以组合成一个完整的社会网络分析程序,以便于针对特定类型的研究任务开发针对性更强的程序。此处,仍以表6-6为例,生成的社会网络图如图6-7所示。

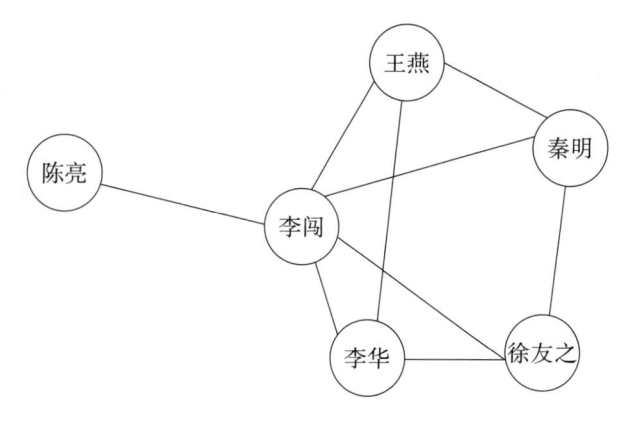

图6-7 "朋友圈"社会网络Networkx效果图

(六)中心性分析

在生成网络并将其可视化之后,研究者可在此基础上寻找到网络中最重要的、最有影响力的结点。中心性(Centrality),又称中心度,便是这样一个概念,它衡量了一个结点在整个网络结构中的重要性和影响力。中心性包括多种具体的测量指标,如度中心性(Degree Centrality)、中介中心性(Betweenness Centrality)、接近中心性(Closeness Centrality)、特征向量中心性(Eigenvector Centrality)和马尔可夫中心性(Markov Centrality)等[1]。在此主要介绍较为常用的度中心性、中介中心性和接近中心性[2]。

1. 度中心性

在图论中,图中结点所具有的边数称为结点的度。以图6-1所示的无向图为例,结点1的度为1。以此类推,结点2的度为3,结点3的度为2,结点4的度为2。若涉及有向图,因边已经具备了方向,故可将结点的度分为入度和出度。入度即进入该结点的边的数目,出度即离开该结点的边的数目。在图6-3所示的有向图中,结点1的入度为0,出度为1;结点2的入度为2,出度为1;结点3的入度为1,出度为1;结点4的入度为1,出度为1。

度中心性的思想便是,与某一结点直接相连的结点数目越多,即某结点的度越大,则该结点越重要。在图6-1中,结点2的度最大,故结点2最重要。结点2代表了网络中与其他结点产生最多联系的个体,如朋友圈中的"社交达人"。

可将度中心性的思想转换为数学公式,如下所示。

$$C_D(N_i)=\sum_{j=1}^{n}e_{ij},(i\neq j) \tag{6-1}$$

其中,$C_D(N_i)$表示结点i的度中心性,N_i为第i个结点,n表示网络中的结点数目(即最大的结点编号),e_{ij}表示结点i与j之间是否存在边,存在则为1,不存在则为0。例如,在图6-1中,结点1的度中心性计算过程为$C_D(N_1)=\sum_{j=1}^{4}e_{ij}=e_{12}+e_{13}+e_{14}=1+0+0=1$,因此结点1的度中心性为1。

对于带权无向图,则应当以结点所具有的边的权重作为依据来计算,计算公式如下所示。

$$C_D(N_i)=\sum_{j=1}^{n}w_{ij},(i\neq j) \tag{6-2}$$

其中,w_{ij}表示结点i与j之间边的权重,若i与j之间不存在边则为0。

由于有向图的边相较于无向图增加了方向的区分,对结点而言也增添了"入"与

---

[1] 吴思竹,张智雄.网络中心度计算方法研究综述[J].图书情报工作,2010,54(18):107-110+148.
[2] 吴晓伟,徐福缘,宋文官.基于人际网络节点中心度的竞争对手分析[J].情报学报,2006,25(1):122-128.

"出"的分别。因此,在有向图中,度中心性被进一步细分为入度中心性和出度中心性,其对应公式如下所示。

$$C_D^{in}(N_i)=\sum_{j=1}^{n}e_{ij}^{in},(i\neq j) \qquad (6-3)$$

$$C_D^{out}(N_i)=\sum_{j=1}^{n}e_{ij}^{out},(i\neq j) \qquad (6-4)$$

与带权无向图类似,带权有向图的计算公式如下所示。

$$C_D^{in}(N_i)=\sum_{j=1}^{n}w_{ij}^{in},(i\neq j) \qquad (6-5)$$

$$C_D^{out}(N_i)=\sum_{j=1}^{n}w_{ij}^{out},(i\neq j) \qquad (6-6)$$

由公式或定义均可直观地分析出,一个结点的度中心性大小与该结点直接相连的其他结点的数目直接相关。由此看来,度中心性的数值大小便没有上限,即网络规模越大,则度中心性可能的最大值越大。归一化方法被用于消除网络规模对度中心性的影响,公式如下所示。

$$C_D'(N_i)=\frac{\sum_{j=1}^{n}e_{ij}}{n-1},(i\neq j) \qquad (6-7)$$

该公式对应为无向图的情况,对于有向图、带权无向图和带权有向图的情形,归一化公式与上式同理,均需除以n-1(除结点i之外的其他结点数),在此不做赘述。

继续以图6-1为例,结点1归一化后度中心性为1/3=0.33,结点2为1,结点3为0.67,结点4为0.67。无论结点数n为何值,均可将度中心性通过归一化映射到[0,1]中。

2.中介中心性

仍以图6-1所示为例,可以直观地观察到结点1与结点3之间是没有边相连接的,但二者之间仍能通过结点2产生联系,这时结点2便是结点1与结点3的"中介"。

在一个网络中,最短路径(Shortest Paths)是指从一个结点到另一个结点的所有通路中权重总和(路径长度)最小的通路。在非带权图中,默认所有边的权重相等,因此最短路径表现为所有通路中途经边数最少的或途经结点最少的通路,如结点3到结点4有两条通路,分别为3—4和3—2—4,显然3—4是最短路径;在带权图中,由于各边权重不等,因此最短路径表现为所有通路中权重最小的通路,如图6-8所示,结点2到结点3的最短路径并非 2—3,而是 2—1—3,因为前者路径长度为 5,而后者路径长度为 3。

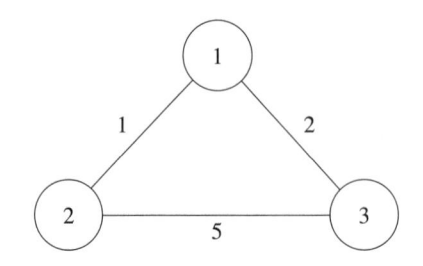

图 6-8 带权图最短路径示例

基于最短路径的概念,中介中心性可定义为:一个结点被网络中所有最短路径途经的次数。中介中心性越高的结点,对所在最短路径的控制力越强,影响力越大。

要计算中介中心性,应当先理清网络中所有的最短路径,图 6-1 所示的最短路径有:1—2,1—2—3,1—2—4,2—3,2—4,3—4。其中,结点 2 被最短路径经过的次数有 1—2—3 和 1—2—4,因此中介中心性为 2;以此类推,结点 1、结点 3 和结点 4 的中介中心性均为 0。

在图 6-3 所示的有向图中,最短路径分别为:1→2,1→2→4,1→2→4→3,2→4,2→4→3,3→2,3→2→4,4→3,4→3→2。通过与图 6-1 所示无向图中的最短路径对比,有向图会出现不存在的通路,例如结点 2 到结点 1 的通路便不存在。对应各结点的中介中心性为:结点 1 为 0,结点 2 为 3,结点 3 为 1,结点 4 为 2。

定义如下函数,用以表示从结点 j 到结点 k 的最短路径是否经过结点 i:

$$F_i(x_{jk}) = \begin{cases} 0, & \text{若 } j \text{ 到 } k \text{ 的最短路径不经过 } i \text{ 结点} \\ 1, & \text{若 } j \text{ 到 } k \text{ 的最短路径经过 } i \text{ 结点} \end{cases}$$

对于无向图中各结点的中介中心性有如下公式:

$$C_B(N_i) = \frac{\sum_{j=1}^{n}\sum_{k=1}^{n}\lambda_{jk}^i F_i(x_{jk})}{2}, \quad (j \neq i, k \neq i, j \neq k) \tag{6-8}$$

其中,$C_B(N_i)$ 表示第 i 个结点的中介中心性,N_i 表示第 i 个结点,$F_i(x_{jk})$ 表示结点 j 到 k 的最短路径是否途经 i,而 λ_{jk}^i 则表示在结点 j 到 k 的所有最短路径中,途经 i 的最短路径所占的比值。例如,若结点 j 到 k 有三条等长的最短路径,且有两条途经结点 i,则 $\lambda_{jk}^i = 2/3 = 0.67$。在上述所列举的图 6-1 和图 6-3 的例子中,任意两结点之间均只存在一条最短路径,所以有 $\lambda_{jk}^i = 1$。因无向图中没有方向可言,例如结点 1 到结点 4 的最短路径与结点 4

到结点1的是同一条路径,分子的加和公式却将同一条路径计算了两次,所以需要除以2。

同理,对于有向图中各结点的中介中心性有如下公式:

$$C_B(N_i) = \sum_{j=1}^{n}\sum_{k=1}^{n}\lambda_{jk}^{i}F_i(x_{jk}), (j \neq i, k \neq i, j \neq k) \qquad (6-9)$$

中介中心性同样可以进行归一化,此处以图6-1中的结点2为例,如上所述,结点2的中介中心性为2,而没有结点2参与(即结点2不作为出发或到达结点)的最短路径为3条,所以结点2的中介中心性归一化后为2/3=0.67。

3.接近中心性

接近中心性衡量的是一个结点与网络中所有其他结点的接近程度。接近中心性越高,说明该结点与其他结点距离越近,越不容易受到其他结点约束[1]。具有最高接近中心性的结点往往是整个网络结构的拓扑中心[2],对应于现实生活中的市中心商业区或某地的交通枢纽。

接近中心性的计算公式如下[3]:

$$C_C(N_i) = \frac{1}{\sum_{j=1}^{n} x_{ij}}, (i \neq j) \qquad (6-10)$$

其中,$C_C(N_i)$表示第i个结点的接近中心性,N_i表示第i个结点,x_{ij}表示结点i与j之间的最短路径长度,$\sum_{j=1}^{n} x_{ij}$表示结点i到网络中其他结点的最短路径长度之和。

接近中心性的归一化计算公式如下:

$$C'_C(N_i) = \frac{n-1}{\sum_{j=1}^{n} x_{ij}}, (i \neq j) \qquad (6-11)$$

其中,n为网络中结点总数。

对于无向图的情况,以图6-1中的结点2举例说明,结点2到其他三个结点的最短路径长度均为1,所以结点2的接近中心性为1/3=0.33,将结点2的接近中心性归一化后值为1,这一数据说明结点2是图6-1所示网络的交通枢纽,是整个网络结构的咽喉要地。

---

[1] 杨辉,尚智丛.微博科学传播机制的社会网络分析——以转基因食品议题为例[J].科学学研究,2015,33(3):337-346.
[2] 黄金山,张成强.复杂网络中心度在物流配送网络中的应用研究[J].物流技术,2013,32(6):108-111.
[3] 党亚茹,彭丽娜.基于复杂网络中心度的航空货运网络层级结构[J].交通运输系统工程与信息,2012,12(3):109-114.

对于有向图的情况,与无向图计算方式同理。需要注意的是,按上述定义进行计算仅仅只是用到了所计算结点的出度,而没有用到入度,因为计算的是该结点到其他所有结点的最短距离,而非其他结点到该结点的最短距离。可据此将有向图的接近中心性分为两类:出接近中心性和入接近中心性,它们分别体现了结点的整合力和辐射力。另外,接近中心性并不适用于非连通图(即图中存在无法到达的结点)的情况,如图6-3中不存在由任何一个结点出发能到达结点1的情况,因为不存在通向结点1的通路。但接近中心性对于非连通图中的连通部分,如图6-3中由结点2、3和4组成的连通子图,仍然是适用的。

(七)网络社区检测

社区(Community),或称社群、社团、子群和子网,是指网络中一些结点由于联系紧密而形成的次级团体[1]。社区内的结点相互之间联系紧密,而与社区外的结点联系稀疏。通过检测整个网络结构,将网络中的各个潜在的社区挖掘出来的过程,便是社区检测(Community Detection)。

近年来,社区检测算法备受关注,现已发展出了上百种算法,可分为两类:第一类算法要求研究者事先指定需要生成的社区个数k,然后算法根据研究者的指示,将网络划分为k个社区并呈现给研究者,例如Girvan-Newman社区检测算法;第二类算法不要求研究者事先指定需要生成的社区个数k,而是自动设定一个衡量社区划分优劣的评价指标,通过不断尝试多种社区划分方法,直至找到能够使评价指标最优的划分方式[2],例如Louvain社区检测算法。由于第一类算法需要事先指定待生成的社区个数k,因此结果带有较强的主观性。而第二类算法通过不断优化评价指标的方式来划分社区,成功地避免了这一缺点。Louvain社区检测算法具有较高划分精准度,可以有效识别网络中有层次的社区结构,是目前速度最快、应用最广泛的社区检测算法之一[3][4]。Louvain社区检测算法的评价指标是模块度,社区内的结点之间联系越紧密并且与社区外的其他结点之间联系越稀疏,模块度越大。Louvain社区检测算法正是通过不断优化模块度的数值,使其达到所能取得的最大值,来确定最终的社区划分结果[5]。针对表6-6所示邻接矩阵

---

[1] 杨辉,尚智丛.微博科学传播机制的社会网络分析——以转基因食品议题为例[J].科学学研究,2015,(3):337-346.
[2] 宁懿昕,谢辉,姜火文.图神经网络社区发现研究综述[J].计算机科学,2021,48(11A):11-16.
[3] 张子乔.基于Louvain算法的社团结构划分[D].上海:华东师范大学,2018.
[4] 徐进,邓乐龄.基于Louvain算法的铁路旅客社会网络社区划分研究[J].山东农业大学学报(自然科学版),2018,49(4):722-725.
[5] 李沐南.Louvain算法在社区挖掘中的研究与实现[D].北京:中国石油大学(北京),2016.

对应的"朋友圈"社会网络,使用Louvain社区检测算法的效果如图6-9所示(扫描二维码看到的彩图中,不同颜色表示不同社区)。

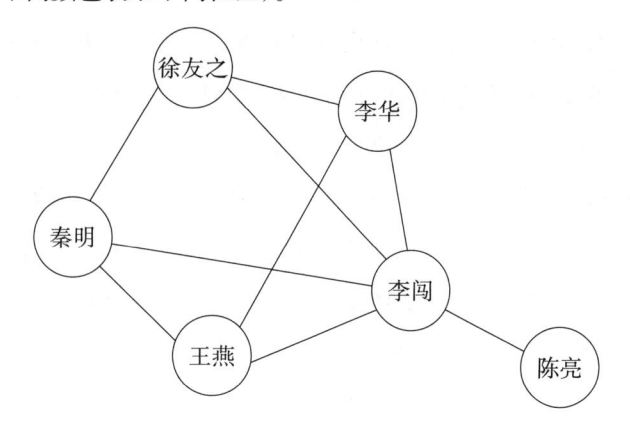

图6-9　Louvain社区检测结果

二、卫生领域的应用

卫生健康问题一直是广大民众所关心的重要问题。近年来,随着计算机技术的不断发展以及老龄化的日趋加深,社会网络分析在卫生领域的相关研究也日益增多。相比于传统的将研究对象从社会背景(或社会关系)中抽离出来,然后对其相关属性进行分析的方法,社会网络分析方法为研究卫生领域中的各个卫生实体(例如医院、政府相关部门、制药企业、患者等)之间的关系提供了新的思路[①]。

在本章第一节的第一小节"社会网络的基本概念"中已经叙述过,社会网络主要由代表社会行动者的网络结点和代表社会行动者之间关系的边构成,即"社会网络=社会行动者+关系"。事实上,由于任何组织内部必然包含社会行动者,他们可能是个人、企业、政府部门等单位,甚至可能是国家。而关系(联系)本身具有普遍性和客观性,所以组织内各社会行动者之间必然具有联系,因而社会网络也具有一定的普遍性和客观性,任何组织内部都有社会网络的存在。相比于结点,社会网络分析更加侧重于"关系"而非"结点",而卫生领域恰好存在大量"关系"值得研究和探讨,特别是公共卫生应急管理、传染病及疫情传播、医疗卫生系统优化以及处理医患关系等课题[②]。

---

① 黄崑,王文娟,徐程.社会网络分析在卫生领域的应用[J].公共管理与政策评论,2019(1):20-30.
② 曹海军,陈宇奇.社会网络分析在医疗和公共卫生中的应用[J].中国公共卫生,2020,36(3):398-403.

通过社会网络分析方法,王于心对新冠政策性文件的发文主体之间的合作关系进行了分析[①]。由于新冠政策性文件大多为多个政府部门联合署名发布,因此在政策发布方面各政府部门之间存在合作关系。作者对102项联合发布的新冠政策性文件进行处理,挖掘其所涉及的60个部门之间的合作关系,构建了"新冠政策发文机构合作网络"并对其进行可视化呈现。本小节仅截取"新冠政策发文机构合作网络"中的关键结点之间的合作关系进行举例说明,如图6-10所示。在图中,"国家卫生健康委员会"与每一个结点均直接相连,因此该结点具有最大的度中心性和接近中心性。由于网络中的任何一条最短路径均需经过"国家卫生健康委员会"结点,因此该结点也具备整个网络中最大的中介中心性。显然,在"新冠政策发文机构合作网络"中"国家卫生健康委员会"扮演着最为重要的角色。

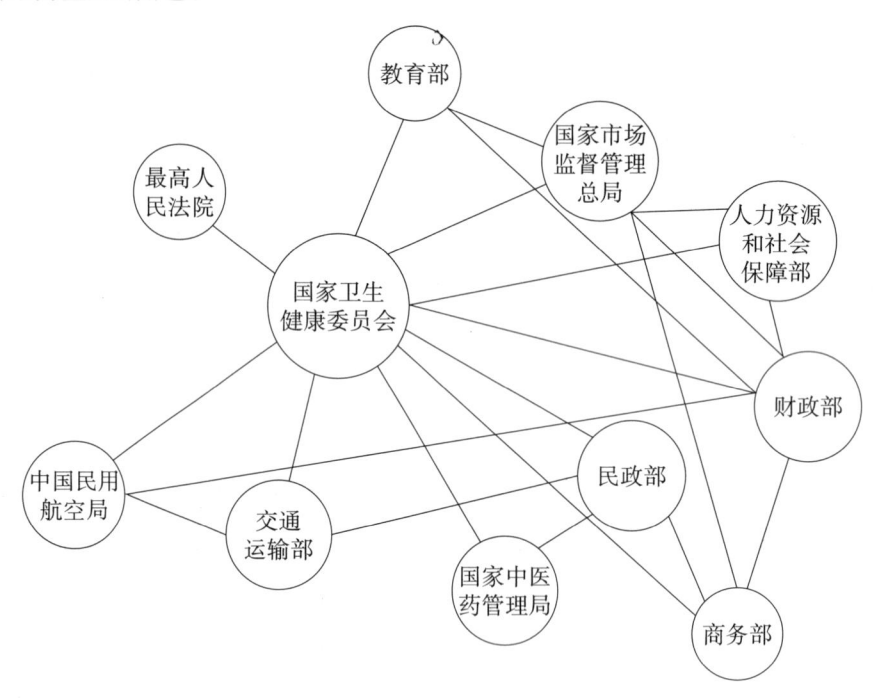

图6-10 新冠政策发文机构合作网络

除此之外,作者还对不同时间段的新冠政策性文件的关注焦点,通过构建"主体—主题"2-模网络进行了分析。按2021年6月7日由国务院新闻办公室发布的《抗击新冠肺炎疫情的中国行动》中时间段的划分,作者将新冠政策文件划分为六个时间区间,即1

---

① 王于心.计量视角下突发公共卫生事件政策分析——以新冠肺炎疫情为例[D].大原:山西医科大学,2021.

月、2月、3月、4月、5—8月和9—12月。作者认为文章标题是对整篇文章核心内容的高度概括，因此对政策性文件标题的统计与分析可等效于对整个政策性文件的统计与分析。在具体实施过程中，首先，作者利用Python中的Jieba分词模块将新冠政策性文件的标题从一个句子切分为多个词语（即分词操作）；然后，删除"一切""的"等实际意义不大或无意义的词汇，并将文件标题中剩下的有实际意义的词汇作为该文件的关键词；最终，以发布新冠政策性文件的各个部门为单位，分别统计关键词的词频，构建"主体-主题"2-模网络并实现其可视化。图6-10截取了"主体-主题"2-模网络的一个较为简单的局部以进行展示。图6-11所示的网络与传统社会网络略有不同，该网络中的结点有两种类型：代表新冠政策性文件发布主体的主体结点和代表新冠政策性文件关键词的主题结点。因为新冠政策性文件由政府部门（即新冠政策性文件发布主体）发布，所以主题结点与政府部门之间存在联系。由于主体结点来自政府部门类别，而主题结点来自关键词类别，因此根据两类结点之间的关系所构建而成的网络是一个2-模网络。通过图6-11所示的"主体-主题"2-模网络可以发现，"预防与控制"结点在所有主题结点中具有最大的度中心性，说明"预防与控制"是大多数部门的关注焦点，其次是"金融"主题。在该局部示例图中，"国家卫生健康委员会"结点和"财政部"结点在主体结点中具有最大的度中心性，说明这两个部门在新冠政策性文件的发布中，相较于中国人民银行、交通运输部等，具有更高的活跃程度。

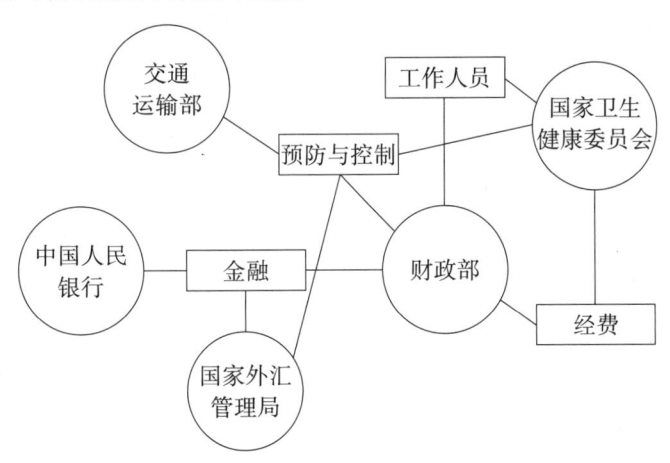

图6-11 "主体-主题"2-模网络简单局部示例

教育领域和社交平台的应用

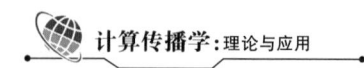

第三节　社会网络分析在计算传播研究中的应用

社会网络分析在计算传播研究中具有重要意义，通过该方法可以迅速确定传播过程中发挥着关键作用的用户结点，并且可以快速确定参与传播过程的用户中所存在的小团体个数。总之，社会网络分析是从结构层面来分析传播过程的。

一、社群识别

当某一事件的信息在互联网上广泛传播时，它可能被任何一个个体转载，而某一个体转载的信息又可能被其他个体（粉丝、朋友或亲人等）转载。在网络中，所有参与该事件讨论的人构成了该事件的信息传播者群体。事实上，信息传播者之间并不是同一的，他们或就某一观点表达肯定，或在转载的同时发出了自己独到的声音，确切地说，整个围绕着该事件所形成的信息传播者群体中，存在着不同的、大小不一的、充满个性的次级群体，或称社群、社区或小团体。显而易见，这种小团体的存在将会对信息传播产生重要的影响，因而准确识别信息传播者群体中的小团体具有重要意义。

正如上一节中"社会网络分析的一般过程"部分所述，若是构建一个能够刻画信息传播者之间相互关系的社会网络，便可通过社区检测算法识别出社会网络中的社区，即识别出信息传播者中存在的小团体。在众多社区检测算法中，Louvain社区检测算法应用最为广泛，其原因已在本章第二节"社会网络分析的典型应用"的第一小节"社会网络分析的一般过程"中的"网络社区检测"部分有所说明。前面所介绍的Python第三方库Networkx便直接提供了Louvain社区检测算法的函数（方法），用户通过调用该函数可以很容易地对某一个社会网络进行社区检测并得到结果。

二、"意见领袖"识别

在20世纪40年代，美国社会学家Lazarsfeld在美国大选中发现大众传媒对选民的影响并非是直接的，甚至不能左右选民的态度。相比之下，选民身边其他个体的态度对选民的投票意向具有更大影响。基于此现象,Lazarsfeld提出了著名的"两级传播理论",意见领袖的概念也由此而生。两级传播理论认为,信息的传播是首先经由大众传媒传播至意见领袖处,再由意见领袖传播至公众处的过程。意见领袖作为传播过程的中间人,在将信息传播至公众视野的过程中不可避免地会在其中掺杂其个人意志。这毫无疑问将会对信息做出一定程度的加工,这种加工或是微小的,或是巨大的,有时甚至是相反的。但无论信息在传播过程中发生了怎样的改变,这一现象无疑昭示了意见领袖在传播过程中所发挥的巨大作用。因此,如何识别意见领袖便成为了认识传播过程并控制舆论传播的重要课题。例如,Kwok N等提出了一个基于社会网络的过程模型,通过领导者角色认同来预测网络中心性,从而有助于领导者的出现和发掘[1]。

意见领袖无疑应当是社会网络中最具影响力的结点,而上文已经叙述过,结点的中心性是衡量其重要性的指标,这一点与意见领袖所具有的高影响力特征不谋而合。因此,基于社会网络分析的意见领袖识别是借助社会网络中的中心性这一度量指标实现的。一般情况下,某一网络事件的意见领袖会在多个中心性指标上排名前列,甚至是在全部中心性指标上排名前列。万钰珏等基于社会网络分析对湖北十堰市张湾区艳湖小区燃气爆炸事故所引发的网络舆论进行了分析,通过计算该事件的社会网络中各结点的中心性,并进行对比分析,识别出了具有较大影响力的媒体结点[2](事实上,互联网的发展拉近了两级传播理论中的大众媒体与公众的距离,所以在一定程度上大众媒体也充当了意见领袖的角色)。

第四节 Python与社会网络分析典型案例

前三节内容从社会网络分析的一般过程、在传统领域中的典型应用以及在计算传播研究中的应用三个方面对社会网络分析进行了介绍。本节将从实践的角度,通过Python代码的编写以及社会网络分析软件的使用,给出社会网络分析典型案例的具体实

---

[1] KWOK N,HANIG S,BROWN D J,et al. How leader role identity influences the process of leader emergence:A social network analysis[J]. The Leadership Quarterly,2018,29(6):648-662.
[2] 万钰珏,李世银,房子豪,等.基于SNA的突发事件网络舆情意见领袖传播影响力[J].西安科技大学学报,2022,42(2):290-298.

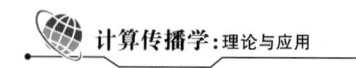

现。本节所构建的社会网络是从某视频网站的弹幕中提取的,它反映了电影观众通过发送弹幕来对同一视频片段进行讨论的互动关系。

一、案例描述

本节通过一个具体实例来展示社会网络分析的一般步骤。通常情况下,社会网络是依据社交媒体平台中用户之间的关注关系、转发关系和点赞关系等建立的,而针对用户在视频弹幕中的互动行为所构建的社会网络并不多见。

弹幕是一种"视频实时评论",用户可以在观看视频的同时发送评论消息,因其在视频播放时像"大量子弹飞过屏幕"而得名"弹幕"。哔哩哔哩股份有限公司报告显示,截至2022年第三季度,国内最大的弹幕视频网站Bilibili的月均活跃用户数量已达到了3.33亿,可见弹幕所具备的庞大用户基数。与传统评论不同的是,弹幕评论可以在视频的播放过程中实时呈现,不仅改善了用户的观影体验,也能增进用户之间的互动关系,因此弹幕中也存在着基于用户互动关系的社会网络。由于弹幕在用户的观看过程中实时呈现,因此在同一时间段内的弹幕所讨论的内容是相同的[①],即同一时间段内的弹幕发送者之间存在着互动关系。本节将基于弹幕文本构建社会网络并进行中心性分析和社区检测,随后将结果可视化呈现,最后给出核心代码。

二、社会网络分析

案例选取从某著名弹幕网站中的经典动漫电影《你的名字》作为分析对象,抽取用户互动关系,从中构建社会网络并进行分析。该动漫电影上映于2016年,在某网站中已经收获了1.1亿次播放、121.5万点赞,累积的弹幕数量已达到230万条。

在对案例有了一个基本的认识后,便需要获取电影弹幕数据来进行分析,这一过程可以通过爬虫技术来实现。网络爬虫可通过自动化的方式,代替人工从指定网站中采集信息,避免了人工采集所耗费的人力、物力和时间成本。本节在获取到的弹幕数据中进一步甄选了9600条作为实现案例的分析数据,如图6-13所示。在图6-13中,每一

[①] WU F M, LYU G Y, LIU Q, et al. Deep semantic representation of Time-Sync comments for videos[J]. Journal of Computer Research and Development, 2019, 56(2): 293-305.

行均代表了视频中的一条完整的弹幕数据。可以直观地观察到,除了弹幕的文本内容之外,弹幕数据中还有若干附件信息,即弹幕参数。弹幕参数以逗号分隔,从左至右依次表示弹幕在视频中出现的时间、弹幕模式、弹幕字号、弹幕颜色、弹幕发布时间、弹幕池、弹幕发送者ID的哈希值和弹幕在数据库中的rowID。这些参数的含义分别是[①]:

弹幕在视频中出现的时间:自视频播放开始计时,单位为秒;

弹幕模式:不同数值分别对应不同的弹幕出现位置和滚动方式,例如数值1~3代表滚动弹幕、4代表底端弹幕、5代表顶端弹幕、6代表逆向弹幕、7代表精准定位的弹幕、8代表高级弹幕;

弹幕字号:即弹幕字号大小;

弹幕颜色:即弹幕字体颜色;

弹幕发布时间:与弹幕出现时间不同,发布时间数值使用Unix时间戳进行表示,即自1970年01月01日开始到现在所经过的秒数;

弹幕池:不同数值对应不同的弹幕池,弹幕池规定了视频中弹幕条数的最大容量。如果弹幕池的容量已满,则时间上比较久的弹幕会被最新发送的弹幕所覆盖;

弹幕发送者ID的哈希值:弹幕发送者的ID,由于隐私保护的需要,网站对用户的ID使用哈希算法(一种可靠的加密算法,可以将任意长度的数据映射为固定长度的字符串)进行了加密处理;

弹幕在数据库中的rowID:网站将弹幕存储在数据库中,并通过弹幕所对应的rowID来实现查看弹幕历史记录的功能。

```
1   1327.87700, 1, 25, 16777215, 1671502301, 0, f9100230, 12114408121818354944, 11, 全场单挑（ಠ_ಠ）
2   741.21600, 1, 25, 16777215, 1671501900, 0, 25a5f3aa, 12114047552276966912, 11, 耶耶耶
3   2194.00200, 5, 25, 16707842, 1671500629, 0, ea603859, 12113940988255570816, 11, 获得道具【口嘬酒】（传说）
4   5979.57900, 1, 25, 16777215, 1671496545, 0, 4321aec4, 12113598343235000032, 11, 心有执念,终会相见
5   6310.38900, 5, 25, 9033215, 1671475146, 0, b7a05710, 12111180329235634432, 11, 死后把骨灰飞成颜料,画成画,来世见啊
6   4830.85000, 1, 25, 16777215, 1671472491, 0, cf5d473b, 12111580533345604864, 11, 救人啊
7   1276.30200, 5, 25, 16777215, 1671467290, 0, 67ef1790, 12111144729595482624, 11, 中午才来学校,怎么敢的
8   571.57200, 5, 25, 16777215, 1671466127, 0, 67ef1790, 12111140673940235520, 11, 老师也是可怜,刚来不久就碰上天灾
```

图6-12　弹幕数据示例

图6-12所示诸多参数均有特殊的含义和作用,但基于弹幕的社会网络的构建仅需要使用弹幕在视频中出现的时间、弹幕发送者ID的哈希值两个参数即可。由于社会网络分析方法是从用户互动的结构层面对弹幕进行考察,并非从内容层面进行分析,因此本小节所实现的案例不需要提取弹幕的文本内容。

[①] 洪庆,王思尧,赵钦佩,等.基于弹幕情感分析和聚类算法的视频用户群体分类[J].计算机工程与科学,2018,40(6):1125-1139.

在后续的处理过程中,首先,通过对图6-13所示的弹幕数据进行预处理,从中提取所有弹幕在视频中出现的时间和对应弹幕发送者ID的哈希值两个参数,并将同一弹幕的两个参数通过"时间-用户ID"对的方式存储在一个TXT文件中;提取完毕后,将所有"时间-用户ID"对按照时间进行排序;在本节的第一小节"案例描述"部分已经阐释过,在同一时间间隔内,用户发送的弹幕所讨论的内容都是相同的。因此,可以将10秒作为一个时间间隔,对排序后的"时间-用户ID"对进行切分,并将同一时段内发送弹幕的用户视为针对同一视频内容进行了一次互动,即用户之间产生了行为上的互动关系。因此,在这个步骤中,可以将用户ID作为网络中的结点,将用户之间的互动关系作为两个结点之间的边,从而为社会网络的构建提供结点和边的信息;然后,通过调用Python的第三方库Networkx中提供的相关方法(具体请见本节第四小节"核心代码展示"部分),根据已经提取的结点和边的信息来构建社会网络,计算各结点的中心性,并用Louvain社区检测算法对各结点进行社区划分;最后,使用Gephi软件对生成的社会网络进行美化,以便于在本节中进行展示。具体实现流程如下图6-13所示。

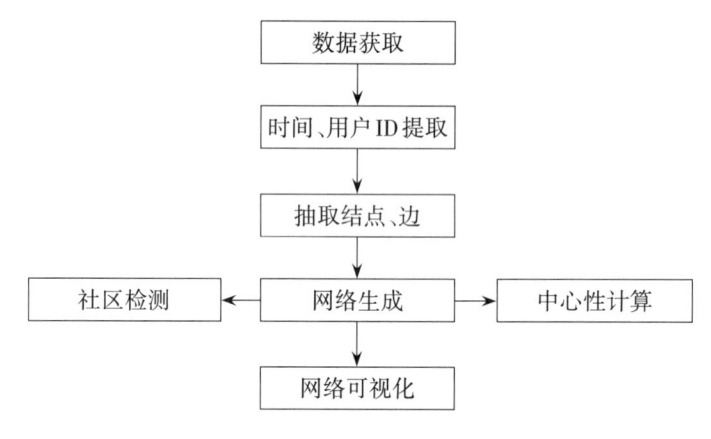

图6-13 案例分析流程图

三、案例结果展示

本节基于某动漫电影的弹幕数据,通过Python的Networkx模块构建网络,并使用Gephi软件进行可视化后所得到的社会网络图,如图6-14所示。由于篇幅限制,在图6-14中仅呈现了发送了5条弹幕以上的活跃用户。图中各结点分别使用代表用户名ID的哈希值进行表示,且结点的面积大小与其度中心性大小呈正比例关系,即结点的度中心性数值越大,结点在社会网络图中的面积大小也越大。通过度中心性与结点面积大小的关系,可以直观地呈现出社会网络中的重要结点。

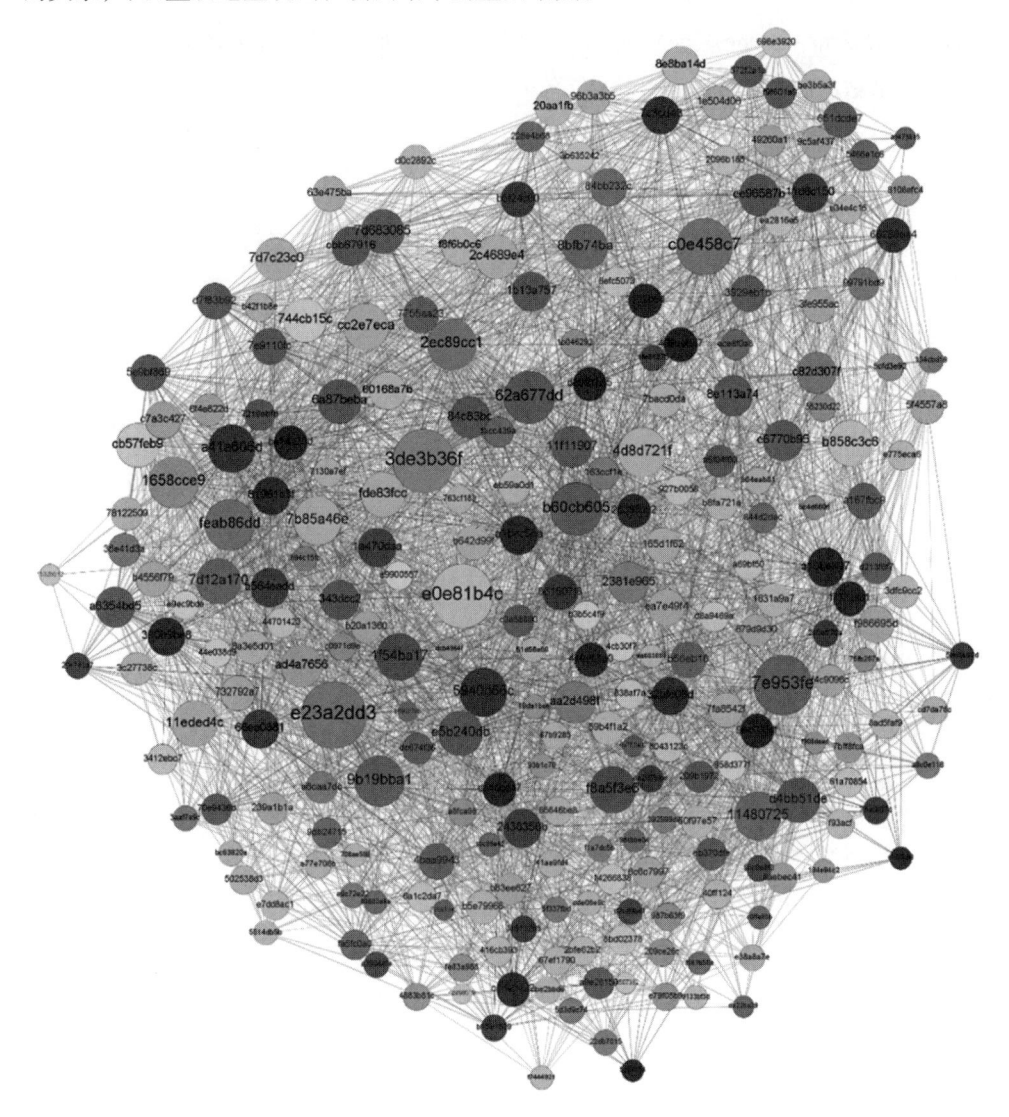

图6-14 弹幕社会网络图

图6-14所展示的社会网络图只列出了发送了5条以上弹幕的活跃用户,然而该图中仍然包含大量结点(247个)。如果使用人工计算,247个结点的度中心性、中介中心性和接近中心性将会是很大的计算量。幸运的是,Networkx模块内置了计算结点中心性的方法,仅需要编写一条Python语句便可

弹幕社会
网络彩图

自动计算社会网络图中各结点的中心性数值。通过调用Networkx模块中的度中心性计算方法nx.degree_centrality()、中介中心性计算方法nx.betweenness_centrality()和接近中心性计算方法nx.closeness_centrality()，得到如表6-7所示的结果，在此仅展示中心性最大的前9个结果：

表6-7 结点中心性

用户结点	中心性		
	度	中介	接近
e23a2dd3	0.445	0.044	0.641
e0e81b4c	0.421	0.029	0.631
3de3b36f	0.417	0.032	0.630
7e953fe	0.385	0.041	0.616
c0e458c7	0.356	0.017	0.606
b60cb605	0.316	0.023	0.592
62a677dd	0.316	0.018	0.588
1658cce9	0.304	0.009	0.586
2ec89cc1	0.300	0.011	0.582

从各中心性指标可以得出，在基于《你的名字》弹幕构建的社会网络中，用户e23a2dd3、e0e81b4c、3de3b36f、7e953fe是用户互动行为中的重要用户。其中，用户e23a2dd3具有最高的度中心性、中介中心性和接近中心性。由此可见，该用户是社会网络中的核心用户，他与其他所有用户互动最为频繁，且若干其他用户之间的间接交流均需通过该用户完成。

通过调用Networkx提供的Louvain社区检测算法，可以将社会网络中的诸多用户划分为若干个社区（或称小团体），社区内用户之间联系较为紧密，而跨社区的用户交流则相对比较松散。经过划分后的社区如下图6-15所示。

网络社区彩图

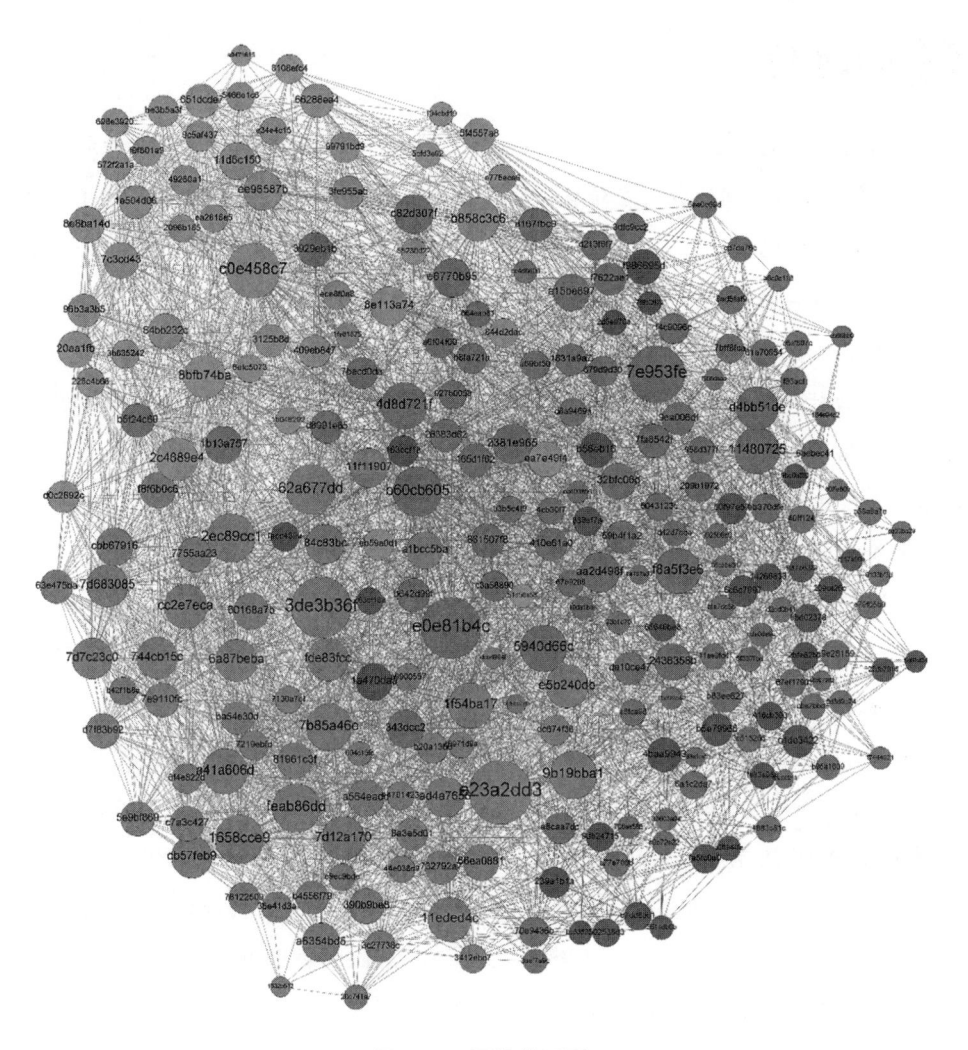

图6-15 网络社区图

由图中可见，经过Louvain社区检测算法处理，弹幕社会网络共可以划分为5个社区，图中不同颜色的结点分别表示不同的社区。可以见到，中心性较大的结点中e23a2dd3、3de3b36f两位用户属于同一社区，而用户e0e81b4c、7e953fe则分别属于不同的社区，他们均是各自社区当中的领袖结点。就社区之间的比较而言，绿色社区和橙色社区的影响力最大，而蓝色社区和青色社区的影响力则相对较弱。而且，在整个社会网络范围内，蓝色社区和青色社区并没有出现具有较大影响力的领袖结点。

核心代码展示1

本章小结

本章主要阐述了社会网络分析方法的概念与发展，梳理了社会网络分析的一般过程，分别介绍了社会网络分析在传统领域和计算传播领域中的应用，同时提供了一个典型案例的具体实现。

社会网络是由作为社会行动者的结点和表示他们之间的关系的边构成的集合。相应地，社会网络分析是结合数学和图论的方法对社会网络进行定量分析的研究方法。社会网络由社会网的概念发展而来。在20世纪50年代，S.F.Nadel和J.A.Barnes系统地发展了网络的概念，其中Barnes曾在1954年运用社会网络分析方法分析挪威某渔村的跨亲缘和阶级的关系，是社会网络分析的发端。

社会网络分析的一般过程包括：明确研究问题、数据收集、数据预处理、构建邻接矩阵、社会网络的生成与可视化、中心性分析和网络社区检测。第一，需要对将要分析的问题有清晰的认识，明确需要收集什么样的数据来进行分析；第二，要对将要使用的数据进行收集，这一过程通常使用爬虫来完成；第三，对收集到的杂乱无章的数据进行规整和处理，即数据的预处理工作；第四，根据数据中各结点之间的关系，构建邻接矩阵；第五，根据已经构建好的邻接矩阵生成网络，并对其进行可视化呈现（这一过程中，通常使用Networkx模块完成网络的生成，使用Gephi软件来对网络进行可视化）；第六，计算网络中各结点的中心性大小；第七，利用Louvain社区检测算法对网络进行社区划分。其中，中心性计算方法和Louvain社区检测算法在Networkx模块中均有提供。

本章从"新冠政策性文件的发文主体之间的关系网络""武汉某中学初一班级学生的社交关系网络""社交平台中的诈骗团伙识别"三个方面对其在卫生、教育、社交平台中的应用展开了介绍。社会网络分析的步骤较为固定，发展较为成熟。该分析方法是研究某一组织内部各结点之间关系的利器，因而具有广泛的应用范围。

本章从社群识别和"意见领袖"识别两个方面，介绍了社会网络分析在计算传播学中的应用。用户可以通过构建社会网络并用Louvain社区检测算法识别社会网络中的社群，即小团体。同时，可以通过中心性计算，来识别社会网络中影响力较大的领袖结点。针对网络中社群的识别和领袖结点的识别，可以帮助用户快速定位信息传播中的派别联系和关键结点。

本章给出了一个社会网络分析的具体示例。从某网站动漫电影的弹幕中提取社会网络，并将其进行可视化呈现，同时利用 Python 第三方库 Networkx 提供的中心性计算方法和 Louvain 社区检测算法对弹幕社会网络进行度中心性、中介中心性和接近中心性计算以及社区检测。

思考题

1. 简述社会网络以及社会网络分析的含义。
2. 通过查阅文献，请简述社会网络分析的发展与现状。
3. 谈谈你对社会网络分析在计算传播研究中的作用的理解。
4. 简述社会网络分析的一般过程。
5. 请结合现实生活，尝试给出社会网络分析在其他领域中的应用示例。
6. 参考本节案例，尝试对你熟知的网络社交平台中热点事件进行社会网络分析。
7. 请选择一部你喜欢的电影，依据本章第四节的内容，对本节案例进行复现。

第七章　文本分析与计算传播学

知识目标

☆ 文本分析的基本概念及预处理技术。

☆ 文本分析的典型应用。

☆ 文本分析在计算传播学中的应用。

☆ 典型案例的代码实现流程。

能力目标

1. 掌握文本分析的基本概念及相关预处理技术。

2. 了解文本分析的典型应用。

3. 了解文本分析在计算传播学中的应用。

4. 理解运用Python实现文本分类的过程。

思维导图

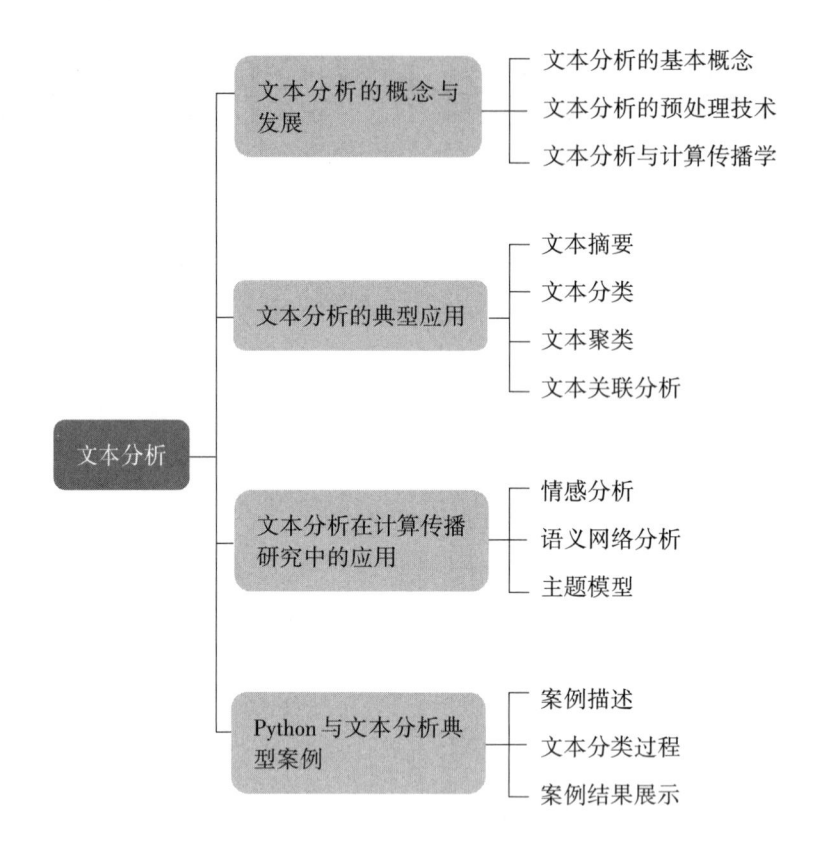

- 文本分析
  - 文本分析的概念与发展
    - 文本分析的基本概念
    - 文本分析的预处理技术
    - 文本分析与计算传播学
  - 文本分析的典型应用
    - 文本摘要
    - 文本分类
    - 文本聚类
    - 文本关联分析
  - 文本分析在计算传播研究中的应用
    - 情感分析
    - 语义网络分析
    - 主题模型
  - Python与文本分析典型案例
    - 案例描述
    - 文本分类过程
    - 案例结果展示

案例导入

在我们的日常生活中，接触到的大部分信息都是以文本的形式存在。生活中文本无处不在，网页上的新闻报道、社交媒体的评论以及政府工作报告等，这些都是文本。如何从文本信息中挖掘我们所需要的信息是文本分析最主要的工作。在电商行业，可以从用户评论中挖掘消费者对产品的意见或建议，从而帮助改善产品的设计；在金融行业，可以从上市公司的公告、年报、新闻中洞悉公司的发展状况；在互联网行业，Google曾经开发了一个流感监测工具，其原理是对所有使用搜索引擎搜索"温度计""流感症状""胸闷"等一系列和流感相关关键词的用户，展开追踪分析，创建大数据流感地图，并以此分析不同地区的流感趋势。结果表明，该方法的效率比传统方法快一周。

文本分类作为一种常见的文本分析技术，在传播学领域的应用也十分广泛。小明是一名在校大学生，他平时的爱好就是上网浏览新闻，看新闻可以增长知识，了解国家大事,了解世界动态,小明对此很是痴迷。在当今信息爆炸的社会中,通过对新闻进行主题分类,可以分析不同类型的新闻在传播过程中的效果,了解受众对不同类型新闻的反应和态度,从而为新闻媒体提供改进方案,更好地制定新闻传播策略和满足读者的需求。总之,新闻分类有助于从海量的新闻中快速挖掘出同类信息,为关注点不同的读者提供精准服务,在传播学中具有重要的应用价值,为新闻传播提供有益的支持和指导。

大数据时代的到来,使得来源于网站和社交媒体的数据爆发式增长。伴随着海量文本数据的增长,通过人工进行内容分析也变得越来越困难。计算机作为一种高效的工具,能够借助算法实现对文本的精准分析,逐渐引起了传播学者的关注。通过将文本分析应用到传播学当中,使读者了解到如何利用数据和掌握算法,深入挖掘信息背后的篇章和范式,从而更好地把握传播的规律和掌握变化。

第一节 文本分析的概念与发展

日常生活中人们接触到的大部分信息都是以文本的形式存在,例如报纸、杂志、邮件和网页等。随着互联网的高速发展,海量文本数据爆发式产生,这些数据中蕴含着大量有价值的信息,而文本分析技术正是挖掘这些信息的重要手段之一。

一、文本分析的基本概念

文本分析是指为了发现知识,从文本数据中抽取隐含的、以前未知的和潜在有用的知识的过程。[1]它是分析文本数据、抽取文本信息,进而发现文本知识的过程。[2]文本分析是一个跨学科的交叉研究领域,涵盖了自然语言处理、数据挖掘、机器学习、统计学和信息抽取等多领域知识。其主要的处理过程包括对大量的文本数据进行预处理、特征表示和特征选择,再按照文本分析的具体任务要求对提取到的特征进行分析,包括文本

---

[1] 郭金龙,许鑫,陆宇杰.人文社会科学研究中文本挖掘技术应用进展[J].图书情报工作,2012,58(8):10-17.
[2] 谌志群,张国煊.文本挖掘研究进展[J].模式识别与人工智能,2005,18(1):65-74.

摘要、文本分类、文本聚类和文本关联分析等,最后得到所需要的知识。[①]图7-1给出了文本分析的一般处理过程。

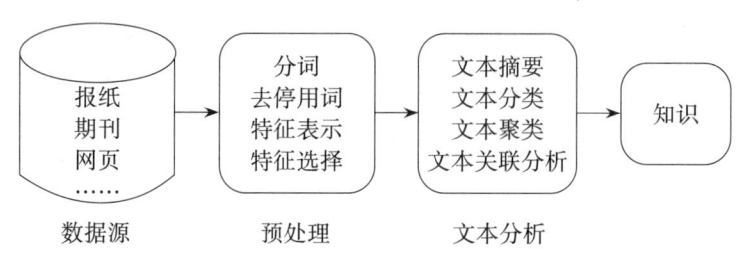

图7-1 文本分析的一般过程

二、文本分析的预处理技术

文本分析要处理的大量文本数据主要包括新闻报道、研究论文、期刊、书籍、报告、会议文献、电子邮件和Web页面信息等。这些数据不但包含结构化的文本数据,如文档的标题、作者和出版日期等信息,还包含非结构化的文本数据,如文档的摘要和内容等信息。通常情况下,人类所使用的自然语言是非结构化的数据,计算机很难理解并处理其语义,需要采用预处理技术使得这些文本数据结构化,从而方便人们利用计算机对其进行文本分析。

常用的文本预处理技术包括分词、特征表示和特征选择。

(一)分词技术

在对文本数据进行分析前,需要先对其进行分词处理。分词是自然语言处理中的重要步骤,是将文章、段落和句子这种长文本数据,分解为以字或词语为单位的文本数据,方便后续对文本进行表示工作。例如"我爱计算传播学"这句话经过分词处理后就会得到"我\爱\计算\传播\学"。

对于英文而言,空格很自然地将文本分割成一个一个独立的单词,后续只需要对其进行词干提取(Stemming)和词性还原(Lemmatization)处理。词干提取指的是利用一定的规则删除词缀从而达到简化词汇的效果,如jumps、jumped经过词干提取后得到jump;词形还原指的是将一个不同形式的词汇还原为一般形式,如动词过去式或者名词复数

---

① 袁军鹏,朱东华,李毅,等.文本挖掘技术研究进展[J].计算机应用研究,2006,(2):1-4.

形式变为原型等,如is、are、been经过词性还原后得到be。[①]词干提取和词形还原的目的就是将形式不同、但含义相同的单词统一起来,方便后续的分析工作。

中文的情况与英文不同,因为中文的词语与词语之间没有固有的空格,需要进行分词处理。目前主要的分词方法包括基于机械匹配的、基于统计的和基于人工智能的三种分词方法。[②]其中,基于机械匹配的分词方法出现较早,它是根据人工构建的词表对文本从头至尾地扫描,当发现文本中的连续字符与词表中的词一致时,将匹配到的字符分割出来作为一个单独的词汇。该方法简单且易于实现,但切分精度受限于人工构建的词表大小,词表越大,切分精度越高。然而,在从头至尾扫描的过程中,可能会出现切分歧义的问题,例如"我们家长"可能被切分为"我们"和"家长"或"我们家"和"长"。相比之下,基于统计的分词方法则无需构建词表,主要根据每两个字或多个字出现的频率来统计它们构成词语的概率,[③]该方法具有良好的处理切分歧义的能力和识别新词的能力。基于人工智能技术的分词方法主要是利用神经网络实现中文分词,该类分词算法可以通过训练修改神经网络参数,以达到正确的分词结果。该方法在经过大量的训练后能够高效准确对文本进行分词,有效避免切分歧义的问题。而且,对于不同领域的文本,如新闻、科技或者医学等领域的文章,都具有很好的适应性,是未来中文分词的发展方向。[④]

在完成分词任务之后,需要对分好的词进行去停用词(Stop Words)处理。去停用词的主要目的是删除文本中没有实际意义的词,例如语气词"啊""吧""呢"和"了"等,副词"很""太"和"非常"等。这类词语不仅对分类过程没有任何帮助,反而会因为不包含任何语义信息从而影响分类效果。

(二)特征表示

由于文本数据是大量字符的集合,是人类所使用的自然语言,所以不能直接被计算机理解,因此需要将其转换为计算机可识别的信息。常用的文本特征表示方法有One-Hot编码、词袋模型(Bag of Words Model)、TF-IDF模型和向量空间模型(Vector Space Model,VSM)等。

[①] 王建文.多语言文本分词与词语提取方法研究[D].福州:福州大学,2019.
[②] 袁军鹏,朱东华,李毅,等.文本挖掘技术研究进展[J].计算机应用研究,2006(2):1-4.
[③] 张军,赖志鹏,李学,等.基于新词发现的跨领域中文分词方法[J].电子与信息学报,2022,44(9):3241-3248.
[④] 刘迁,贾惠波.中文信息处理中自动分词技术的研究与展望[J].计算机工程与应用,2006(3):175-177+182.

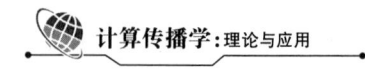

1. One-Hot 编码

One-Hot 编码,又称为独热编码。以一段文本"我\爱\学习\学习\爱\我"为例,经过切分后,该段文本包含了6个词,去除重复后只包含了3个不同类别的词,所以这3个不同类别的词可以由维度为3的向量表示,向量的维度与不同类别词的个数一致。由于"我"是这段文本中第一个出现的词,所以将"我"这个词的向量表示第一位设置为1,剩下部分设置为0,根据这个规则,此时这3个词可以表示为:

我:[1,0,0]

爱:[0,1,0]

学习:[0,0,1]

One-Hot 编码是一种简单且容易实现的文本特征表示方法,但是对于长文本来说具有矩阵稀疏和维度灾难的缺点,以至于往往一个词需要几千甚至上万维度的向量来表示,严重浪费计算资源。通常情况下,人们认为相似的词应该具有相似的特征表示,而 One-Hot 编码这种特征表示方法仅仅依赖不同类别词的数量和第一次词出现的位置,没有考虑到每个词的具体语义信息,所以失去了相似词语之间的特征表示相似性。

2. 词袋模型

词袋模型是一种基于词频统计的文档特征表示方法,即将一篇文档看作词的集合,不考虑词在文本中的顺序,只关注每个词在文本中出现的次数。这种表示形式好比将同一文档的词都放在了一个袋子里面,因此称为词袋模型。通过对该文档中所有出现的词进行词频统计,可以得到该文档的向量表示。对于一个含有 n 个不同词汇的文档,其词袋模型的向量表示就有 n 个维度。

这里可以举一个简单的例子:

文档1:我\爱\计算\传播\学

文档2:我\爱\学习\爱\计算\传播\学

首先我们需要统计出语料库中不同类别的词构建词典,这个过程与 One-Hot 编码类似。该语料库中包含2个文档以及6种不同类别的词,根据文档以及词出现的先后顺序分别是"我""爱""计算""传播""学"和"学习"。这里我们采用统计词频的方式对词袋模型进行实现,对于每一个文档,将词典中的词在该文档中的出现次数记为词的频次,未出现的词记为0次。由于构建的词典包含了6个不同类别的词,所以每一个文档需要用

维度为6的向量表示,即文档向量表示中元素的个数由词典中词的个数决定,因此这2个文档的特征表示为:

文档1:[1,1,1,1,1,0]

文档2:[1,2,1,1,1,1]

词袋模型也具有很多局限性,通过词袋模型得到的文本表示一般都是稀疏的,这就使得当文档数量过大时,一个文档的表示十分消耗空间,也会使后续的计算消耗非常巨大。同时,在建立词袋模型时忽略了文本中词的语义和顺序信息,所以在多数情况下会导致文本语义表达不够准确。例如"我打你"和"你打我"这两句话的意思相反,但是它们通过词袋模型得到的特征表示却是一致的。

3.TF-IDF模型

TF-IDF模型是在考虑某个词对于某个文档的重要性基础上,考察了该词对于不同文档之间的区分度,用以评估某个词对于某个文档的重要程度。词频率(Term Frequency, TF)是指某个词在某个文档中出现的频率,通常情况下这个词在该文档中出现的频率越高,则表明这个词对于该文档的重要程度越高。逆向文档频率(Inverse Document Frequency, IDF)是指某个词在不同文档之间的区分程度,例如某个词在某一文档中出现频次较高,而在其他文档中出现频次较低,则可以认为这个词能够用于区分不同的文档。TF-IDF值的计算公式为:

$$TF = \frac{词在某个文档中出现的总次数}{某个文档中词的总数} \quad (7-1)$$

$$IDF = \log \frac{语料库中文档总数}{包含该词的文档数} \quad (7-2)$$

$$TF\text{-}IDF = TF*IDF \quad (7-3)$$

这里可以举一个简单的例子:

文档1:我\爱\计算\传播\学

文档2:我\爱\传播\学

文档3:我\爱\学习

以文档1中"传播"这个词为例,计算其 $TF\text{-}IDF$ 值:

TF:文档1中包含5个词,其中"传播"出现了1次,所以其 $TF=1/5$

IDF:在3个文档中有2个文档出现了"传播",所以其 $IDF=\log(3/2)$

$TF\text{-}IDF=TF*IDF\approx0.0352$

通过计算每一个词的TF-IDF值,将这个值作为该词的特征表示形式以实现文本的特征表示。TF-IDF模型虽然具有简单、迅速和直接的特点,但是单纯以词频率和逆向文档频率判断一个词的重要程度显然有些片面。有的时候重要的词出现次数并不多,有的时候出现次数多的又是无关紧要的词,并且这种方式同样也存在无法处理语义信息、对稀疏矩阵表示效果差和没有考虑文档的上下文信息等缺点。

4.向量空间模型

向量空间模型是一种经典的文本表示方法,该模型将文档表示为向量形式,语料库中的每个文档都是由相同维度特征项组成的向量,这些特征项是最小的、不可分割的语言单元,可以是字、词或短语等。一般情况下,语料库中每个文档都含有成千上万个不同的特征项,一个文档的内容可以被看成它含有的特征项所组成的集合,表示为:

$$\text{Document}=D(t_1, t_2, \cdots, t_k, \cdots, t_n)$$

其中t_k是特征项,$1 \leqslant k \leqslant n$

对于含有n个特征项的文档$D(t_1, t_2, t_k, \cdots, t_n)$,每一个特征项$t_k$都会按照一定规则给予一个权重$w_k$,用来表示该特征项在本文档中的重要程度。这样一个文档D可用它含有的特征项及其对应的权重表示为:

$$\text{Document}=D(t_1w_1, t_2w_2, t_3w_3, \cdots, t_nw_n)$$

简记为$\text{Document}=D(w_1, w_2, w_3, \cdots, w_n)$

其中w_k是特征项t_k的权重,$1 \leqslant k \leqslant n$

需要注意的是,特征项t_k没有重复且不考虑先后顺序。

在文本处理时,通常是统计语料库中所有不同类别的词构建词典,然后将整个词典的词作为一个词空间,每一个词作为一个特征项。每个特征项权重的具体计算方法有很多种,最常用的计算方法是基于TF-IDF来计算每个特征项的权重。

(三)特征选择

有的文本内容较长,用特征表示模型得到的特征向量的维数往往会达到数十万维,如此高维的特征对后续的分析工作未必完全有用,而且高维的特征会严重浪费计算资源。这时,我们可以通过特征选择选取相对重要的特征,删除非重要的特征,以此达到降低特征维度和加快计算效率的目的。

特征提取算法一般是先构造一个评价函数,用于对文档中的每一个特征项进行重要程度打分,然后把特征项按照分值由高到低排序,最后根据分数值选取特征项。在特征选择中,常用的评价函数有文档频率、信息增益、卡方检验、互信息等。[①]

1.文档频率

文档频率(Document Frequency, DF)指的是包含某个特征项的文档在所有文档中出现的次数。首先需要统计出每个特征项的文档频率,然后根据人工设定的阈值,删除文档频率低于阈值的特征项,保留文档频率高于阈值的特征项。文档频率的优点是容易实现,复杂度低,缺点是有时会删除掉一些比较重要但是文档频率低的特征项。

假设我们有一个由3篇文章组成的文档集合如下所示:

"机器学习是人工智能的重要分支之一。"

"机器学习的应用正在不断扩展。"

"机器学习算法包括监督学习、无监督学习和半监督学习。"

现在,我们想计算"机器学习"这个词语的文档频率。在这个例子中,由于"机器学习"在3篇文章中出现过,因此它的文档频率是3。再比如我们想计算"人工智能"这个词语的文档频率,由于"人工智能"只在1篇文章中出现过,因此它的文档频率是1。假定我们的阈值设置为2,则"人工智能"这一特征项则会被去除。

2.信息增益

信息增益(Information Gain, IG)这个概念源自于信息熵(Information Entropy),是信息论的基本概念。在理解"信息熵"之前,我们应该理解什么是"信息"。信息是一个抽象的概念,比如某个人说过的一段话,写下的一段文字都包含某些"信息",可是这些包含信息有多少却难以说清楚。比如一篇5000字的新闻报道包含多少信息量?信息熵就是用来解决信息量化的问题。"熵"这一词出自热力学,是表示分子混乱程度的物理量,而在信息论中,使用"信息熵"来达到量化"信息"的目的。

信息熵是用于衡量信息不确定性的指标,它是指信息集合中结果的不确定程度,简单地说"情况越不确定,信息熵就越大,反之则越小"。假设有一篇新闻报道,其中包含关于一次火灾的信息,报道分为以下两种情况:

情况一:报道非常详细,包括火灾地点、起火时间、火灾原因、受害人姓名、受伤程度等多种信息。

[①] 陈磊.文本表示模型和特征选择算法研究[D].合肥:中国科学技术大学,2017.

情况二:报道只提供简单信息,包括火灾地点和起火时间。

在这两种情况下,火灾的实际情况是一样的。但是,我们可以看到情况一的信息比情况二更为详细,因此情况一的信息熵要比情况二低。因为在情况一中,我们已经了解了更多的信息,导致我们能够更加确定火灾事件的各个方面,因此我们对于整个事件的不确定性就会降低,而信息熵就是用来衡量不确定性的。相反,在情况二中,我们不能确定火灾的原因、受害人和受伤程度,因此对于事件的不确定性就会增加,信息熵也会因此增加。信息熵的计算公式如下所示:

$$H(x)=E\left[l(x_i)\right]=E\left[\log\left(\frac{1}{P(x_i)}\right)\right]=-\sum_{i=1}^{m}P(x_i)\log(P(x_i)) \tag{7-4}$$

信息增益是指使用特征项来分类数据时,能够提供多少关于标签的新信息。该指标根据信息熵来计算,衡量了使用该特征项所带来的信息熵减少量。特征项带来的信息越多,该特征项就越重要。对一个特征项来说,在一段文本有它和没它时的信息量将发生变化,而前后信息量的差值就是这个特征项给分类带来的信息量。其计算公式如下所示:

$$IG(t)=-\sum_{i=1}^{m}P(C_i)\log P(C_i)+P(t)\sum_{i=1}^{m}P(C_i|t)\log P(C_i|t)+P(\bar{t})\sum_{i=1}^{m}P(C_i|\bar{t})\log P(C_i|\bar{t})$$

(7-5)

其中m为类别数,类别C_i先验概率为$P(C_i)$,$P(t)$和$P(\bar{t})$分别表示特征项t出现与不出现的概率。$P(C_i|t)$和$P(C_i|\bar{t})$分别表示t出现与否,类别C_i出现的概率。

假设我们有一个数据集包含10个样本,每个样本有3个特征属性(颜色、形状、大小),和1个目标属性(种类)。其中,目标属性有2个类别(A和B),每个类别各有5个样本。若我们选择以颜色属性进行划分,则数据集会被分为红色和蓝色两个部分。红色部分中有3个类别A样本和1个类别B样本,蓝色子节点中有2个类别A样本和4个类别B样本。根据以上数据,我们可以计算出信息熵为:

IE=-5/10*log(5/10)-5/10*log(5/10)=1.0

接着,我们针对颜色属性的每个属性值(红色和蓝色)计算两部分的信息熵。对于红色部分,其样本数为4,其中3个属于类别A,1个属于类别B,其信息熵为:

IE(red)=-3/4*log(3/4)-1/4*log(1/4)=0.81

而对于蓝色部分,其样本数为6,其中2个属于类别A,4个属于类别B,其信息熵为:

IE(blue)=-2/6*log2(2/6)-4/6*log2(4/6)=0.92

最后，我们使用加权平均计算两个部分的信息熵：

IE（avg）=（4/10）*0.81 +（6/10）*0.92=0.87

将IE（avg）带入信息增益公式中，得到颜色属性的信息增益值为：

IG=1.0-0.87=0.13

因此，我们可以认为颜色特征的信息增益值为0.13，即该特征对于目标类别的分类作用不是很大，可能不是用来分类的最佳特征。信息增益的缺点是只能考虑某个特征项对全部类别的贡献程度，却无法计算该特征项与某一具体类别之间的相互关系。

3.卡方检验

卡方检验（Chi-square test，CHI）是根据某个特征项t与某个类别c之间的相关程度来计算每个特征项的重要性。这种方法是一种用于比较实测数据和期望数据之间差异的统计方法，它基于计算实际观察值与期望值之间的差异，然后将差异平方除以期望值进行标准化，最终得到一个卡方值。在特征选择中，如果卡方值越大，则说明该特征项越重要。计算特征项t与类别c的卡方检验的公式如下：

$$X^2(t,c)=\frac{N\times(AD-CB)^2}{(A+C)\times(B+D)\times(A+B)\times(C+D)} \quad (7-6)$$

其中A、B、C、D均是与类别c有关的文档数。A表示类别c中包含特征项t的文档数，B表示非类别c中包含特征项t的文档数，C表示类别c中不包含特征项t的文档数，D表示非类别c中不包含特征项t的文档数。N表示语料库中的文档总数。如果是多分类，则计算特征项t在每一个类别中卡方值的平均值$X^2_{avg}(t)$来作为该特征项t的重要程度。其计算公式如下所示：

$$X^2_{avg}(t)=\sum_{i=1}^{m}P(c_i)X^2(t,c_i) \quad (7-7)$$

假设有以下数据，为了方便理解，每一行表示一个特征项，每一列表示一种类别，且每个文档中只包含一个特征项，具体形式如表7-1所示。

表7-1 特征项与类别

	类别（体育）	类别（财经）	总数
特征项1（"速度"）	20	3	23
特征项2（"财富"）	5	10	15
特征项3（"上升"）	2	10	12
总数	27	23	50

以类别(体育)和特征项1("速度")为例:

文档总数N为50;A为20;B为3;C为5+2=7;D为10+10=20。

X^2=50*(20*20−7*3)^2/[(20+7)*(3+20)*(20+3)*(7+20)]=18.6237

以类别(体育)和特征项2("财富")为例:

文档总数N为50;A为5;B为10;C为20+2=22;D为3+10=13。

X^2=50*(5*13−22*10)^2/[(5+22)*(10+13)*(5+10)*(22+13)]=3.6845

以类别(体育)和特征项3("上升")为例:

文档总数N为50;A为2;B为10;C为20+5=25;D为3+10=13。

X^2=50*(2*13−25*10)^2/[(2+25)*(10+13)*(2+10)*(25+13)]=8.8595

根据卡方值大小排序,分别是特征项1("速度")、特征项3("上升")和特征项2("财富"),所以对于类别(体育)来说,特征项1和特征项3包含的信息更加有助于分类。

4. 互信息

互信息(Mutual Information,MI)用于计算两个随机变量之间的关联程度,表示在一个随机变量确定的情况下,另一个随机变量减少不确定性的程度。在特征选择中,互信息可以衡量一个特征项的重要程度,如果互信息值越大,则说明该特征项越重要。特征项t与类别c的互信息计算公式如下所示:

$$I(t,c) = \log \frac{P(t \wedge c)}{P(t) \times P(c)} \tag{7-8}$$

其中$P(t \wedge c)$表示包含特征项t且类别为c的文档在语料中出现的概率,$P(t)$和$P(c)$分别表示t出现的概率和类别c出现的概率。对于类别c,特征项t的互信息值越大,则表明该特征项包含关于类别c的信息就越多。如果是多分类,计算过程同卡方检验一样,采用平均值来衡量该特征项的重要程度,计算公式如下:

$$I_{avg}(t) = \sum_{i=1}^{m} P(c_i) I(t, c_i) \tag{7-9}$$

还是以卡方检验的数据集为例。

以类别(财经)和特征项1("速度")为例:

文档总数N为50;$P(t \wedge c)$=3/50;$P(t)$=23/50;$P(c)$=23/50;

$I = \log \dfrac{3/50}{23/50 \times 23/50} = -7.4622$

以类别(体育)和特征项2("财富")为例:

文档总数N为50;$P(t \wedge c)$=10/50;$P(t)$=15/50;$P(c)$=23/50;

$$I=\log\frac{10/50}{15/50\times23/50}=-5.1085$$

以类别(体育)和特征项3("上升")为例:

文档总数 N 为 50; $P(t\wedge c)$=10/50; $P(t)$=12/50; $P(c)$=23/50;

$$I=\log\frac{10/50}{12/50\times23/50}=-4.7866$$

根据互信息大小排序,分别是特征项3("上升")、特征项2("财富")和特征项1("速度"),所以对于类别(财经)来说,特征项3和特征项2包含的信息更加有助于分类。

三、文本分析与计算传播学

在当今数字化时代,人们通过互联网产生了大量的文本数据,其中包含着海量的信息和知识。然而,这些文本数据往往是零散和分散的,如何对这些数据进行分析和挖掘,从而获得有用的信息和知识,成为了一个亟待解决的问题。文本分析作为计算传播学的一项重要工具,通过挖掘文本数据中的关键信息和知识,为计算传播学研究提供了有力的支持和帮助。在计算传播学研究中,文本分析可以应用于舆情分析、社交媒体分析和网络舆论监测等方面,为研究者提供一种高效的数据挖掘手段。例如,研究者可以利用文本分析对社交媒体上的用户信息进行分析,不仅可以了解用户的关注点和兴趣爱好,还可以推测用户的社会属性和心理特征。此外,文本分析还可以帮助研究者发现媒体报道中的隐含主题和偏见,从而深入了解舆情的形成和演变规律。

计算传播学的出现,可以说正是得益于大数据和人工智能的协同发展,主要体现在三个方面。第一是大数据的出现为计算传播学提供了源源不断的数据资源。通过采集和处理海量的数据,计算传播学可以从中挖掘出一些有价值的信息和知识,以支持学术界和产业界对社会、媒体和文化现象的深入理解和实践。第二是人工智能为计算传播学提供了智能化分析处理的能力。借助深度学习等技术,人工智能可以对大数据进行自动分析和推理,从而揭示出数据中的趋势、模式和规律。这些智能化的分析手段和工具为计算传播学的研究和实践提供了有力的支持和帮助。第三是大数据和人工智能的协同发展还为计算传播学的研究方法和途径提供了全新的思路。利用人工智能技术分析和挖掘大数据,可以发现传统方法无法发现的信息,进一步拓展计算传播学的研究视野和深度。同时,人工智能还可以帮助计算传播学研究人员更好地构建模型,提高模型的精准度和准确性。这一新兴的研究方法和途径将为计算传播学的学科发展和丰富提供更加坚实和可靠的基础和保障。可见,互联网为社会科学提供了可供研究的大规模数据,而人工智能成为了这类数据处理的关键技术,对计算传播学的发展起到至关重要的支撑和催化作用。[①]

第二节 文本分析的典型应用

文本分析是指从非结构或半结构化的文本数据中获取高质量的结构化信息的过程。换言之,文本分析的目的是从未经处理的文本数据中获取有用的知识或信息。典型的文本分析任务包括文本摘要、文本分类、文本聚类和文本关联分析等。

一、文本摘要

文本摘要作为一种常用的文本数据处理技术,也在计算传播学中得到了广泛的应用。文本摘要可以将长文本内容提炼出关键信息,以便快速浏览和理解。在计算传播学中,文本摘要被应用于新闻报道、社交媒体数据分析等方面。在新闻报道中,文本摘要可以帮助媒体机构快速产生简洁而富有价值的新闻摘要。针对大量的新闻内容,文本摘要可以自动化地提取出最具价值的信息,减轻工作人员的负担,并且提供更快的新闻报道速度。此外,文本摘要还可以进行新闻事件的关键字提取,以便更好地跟踪和分表事件的发展和演变。在社交媒体数据分析中,文本摘要可用于描述社交媒体用户发表的内容和意见。通过对社交媒体数据进行文本摘要处理,可以轻松提取出用户中普遍存在的意见和观点,发掘用户的真实反应和观点倾向,进一步研究社交媒体信息传播的规律和影响。

目前的文本摘要技术可以分为抽取式文本摘要和生成式文本摘要两种。其中,抽取式文本摘要主要思想是根据一定的规则从原始文本中选择重要程度最高的一些句子组合成这段文本的摘要。因此,选取规则的制定以及如何判断句子的重要程度将直接影响生成摘要的质量。生成式文本摘要主要思想是通过模型训练来模拟人类的思想,

---

[①] 巢乃鹏.人工智能与计算传播学[J].人民论坛·学术前沿,2019,180(20):20-31+107.

通过神经网络来理解文本内容,进而对文本进行压缩、重组并生成摘要。[①]有研究者将文本摘要技术应用在互联网当中,从社交媒体包含的大量冗余信息中获取新闻关键信息,人们可能需要花费数十分钟时间从新闻中获取的信息,通过这项技术可在几秒钟之内完成。利用文本自动摘要技术对目标新闻文本进行摘要,可以帮助社会大众快速了解新闻中的关键内容,提升新闻阅读效率。[②]

二、文本分类

随着互联网技术的快速发展,人们获取信息的方式已经从传统的纸质媒体向数字媒体转变。数字媒体面临的挑战之一是如何迅速有效地处理大量文本数据,文本分类技术便应运而生。文本分类是一个有监督的机器学习过程,其目的是让计算机学会一个分类模型,该模型能把给定文本映射到已经存在的多个类别中的某一类,使模型自动判别该文本所属的类别。其过程是,首先对一个训练文本集合进行人工标注类别,如新闻分类中"体育""家居"等;然后构建分类模型,利用给定的语料库进行模型训练;最后将训练好的模型应用于其他文本从而实现文本的自动分类。

用于文本分类的算法较多,其中主要有朴素贝叶斯模型(Naive Bayesian Model)、向量空间模型VSM、决策树(Decision Tree)、支持向量机SVM、后向传播分类(Backpropagration)、遗传算法(Genetic Algorithm)、基于案例的推理(Case-based Reasoning)、K-最近邻(K-Nearest Neighbor)、基于中心点的分类方法(Partitioning Around Medoid)、粗糙集(Rough Set)、模糊集(Fuzzy Set)和线性最小二乘(Linear Least Square Fit)等。有研究者以人民网领导留言板问政平台为依据,实现公众留言自动分类识别,旨在探究当前网络问政所包含的社会基层实际问题。分类结果反映当前网络问政环境中所聚焦的热点问题为"小区管理""学区划分"和"交通拥堵"等,对相关部门政务工作的开展具有积极指导意义。[③]

[①] 唐翔宇.基于深度学习的文本摘要方法研究[D].南京:南京邮电大学,2022.
[②] 谭金源.面向中文新闻的文本摘要研究[D].大连:大连理工大学,2022.
[③] 孙铁铮,于泽灏.基于深度学习的融媒体平台问政文本分类研究[J].情报探索,2022,302(12):1-7.

三、文本聚类

在数字媒体的时代里,人们每时每秒都在网络传播中产生大量内容,包括文章、微博以及弹幕等。这些数字内容大部分都是关于不同话题的,如何快速地将这些没有特定规律的文本整理归类是一项具有挑战性的工作。由此,文本聚类技术应运而生。文本聚类技术是将一组文本自动地分成若干类,每类都包含有相似的特征,如话题或关键词等,使得每个文本都能分配到一个类别中。

文本聚类是一个无监督的机器学习过程,其目的和文本分类一样,将文本自动识别到某个类别中。然而,与文本分类有所不同,文本聚类不需要提前对训练文本进行类别标注就可以直接使用。由于没有进行类别标注,所以聚类算法也不需要提前定义好分类的主题类别,它的目标是将语料库中的文档按照一定规则分成若干份,并且要求同一份的文档内容尽可能相似,而不同份的文档内容尽可能有差异。目前,文本聚类的主要算法有 HAC(Hierarchical Agglomerative Clustering)算法和 k-means (k-means Clustering Algorithm)算法。[1]有研究者在新浪微博平台使用 K-means 文本聚类算法提取出用户所关注的话题,分析用户对于新闻话题的观点、看法和情感态度,有助于舆情事件监测、政府民意调查和企业调研等工作。[2]

四、文本关联分析

文本关联分析是计算传播学领域常用的分析方法之一。通过统计文本中单词或短语出现的频率以及使用自然语言处理和文本挖掘等技术,发现文本中的关联性,达到建立信息关系网络和研究信息传播规律的目的。文本关联分析被广泛应用于新闻传播、社交媒体、舆情分析等领域中。在新闻传播研究中,文本关联分析可以帮助分析新闻报道的关联性,把握新闻事件的发展变化;在社交媒体领域中,文本关联分析可以帮助了解用户的信息传递路径和社交网络规模;在舆情分析中,文本关联分析可以帮助企业了解其品牌在网络中的声誉度。

文本关联分析与计算传播学息息相关,它可以帮助计算传播学的研究者发现新的问题,建立分析框架,并对数据进行分析和解释,进而更好地理解人类传播行为的规律。

---

[1] 付永振.一种分布式流程引擎实现方法[J].互联网天地,2016(11):73-78.
[2] 商宪丽,王学东.微博话题识别中基于动态共词网络的文本特征提取方法[J].图书情报知识,2016,171(3):80-88.

通过不断改进和完善文本关联分析方法,将文本关联分析技术应用于计算传播学的实际研究中,促进计算传播学的发展。有研究者对照比较了信息资源管理学科的九大类学术热点文本与四十个国家战略有关的政策文本,在学术研究与国家战略二者之间建立了映射关系,并从学科、事业、机构、信息、用户五个维度梳理重点学术研究成果对国家战略的支撑和影响。探究了信息资源管理学科如何服务于国家战略,国家战略如何影响学科研究方向。[①]

第三节　文本分析在计算传播研究中的应用

由于互联网媒体中包含海量的文本内容,使得传统的人工内容分析方法在传播学中已难以完全胜任文本分析的任务。因此,传播学领域中在线海量内容相关的研究,需要借助更为自动化的文本分析方法,并通过一定的人工辅助完成内容分析任务。

一、情感分析

情感分析(Sentiment Analysis)又名意见挖掘,主要研究的是如何从文本中发现人们对于某种产品、事务或服务所表达出的情感或意见。通常情况下,情感分析结果一般可以分为积极的、中立的和消极的。随着互联网时代的到来,情感分析已经成为人们关注的热点话题,并且已经在社交媒体、产品评论和在线博客等领域发挥着重要的作用。[②]

在传播学研究中,通过对网络中的舆情进行情感分析,可以判断网络用户对社会中公共事件或重大议题的看法。例如,使用LIWC词典软件针对网络用户对港澳回归事件的情感认知进行研究,结果发现,网络用户普遍在澳门回归事件上的情感要比在香港回归事件上的情感积极。[③]利用情感分析对网络中用户发表的针对品牌的评论进行情感分析,来探究不同品牌之间的情感差异,结果发现用户评论积极的品牌满意度排名都很

[①] 闫慧,贾诗威.信息资源管理学科与国家战略的关系探究——基于学术话语与政策文本的关联分析[J].情报资料工作,2023,44(2):5-13.
[②] 谭翠萍.文本细粒度情感分析研究综述[J].大学图书馆学报,2022,40(4):85-99+119.
[③] 钟智锦,林淑金,温仪,等.内地网民情绪记忆中的香港澳门回归[J].新闻与传播研究,2017,24(01):27-46+126-127.

高。利用社交媒体中的情感分析来判断网络用户的政治倾向,通过用户发布的网络文本就可以推断出该用户是哪一位总统候选人的支持者。①

二、语义网络分析

随着计算机技术的飞速发展,语义网络分析广泛应用于人工智能领域,其在传播学研究中的应用也逐渐展现出不小的潜力。语义网络分析方法是利用计算机技术和语义学原理对文本或其他事物进行分析和建模的一种方法。它是将数据转换为语义网络的过程,其中节点表示概念,边表示它们之间的关系。分析的基本流程包括文本预处理、构建语义网络、分析语义网络和提取关键信息等步骤。它可以应用于多个领域,如知识管理、舆情监测、社交网络分析和企业竞争情报分析等,可以帮助人们更好地理解文本或其他数据,从中提取有用的信息和知识,并做出更准确的决策。

在已有的传播学研究个案中,语义网络分析被用于解读单个传播主体产生的主题聚焦的文本,或用于处理来自多个主体的零散信息片段,呈现出较强的适用性。②例如,有研究者利用语义网络分析针对美国总统候选人发布的相关文本进行分析,来了解他们是如何影响公众对候选人的认知。还有研究者通过剖析总统讲话时用到的演讲稿,来分析总统使用的修辞手法以及政治观点倾向。有不少研究者针对线下问卷调查进行分析,结果发现社交能力强的人在网络中也更受欢迎。从长远来看,语义网络分析方法较好地平衡了研究者的主观判断和文本语言逻辑的客观性,并且结合了文本分析的优势,将成为未来传播学研究的得力工具。

三、主题模型

主题是指概括文本中词汇分布的一种概念,例如,在"食物"主题中,与该主题有关的词"米饭""面包"等词出现频率会比较高;在"动物"主题中,"狮子""老虎"等词出现频率会比较高。主题模型的主要思想是通过对文本、词语和主题之间的关系进行分析,从而实现对大量文本进行主题归类。该模型最常用的方法是潜在狄利克雷分配(Latent

---

① 钟智锦,王童辰.大数据文本挖掘技术在新闻传播学科的应用[J].当代传播,2018(5):12-18.
② 谷羽.语义网络分析方法在传播学中的应用及批判[J].现代传播(中国传媒大学学报),2019,273(4):155-159.

Dirichlet Allocation，LDA），它是一种基于无监督学习的主题模型。LDA假设每个文档是由多个主题混合而成的，而每个主题又是由多个词汇构成的。

在国外研究者进行的一项关于火灾的研究中，就是使用推特文本构建关于火灾的主题模型，并对火灾的烟雾以及发送推文的地理位置进行了讨论。这项研究有望在检测部门发布权威数据之前，利用社交媒体来跟踪推特中有关火灾的相关信息，建立起一个公共卫生事件的快速预防系统。研究者通过关键词检索，收集了2014年9月1日至10月15日关于一场名为"King Fire"的火灾的在线数据，并对发布推特的地理位置进行编码，收集了大约1.4万条推文，最后通过主题模型分析出20个主题。研究结果表明，关于这场火灾，推特的主要话题围绕着火灾的范围、面积、活动区域、空气质量和受害者情况等信息。研究还表明，火源发生的地理位置分布会影响推文的主题分布。例如，距离火源较近的用户更有可能讨论空气质量，而距离火源较远的用户更有可能讨论纵火犯、火灾原因等其他主题。

第四节　Python与文本分析典型案例

文本分类作为文本分析中最常用的一项技术，在计算传播学中同样也发挥着很大的作用。由于篇幅限制，本节选取主流的文本分析技术来对新闻数据进行分类。文本分类是用计算机对文本按照一定的分类体系或标准进行自动分类标记的过程。伴随着信息的爆炸式增长，人工标注数据已经变得耗时、效率低下，且容易受到标注人员主观意识的影响。因此，利用机器自动化实现文本标注显得格外具有实用价值。将重复且枯燥的文本标注任务交由计算机进行处理，不仅能有效克服以上问题，而且所标注的数据具有一致性、高质量等特点，优于人工标注。

一、案例描述

本节将基于THUCNews数据集进行文本分类。THUCNews数据集是由清华自然语言处理NLP组提供的新闻文本分类数据集，包括约74万篇文档，涵盖体育、娱乐、家居、彩票、房产、教育、时尚、时政、星座、游戏、社会、科技、股票、财经共14个分类。本节选取THUCNews数据集的部分数据,即每个分类包含1 000条数据,总共14 000条新闻数据。具体数据集的形式如表7-2所示：

表7-2　数据集示例表

序号	标签(label)	文本(text)
1	体育	冠军球队迎新欢乐派对黄旭获大奖张军赢下PK赛……
2	娱乐	对话芝加哥电影节评委余男:芝加哥不相信眼泪……
3	家居	一道不大的墙面同样可以成为空间的焦点……
4	彩票	胜负彩08059期任选9场开奖:头奖2944注每注4千9……
5	房产	北京限价房30余户出租专家称绝不允许长租商用……
6	教育	考位扩容:暑期新托福再迎考试高峰……
7	时尚	09巴黎高级定制秀最有看点8场次中国风、绚丽色彩……
……	……	……

在本数据集中,text代表文本数据,表示某条新闻中具体的文字内容;label代表标签,表示其对应的text属于哪一种类别。例如,在第1条数据中,"冠军球队迎新欢乐派对黄旭获大奖张军赢下PK赛……"代表了某条新闻的内容,而这条新闻是属于体育类别的,所以它的label是"体育"。再例如,在第5条数据中,"北京限价房30余户出租专家称绝不允许长租商用"这条新闻是属于房产类别的,所以它的label是"房产"。

二、文本分类过程

本实验采用机器学习对数据集进行文本分类。首先,读取训练数据集和测试数据集,其中训练数据集14 000条,测试数据集280条;其次,对文本数据进行清洗,去除文本中的表情字符,只保留中英文字符和数字,并对清洗后的文本通过jieba进行分词,去停用词等操作;接下来,对标签进行编码,将14个类别进行向量化,并计算每一条文本中每个词的TF-IDF值作为该文本的表示;最后,通过逻辑回归(Logistic Regression,LR)模型实现对文本的分类。LR是一种广义的线性回归分析模型,常用于频率使用数据分析、文本挖掘技术的金融、医学和新闻传播等领域。具体流程如图7-2所示。

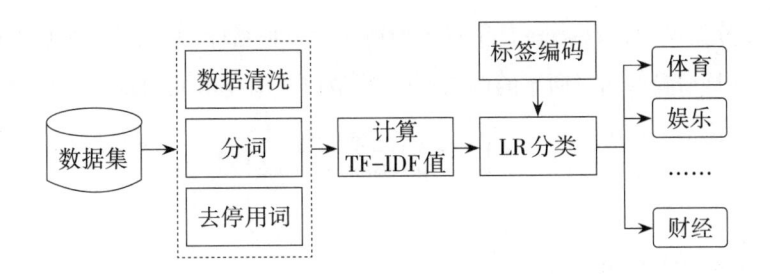

图7-2 文本分类过程

对模型进行评估的方法很多,最常见的评估方法是通过F1值(F1-score)对模型进行打分。这里举个例子,当使用最常见的二分类模型进行预测时,会出现如表7-3以下四种情况,正例代表样本二分类中的一个类别,反例代表样本二分类中的另一个类别,例如正例用0表示,则反例用1表示。

表7-3 二分类预测结果展示

预测＼真实	正例	反例
正例	TP	FN
反例	FP	TN

True Positive (TP):正样本成功预测为正样本;
True Negative (TN):负样本成功预测为负样本;
False Positive (FP):正样本错误预测为负样本;
False Negative (FN):负样本错误预测为正样本。
TP+FP+TN+FN=样本总数。

接下来介绍模型预测中的精准度(Precision)、召回率(Recall)和准确率(Accuracy)。

精准度指分类器判断为正例占所有真实正例的比重:

$$precision = \frac{TP}{TP+FP} \tag{7-10}$$

召回率指分类器判断为正例占所有预测正例的比重:

$$recall = \frac{TP}{TP+FN} \tag{7-11}$$

准确率代表分类器对所有样本判断正确的比重:

$$accuracy = \frac{TP+TN}{TP+TN+FP+FN} \tag{7-12}$$

对于二分类模型,F1-score是衡量模型精度的一种指标,兼顾了分类模型的精确率和召回率,它是精确率和召回率的调和平均数,取值范围在0~1之间。其计算公式为:

$$F1 = 2*\frac{precision*recall}{precision+recall} \qquad (7-13)$$

三、案例结果展示

多分类模型分类效果的评估方法与二分类模型类似,会基于每个类别的预测结果分别产生一个F1-score。具体来说,本实验数据集共有14个类别,对于每一个样本都有14种分类,因此最终会分别产生14个类别的F1-score,如图7-3所示。

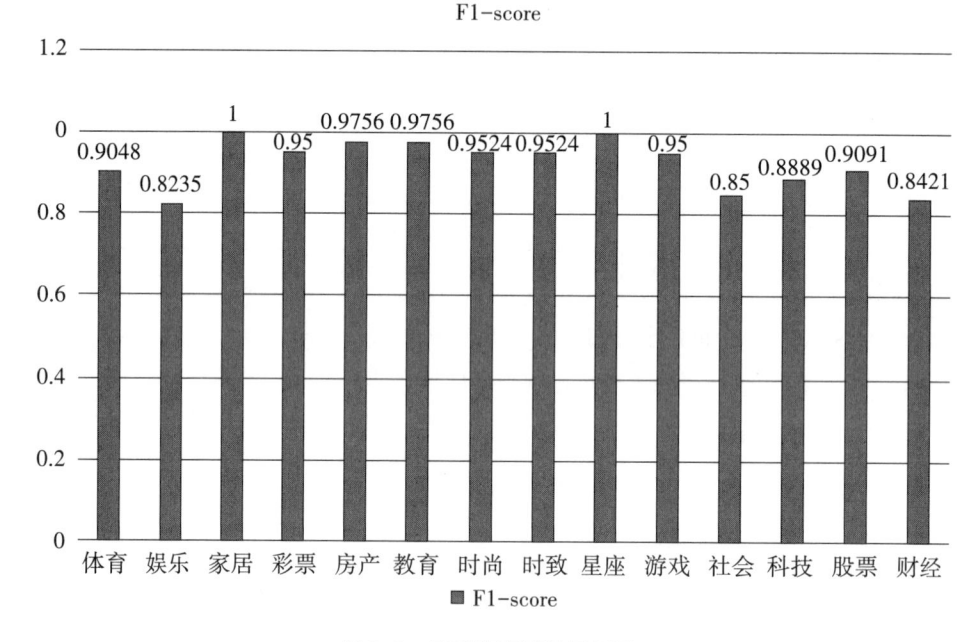

图7-3 测试集预测结果展示

以体育类别为例,测试集数据280条,其中体育类别数据20条。

TP=19,FP=3,FN=1

precision=19/(19+3)=0.8636

recall=19/(19+1)=0.9500

F1-score=2*0.8636*0.95001(0.8636+0.9500)=0.9047

其余类别计算方法类似,依据公式依次得到不同类别的F1分数。

核心代码展示2

本章小结

本章阐述了文本分析方法的基本概念,文本分析是指为了发现知识,从文本数据中抽取隐含的、以前未知的、潜在有用的模式的过程。梳理了文本分析的一般过程,从数据源到预处理,再经过文本分析得到知识的过程。详细介绍了文本预处理技术,包括分词、去停用词、特征表示(One-Hot编码、词袋模型、TF-IDF模型和向量空间模型)、特征选择(文档频率、信息增益、卡方检验、互信息)。

分别介绍了文本分析在传统领域的典型应用,包括文本摘要、文本分类、文本聚类和文本关联分析。文本摘要可以针对长文本内容,自动化地提取出最具价值的信息;文本分类可以让计算机自动识别给定文本的种类;文本聚类和文本分类一样,可以识别文本类别,但使用的是无监督方法;文本关联分析是通过统计文本中单词或短语出现的频率以及使用自然语言处理等技术,发现文本中的关联性。

同时介绍了文本分析在计算传播领域中的应用,包括情感分析、语义网络分析和主题模型。情感分析主要研究如何从文本中发现或挖掘人们对于某种事物、产品或服务所表达出的情感、意见或情感;语义网络分析方法是利用计算机技术和语义学原理对文本或其他事物进行分析和建模的一种方法;主题模型的主要思想是通过对文本、词语和主题之间关系的进行分析,从而通过无监督学习的方法实现对大量文本进行主题归类。

在本章最后一小节提供了一个关于新闻分类案例的代码实现,基于THUCNews数据集中包含的14种类别的文本信息对其进行分类,首先对数据集进行加载及预处理,再利用Python第三方库sklearn提供的方法计算不同文本的TF-IDF值,然后通过LogisticRegression对给定的文本进行分类预测,最终得到给定文本的类别。

思考题

1. 什么是文本分析?
2. 常用的文本分析预处理技术有哪些?
3. 简述文本分析的典型应用有哪些。
4. 什么是文本摘要?在计算传播学中的应用有哪些?
5. 什么是文本分类?在计算传播学中的应用有哪些?
6. 什么是文本聚类?在计算传播学中的应用有哪些?
7. 什么是文本关联分析?在计算传播学中的应用有哪些?
8. 试结合清华大学THUCNews数据集,尝试使用本文的方法完成文本的分类工作。

第八章　情感分析与计算传播学

知识目标

☆ 情感分析的相关概念。

☆ 情感分析的一般过程。

☆ 情感分析的典型应用。

☆ 情感分析在计算传播学中的应用。

☆ 典型案例的代码实现流程。

能力目标

1. 掌握情感分析的基本概念。

2. 了解情感分析的典型应用。

3. 了解情感分析在计算传播学中的应用。

4. 理解运用Python实现文本情感分类的过程。

思维导图

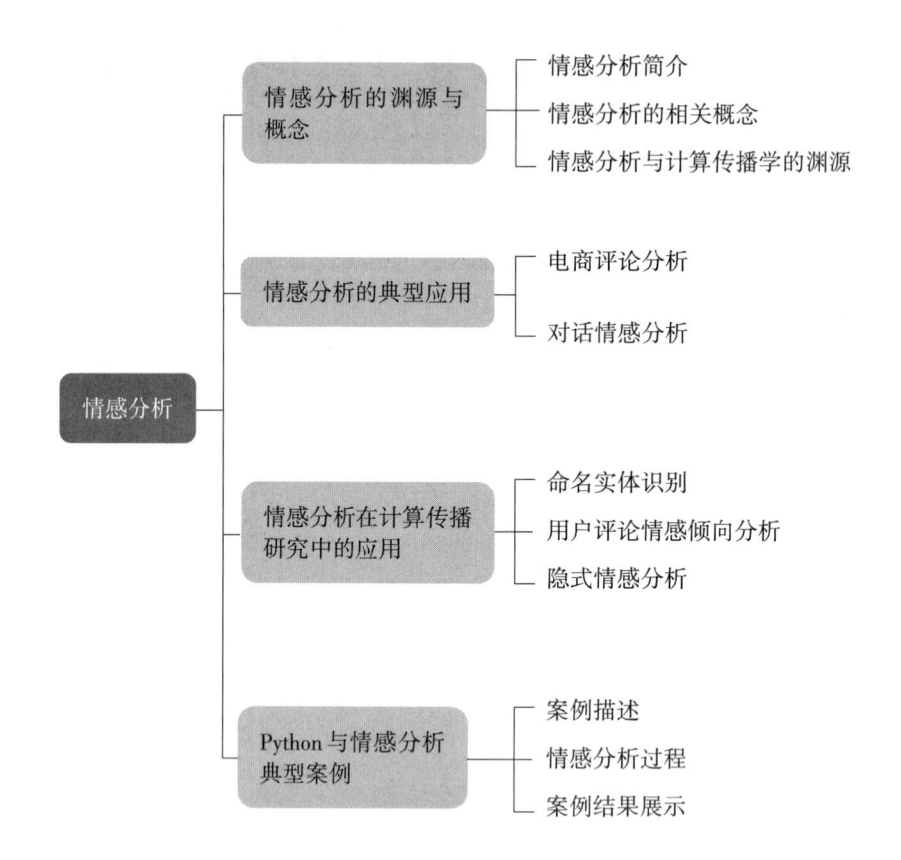

- 情感分析
  - 情感分析的渊源与概念
    - 情感分析简介
    - 情感分析的相关概念
    - 情感分析与计算传播学的渊源
  - 情感分析的典型应用
    - 电商评论分析
    - 对话情感分析
  - 情感分析在计算传播研究中的应用
    - 命名实体识别
    - 用户评论情感倾向分析
    - 隐式情感分析
  - Python与情感分析典型案例
    - 案例描述
    - 情感分析过程
    - 案例结果展示

案例导入

从我国古代来看,荀子把情感分为好、恶、喜、怒、哀、乐六种。而后《礼记》将情感分成喜、怒、哀、惧、爱、欲七类。之后《中庸》提到"喜怒哀乐之未发,谓之中;发而皆中节,谓之和",意思是"喜怒哀乐的情感没有表露出来,这叫作中;表露出来但合乎法度,这叫作和。"这里面提到了喜、怒、哀、乐四种情感,就是情感的四情说。情感是人类内心外在的表现形式,分析一个人的情感表现往往能更加深入地了解其行为特征。

诺贝尔奖得主Herbert Simon作为计算机科学家以及心理学家,他在认知心理学方面强调,解决任何问题都要考虑情感的影响。情感表达和识别的过程有助于信息的交流和理解。人类几乎所有的行为都要受到情感的驱动,这些情感同样影响着人类之间的交际和群体之间的生活方式。因此,在传播学的研究中,拥有对情感的识别、分析、理解、表达的能力也应成为必不可少的一种能力。社交媒体平台上的信息是直接反映公众情感态度的重要来源，情感分析工作者可以通过分析社交媒体上的言论，开展舆情分析并预测事件发展趋势。检测舆情内容的情感极性，可为企业和组织提供基于数据的乃至实时的用户反馈，从而更好地了解公众对其在市场、政治等方面的立场和反应，以制定相应的应对策略。

人工智能的发展加速了情感分析的应用，情感分析是用来探究人们对于话题、时间、产品、服务等对象的态度，而研究个体态度是传播学传播效果的重要领域。在情感分析的基础上进一步研究情感信息在互联网上的空间传播特征、规律和影响因素是传播学的重要任务之一。

第一节 情感分析的渊源与概念

随着我国综合国力不断提高，包括互联网、物联网在内的第三产业正在成为经济发展的重要引擎。这些应用领域，情感分析是推动其发展进步的重要力量之一，尤其是在舆情管理、商业决策和大数据分析等任务中发挥着重大作用。

一、情感分析简介

情感分析（Sentiment Analysis）又称意见挖掘，主要研究的是如何从文本中发现人们对于某种产品、事务或服务所表达出的情感或意见。通常情况下，情感分析结果一般可以分为三类：积极的、中立的和消极的。随着大数据时代的到来，情感分析已经成为一个活跃的研究领域，目前在产品评论、社交媒体和在线博客等领域均有一定应用。[1]

---

[1] 谭翠萍.文本细粒度情感分析研究综述[J].大学图书馆学报,2022,40(4):85-99+119.

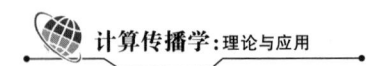

二、情感分析的相关概念

从情感分析的层次来看,文本情感分析可分以篇章级和语句级为主的粗粒度情感分析,以及以对象属性为主的细粒度情感分析。篇章级情感分析的主要任务是对于一整篇文本内容的情感倾向进行分析。例如,给出一篇文章或者新闻报道,识别这篇文本所包含的情感是积极的、中立的还是消极的。篇章级情感分析认为每篇文本都代表一个单独实体,即同一篇文本的情感极性应该是一致的,如果一篇文本包含多个情感极性,则这篇文本不适用于这种粒度层次的分析方式。语句级情感分析的主要任务是以语句为一个单独实体,识别其中的情感极性是积极的、中立的还是消极的。语句级情感分析是比篇章级情感分析粒度层次更细的一种情感分析方式,这种情感分析方式在面临一篇文本包含多种的情感倾向时,能够更加灵活地逐句分析情感。语句级情感分析研究主要包括提取主观性文本和客观性文本、语句情感极性的识别以及情感极性强度分析等。

在某些情况下,粗粒度层次的篇章级和语句级情感分析依然不能满足人们对情感分析的需求。例如,"这家店的食物很好吃,但是服务质量很差!"表达了人们对这家店"食物"的积极态度以及对"服务质量"的消极态度,由于一句话中包含了多种情感,所以通过粗粒度层次的情感分析很难完全体现评论人想表达的情感。而以对象属性为主的细粒度情感分析却能解决这个问题,以对象属性为主的情感分析又称为方面级情感分析(Aspect-based Sentiment Analysis,ABSA),这种分析方式会将"食物"与"服务质量"作为"这家店"这一评价对象的两个属性,也称为两个方面,从而针对不同的方面分别进行情感分析,最终会得到"食物"方面的积极评价与"服务质量"方面的消极评价。

三、情感分析与计算传播学的渊源

随着新媒体时代的到来,人们在互联网上产生大量的文字、图片和视频等多媒体信息,如何有效地获取并分析这些信息已成为传播学者研究的重要课题之一。在这一领域中,情感分析是一种常用的技术,可以帮助我们更好地理解和识别人们在数字世界中的情感状态和情感倾向。未来探索更为复杂的情感类别,并提升复杂类别下的情感划分准确度,是具有极大社会学意义的研究课题。[①]

在计算传播学中,情感分析技术可以帮助分析社交媒体数据中用户的情感和情感倾向,从而更好地了解人们对特定事件、产品或服务的态度和看法。例如,可以利用情感分析技术来分析推特上的用户评论,了解人们对某个品牌的看法,或者分析新闻报道的评论,了解公众对某个事件的反应。情感分析的结果有助于传播学者更好地了解受众的需求和兴趣,从而更好地满足他们的需要,同时也可以帮助企业了解市场的态度和反馈,从而更好地制定营销策略。除了社交媒体数据,情感分析技术还可以应用于其他类型的数字信息,如音频、视频和图片。例如,可以利用声音情感分析技术来分析语音邮件和电话记录中的情感,或者利用图像情感分析技术来分析用户在社交媒体上发布的图片和视频内容。这些技术可以帮助我们更好地了解用户的情感状态和情感倾向,从而更好地了解用户的需求和兴趣。

有研究者将情感分析技术应用于检测推文对美国总统候选人的态度,通过收集大量推特用户关于总统候选人的推文,分析该用户对总统候选人的情感极性并以此打分。结果显示,基于情感分析技术得到的分数与通过人工打分得到的分数相似性高达82.8%,表明了情感分析技术的有效性。在中文语言环境中,情感分析技术还被应用于分析微博文本的情感极性,例如,分析社交媒体中关于中国"延迟退休"这一话题用户讨论的情感倾向及变化。也有研究者开发了一款用于检测学生的情感极性和情感变化的应用程序,这款程序基于学生用户在社交媒体中填写的部分公开的个人信息进行分析并提取其中的情感极性。[②]情感分析与计算传播学的结合,为社交媒体和社会大数据分析提供了新的手段和方法,促进了传播学研究在资料和方法上的不断更新和发展,为实现更加准确、深入的舆情分析和决策提供了更加可靠而先进的工具。

---

① 吴小坤,赵甜芳.自然语言处理技术在社会传播学中的应用研究和前景展望[J].计算机科学,2020,47(6):184-193.
② 巢乃鹏.人工智能与计算传播学[J].人民论坛·学术前沿,2019,No.180(20):20-31+107.

第二节 情感分析的典型应用

情感分析经过近几年的发展,在电影评论、产品评论和景区评价等领域取得了较大的发展,甚至在某些领域已经达到了可以应用的水平。但是,从一般意义上来说,情感分析还有很多的困难需要解决,其中最本质的问题依然是对语言的理解问题,这也是自然语言处理中最核心的难题。[1]接下来,将展示情感分析在电商评论、对话情感、文章主题和虚假信息检测方面的应用。

一、电商评论分析

随着互联网的迅速发展,网络购物已渐渐成为广大民众购买商品的首选渠道,网络购物因为其方便快捷、产品多样等优点,吸引着越来越多的用户。消费者在购买商品之后,通常都会对商品或服务发表评价,也就是电商评论。作为一种网络中的口碑,研究者已经对电商评论进行了深入研究,从最初采用打分的方式对商品进行评价,到后来发展到使用文本的方式对商品进行描述;从早期通过调查问卷、人工问答等传统方式获取评价数据,再到现在使用计算机的方式对电商评论文本加以自动化分析;从开始关注评论文本字数等基本特征,到后来分析评论中包含的产品或服务属性等细粒度特征。情感分析方法在电商评论中的应用逐渐扩大,并得到了广泛发展。[2]基于电商评论的情感分析方法主要包括基于情感词典的方法、基于机器学习的方法和基于深度学习的方法。

(一)基于情感词典的情感分析方法

基于情感词典的方法其一般过程如图 8-1 所示,首先需要获取电商评论;然后根据基础的且通用的情感词典构建电商领域使用的情感词典;接下来将电商评论经过分词后与构建的词典进行一一匹配,计算每一个词的情感得分;最后根据每个词的情感得分得到某一条评论整体的情感得分。常用的基础情感词典有知网情感词典 HowNet 和大连理工大学中文情感词典本体库等。

---

[1] 阳广元.国内基于本体的信息抽取研究现状与热点分析[J].图书馆理论与实践,2017,211(5):38-43.
[2] 李杨,徐泽水,王新鑫.基于在线评论的情感分析方法及应用[J].控制与决策,2023,38(2):304-317.

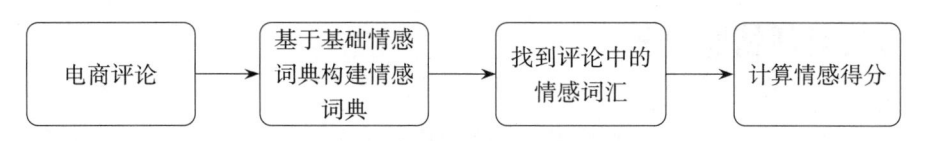

电商评论 → 基于基础情感词典构建情感词典 → 找到评论中的情感词汇 → 计算情感得分

图8-1 基于词典的情感分析一般过程

(二)基于机器学习的情感分析方法

基于机器学习的情感分析方法通常分为两种,一种是有监督学习的情感分析方法,另一种是无监督学习的情感分析方法。前者利用大量已知类别的样本对模型进行训练,需要大量的已标注的样本集;在某些场景下,如电商评论,由于人工标注成本过高,或者缺乏足够的先验知识,则可采用后者。基于有监督的机器学习的算法主要有支持向量机(support vector machine,SVM)、贝叶斯算法和决策树等。基于无监督的机器学习算法主要有聚类和降维等。聚类包括K-means和层次聚类等;降维包括主成分分析(Principal Component Analysis,PCA)和奇异值分解(Singular Value Decomposition,SVD)等。

(三)基于深度学习的情感分析方法

随着深度学习技术的发展,其在情感分析领域的运用也越来越广泛。电子商务平台中,用户对于商品的相关评论常常反映了用户对该产品的喜好程度,对用户的评论进行情感分析,有助于商家改进产品。基于用户评论进行情感分析,大多采用机器学习和深度学习算法。深度学习算法主要包括卷积神经网络(Convolutional Neural Network,CNN)、循环神经网络(Recurrent Neural Networks,RNN)和多层感知机(Multilayer Perceptron,MLP)等。目前,大多数情感分析研究也常将多种深度学习网络结合起来一起使用。

在电子商务领域中,涉及的用户角色有两种:消费者(买家)和商家(卖家)。对于买家而言,通过阅读当前的评论,有助于更好地了解所购买的商品和服务,从而为是否购买(决策)提供参考。对于卖家而言,查看当前的评论,有助于及时解答买家对产品和服务的疑问,改进产品或服务的不足,为用户推荐更加适合的产品和提供更好的服务。随着电子商务平台的深入发展,电商评论呈现动态累积增长的趋势,这些蕴含丰富信息的文本和图片,在人工智能、大数据分析和数据挖掘等技术的加持下产生更多的商业价值,因此,也推动着基于电商评论的情感分析进一步发展和应用。

二、对话情感分析

根据第51次《中国互联网络发展状况统计报告》公布的信息,截至2023年我国的互联网用户数量已达到10.67亿。互联网的发展极大地拓展了人与人之间交流沟通的渠道,各类即时通信工具和社交媒体平台可以让远隔万里的用户沟通并分享自己的观点与感受。另一方面,随着人机对话技术的快速发展与落地,各种智能助手和聊天机器人也通过对话的形式来挖掘用户的意图或完成用户指定的任务。[1]因而,从一定程度上来说,互联网极大地降低了人们通信交流的成本,丰富了人民群众沟通互动的方式和渠道。

对话情感分析(Emotion Recognition in Conversationl,ERC)是指在一段对话场景中,识别出每个语句的情感倾向。与语句级情感分析相比,ERC则更依赖于对话的上下文。以一段客服场景下的对话为例:

买家问:"我的货怎么还没到?"

卖家回答:"亲,非常抱歉,请耐心等待,商品已经在路上了。"

买家接着说:"我半个月前买的。"

买家说的第二句话"我半个月前买的。"从字面上理解是一个情感极性为中性的句子,而在该对话场景中表达的是负面的情感,客户通过这句话是想表达对运输速度的不满。

由于ERC任务是近几年逐渐兴起的研究热点,并且对话中的每个语段都是以短文本的形式出现,因此受益于短文本情感分析,许多对话情感分析的模型都是在文本情感分析的基础上衍生或改进而来。对话情感分析早期大部分工作都是在卷积神经网络CNN和循环神经网络RNN的基础上改进而来。随着图神经网络(Graph Neural Network,GNN)在自然语言处理领域的广泛应用,对话情感分析领域也逐渐涌现了一些以图结构为基础的算法工作。[2]

对话情感分析技术具有广阔的应用前景和现实意义。首先,在社会层面上,对社会突发热点事件的网络交互对话文本分析,可以分析群体情感的发酵、传播、转化和汇聚过程,有益于网络舆情监管体系的完善,帮助监管部门在社会热点事件早期的发酵、传播阶段及时干预舆论导向并安抚公众负面情感,推动数字时代的社会治理新体系的发展。其次,在商业层面,对话情感分析技术的实际落地可以辅助智能客服和聊天机器人

---

[1] 张伟生,王中卿,李寿山,等.基于对话结构和联合学习的情感和意图分类[J].中文信息学报,2020,34(8):105-112.
[2] 彭韬.对话文本的情感分析技术研究[D].大连:大连理工大学,2022.

实时监测交互用户的情感状况,既可以全面了解用户对于企业产品的评价与反馈,也可以生成融合了情感信息的针对性回复更好地安抚用户,避免通用性的无意义回复,从而推动企业产品在设计、研发和销售各个环节的改进。最后,在个人层面,对话情感分析技术在保证用户隐私的前提下,可运用于监测心理障碍患者的情感趋势,对于患者的极端不良情感及可能的越轨行为向监护人或心理医生预警,并及时通过心理干预或药物治疗等手段保证用户的身心健康,减少因抑郁症、焦虑症或精神分裂等心理障碍导致的自残、自杀或反社会倾向等行为。

文章主题分析和虚假信息检测

第三节 情感分析在计算传播研究中的应用

在电子商务领域,通过用户对某件商品发表的评论,可以了解该用户对商品的喜好程度从而决定推荐与否。在旅游领域中,通过游客对某个景点所发表的评论,可以得到游客对该景点的旅游体验,例如,游客反映景区物价太贵等。在新闻传播领域中,通过分析用户对新闻的评论,可以了解用户的对特定新闻的意见和观点,把握新闻传播趋势。因而,情感分析的应用场景十分广泛。在情感分析的过程中,首先需要利用自然语言技术,找到人们关注的每一类事物(实体),进而分析这些事物的评论,挖掘用户的情感倾向和隐藏的情感,接下来着重讨论命名实体识别、用户评论情感倾向分析和隐式情感分析。

一、命名实体识别

命名实体识别(Named Entity Recognition,NER)是指从给定文本中识别特定类别的实体信息,[1]例如"小明喜欢去公园",通过NER识别出"小明"和"公园"两个实体,并分别与人名(Person,PER)和地名(Location,LOC)两个分类相对应,通常我们把命名实体分为实体类、时间类和数字类三个大类,和包括人名、地名、组织机构名、时间、日期、货币、百分比在内的七个子类。在实际应用中,使用NER通常只需要识别出人名、地名和组织

---

[1] 唐瑞雪,秦永彬,陈艳平.多尺寸注意力的命名实体识别方法[J/OL].计算机科学与探索.http://kns.cnki.net/tcms/detail/11.5602.TP.20230116.1027.003.html.

机构名,对于时间、日期、货币和百分比实体可以使用正则表达式匹配得到。[①]命名实体识别作为自然语言处理的核心任务之一,其识别结果可以促进问答系统、机器翻译、情感分析和知识库构建等下游任务的研究。

命名实体识别的研究大致经历了三个发展阶段。第一阶段(早期)基于规则和手工特征的命名实体识别,其基本思想是依照规则进行匹配,主要依赖词典、手工模板和正则表达式等方法。第二阶段(中期)基于统计方法,其基本思想是选择最大概率输出,主要的方法有最大熵ME、隐马尔可夫模型HMM、支持向量机SVM和条件随机场CRF等。第三阶段(近期)基于深度学习的命名实体识别模型,其思想是在文本集的基础上,通过模型训练进行识别,是当前主流的方法,并取得了较好的结果。[②]

图8-2展示了命名实体识别的一般过程,分为嵌入层、编码层和解码层。其中嵌入层的作用是将字或词转化为向量表示;编码层的作用是进一步获取文本的上下文信息,通常使用CNN或RNN等网络来捕获上下文的依赖关系;解码层的作用是通过一定的规则对编码层输出进行分类,通常使用CRF(Conditional Random Field,CRF)实现这一功能。[③]在图8-2中,"他出生在中国"这句话经过NER识别后可以得到"中国"的标签为"LOC",代表着地名。

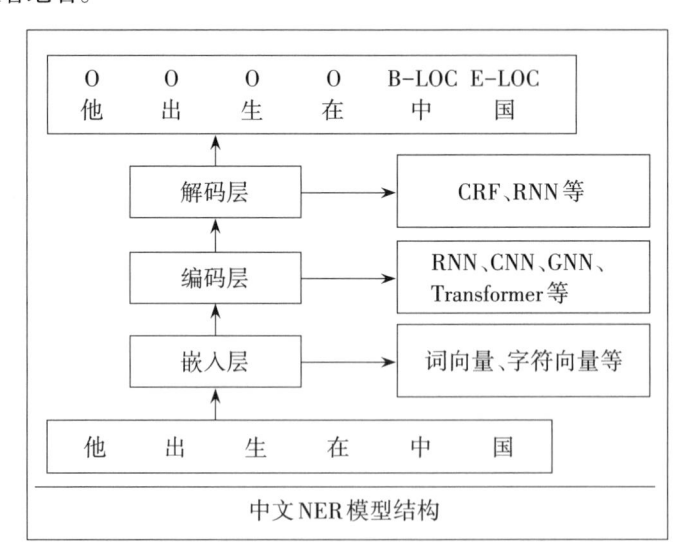

图8-2 基于深度学习的中文命名实体识别模型结构

[①] 张汝佳,代璐,王邦,等.基于深度学习的中文命名实体识别最新研究进展综述[J].中文信息学报,2022,36(6):20-35.
[②] 康怡琳,孙璐冰,朱容波,等.深度学习中文命名实体识别研究综述[J].华中科技大学学报(自然科学版),2022,50(11):44-53.
[③] 郑洪浩,宋旭晖,于洪涛,等.基于深度学习的中文命名实体识别综述[J].信息工程大学学报,2021,22(5):590-596.

命名实体识别的目的是识别出命名实体,为以它为基础的下游自然语言处理任务打下坚实的基础。有研究者针对社交媒体平台,通过命名实体识别精准地抽取出人们研究所需要的信息,帮助公司和企业了解用户需求改进产品,还可以帮助政府工作人员及时掌握社会舆论动向,维护社会的稳定。[1]

二、用户评论情感倾向分析

随着互联网的快速发展,越来越多的人开始通过网上评论对各种话题进行表达。这使得用户评论情感分析渐渐成为计算传播学研究中的一个重要方向。这些评论通常出现在网站评论、视频弹幕和商品评论等地方,并且这些评论的文本表现形式有长有短,接近口语化,往往包含着用户的情感,比如积极的、中立的和消极的等。这些评论文本蕴含着丰富的信息,通过情感分析技术来分析这些文本,可以得到这些文本的情感倾向,同时也可以研究用户的情感状况、对社会中某个现象的看法以及对某个产品的评价,具有一定的商业价值和社会价值。[2]

在计算传播学领域中,评论情感分析可以帮助企业理解用户对产品和服务的态度,降低市场风险并提高销售;可以辅助媒体分析读者对报道的反应,更准确地衡量公众对话题的热度和关注度;也可以提高舆情监测的精度,迅速发现并响应异常情况。评论情感分析所涉及的人工智能技术和自然语言处理技术,为计算传播学研究提供了新的工具和视角,并且可以帮助学者更全面、客观、深入地理解网络话语、在线信息和用户行为,有着广泛的应用前景。随着旅游业的发展,游客在选择旅游景点前,往往会了解该景点的相关评论信息,景点的评价正在渐渐影响着游客的决策。通过评论信息,既可以分析游客的旅游感受,又可以根据评论中的建议改进景点的服务质量,如何有效地对景点评论进行情感分析已成为一项非常有意义的任务。有研究者针对景点的评论进行情感倾向分析,并将结果应用在景点推荐领域,提升了游客旅游体验。[3]

---

[1] 陈丹华.融合WordNet的社交媒体文本命名实体识别研究[D].曲阜:曲阜师范大学,2022.
[2] 范昊,李鹏飞.基于FastText字向量与双向GRU循环神经网络的短文本情感分析研究——以微博评论文本为例[J].情报科学,2021,39(4):15-22.
[3] 刘宇泽,叶青,刘建平.基于改进BERT的景点评论情感分析[J].传感器世界,2022,28(12):24-29.

三、隐式情感分析

文本情感分析主要是指利用自然语言处理和文本挖掘技术对带有情感色彩的主观性文本进行挖掘、处理和抽取知识的过程。通常情况下,文本情感分为两类,一类是显示情感,另一类是隐式情感。显示情感包含明显的情感词,使得文本情感容易被区分,例如,"今天真开心!"这句话中的"开心"就是一个很明显的情感词,从而反映出这句话积极的情感极性;而隐式情感文本中一般不包含显示情感词,例如,"谢谢你为公司做出的贡献,但由于一些原因,你将被裁员。"在这个例子中,虽然邮件使用了礼貌用语来表达感谢和遗憾,但由于裁员的信息是这封邮件中的主要内容,因此这句话的情感是消极的。

当今互联网中包含着大量隐式情感文本,这将使得文本情感分析变得更加困难,但是这些文本可以表达出比显示情感文本更加丰富的情感信息,这对当今互联网时代来说显得尤为重要。例如,卖家可以对买家评论中隐藏的情感进行分析,从而对自己的产品进行更新优化,更好地满足买家的需求。但是隐式情感又常常因为其表达方式比较含蓄、不直观,导致情感分析与特征提取相对显示情感来说比较困难,因此隐式情感分析在自然语言处理中成为难题之一。[1]隐式情感分析一般包含三个任务,分别是幽默识别、反讽识别和侮辱性言论检测。幽默识别的目标是识别一段文本中是否包含幽默的语义表达;反讽识别的目标是识别一段文本中是否包含嘲笑、轻蔑等讽刺的表达;侮辱性言论检测的目的是,识别一段文本中是否具有攻击性语言、侮辱性语言,以及企图煽动特定群体之间的暴力或仇恨的语言。[2]

第四节 Python 与情感分析典型案例

本节将通过一个具体实例来展示情感分析的一般步骤。情感分析是人们对产品或服务的观点、情感和评价。[3]该领域的发展和快速起步得益于网络上的社交媒体,例如

---

[1] 张军,张丽,沈凡凡,等.RoBERTa融合BiLSTM及注意力机制的隐式情感分析[J].计算机工程与应用,2022,58(23):142-150.
[2] 樊小超.隐式情感分析关键技术研究[D].大连:大连理工大学,2021.
[3] 李芳,曲豫宾,陈翔,等.一种基于类不平衡学习的情感分析方法[J].吉林大学学报(理学版),2021,59(04):929-935.

产品评论、论坛讨论、微博和微信的快速发展。情感分析是自然语言处理中最活跃的研究领域之一,已经涉及计算机科学、管理科学和社会科学等领域。此外,情感分析还涉及诸如市场营销、金融、政治学、通讯和医疗科学等领域。随着其商业性的日益增强,情感分析已经成为社会关注的焦点。[1]

一、案例描述

本节选用的情感分析数据集源自微博平台收集的2 000条微博信息,其中1 000条中立态度的文本和1 000条消极态度的文本。数据集包括两个部分label和text,其中label是样本的标签,1代表消极文本,0代表中立文本。具体数据集的形式如表8-1所示:

表8-1 数据集示例表

序号	label	text
1	1	到隔壁公园散步,感觉太糟糕了
2	1	这次实验数据不理想,唉!还要从头做一遍
3	1	又长了几斤,减肥真的好难
4	0	还有谁不知道的求婚场面,今晚的狗粮……
5	0	我一开始用烤箱加热巧克力流心,但是麻薯的口感特别……
6	0	还会从市区点些机场这边没有的外卖食材带来公司……
……	……	……

在本数据集中,text代表文本数据,表示某微博中具体的文字内容;label代表标签,表示其对应的text属于哪一种类别。例如,在第1条数据中,"到隔壁公园散步,感觉太糟糕了"代表了某条微博的内容,而这条文本是属于消极类别的,所以它的label是1。再例如,在第5条数据中,"我一开始用烤箱加热巧克力流心,但是麻薯的口感特别……"这条微博是属于中立类别的,所以它的label是0。

---

[1] 张天垣.影评文本细粒度二元情感分析系统设计[D].沈阳:沈阳工业大学,2020.

二、情感分析过程

本实验采用深度学习对数据集进行情感分析,首先,读取训练数据集和测试数据集,其中训练数据集1 800条,测试数据集200条;然后,对文本进行词嵌入,通过Tokenizer分词器对文本进行分词并且向量化;接下来,将向量化后的文本通过预训练的BERT模型进行编码;最后,通过FC层和Softmax层实现对文本的情感分析。具体流程如图8-3所示。

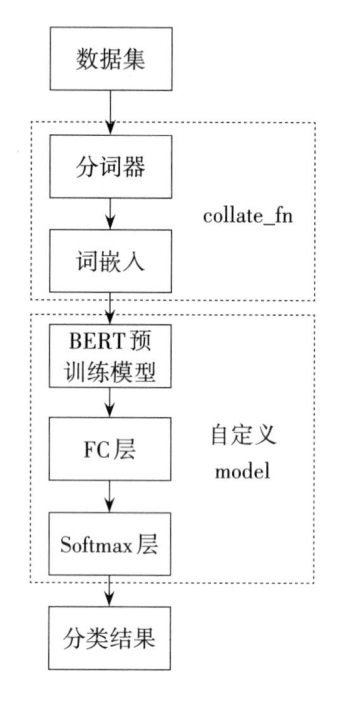

图8-3 情感分析过程

BERT的全称为Bidirectional Encoder Representation from Transformers,是一个预训练的语言表征模型,可学习文本的双向表示,显著提升文本在分类任务中的效果。全连接层又称FC层,指的是层中的每个节点都会连接它下一层的所有节点,它是模仿人脑神经结构来设计的,在本实验中的作用是提供庞大的可训练参数以及改变输出的维度。Softmax函数多用于分类任务当中,其作用是为了方便训练过程中计算损失,为模型的反向传播做准备。

三、案例结果展示

train_acc 代表训练集的准确度,test_acc 代表测试集的准确度,epoch 代表训练次数。由结果可知,随着训练次数增加,训练集和测试集的准确率都在不断提升。如图 8-4 所示。

实验结果展示

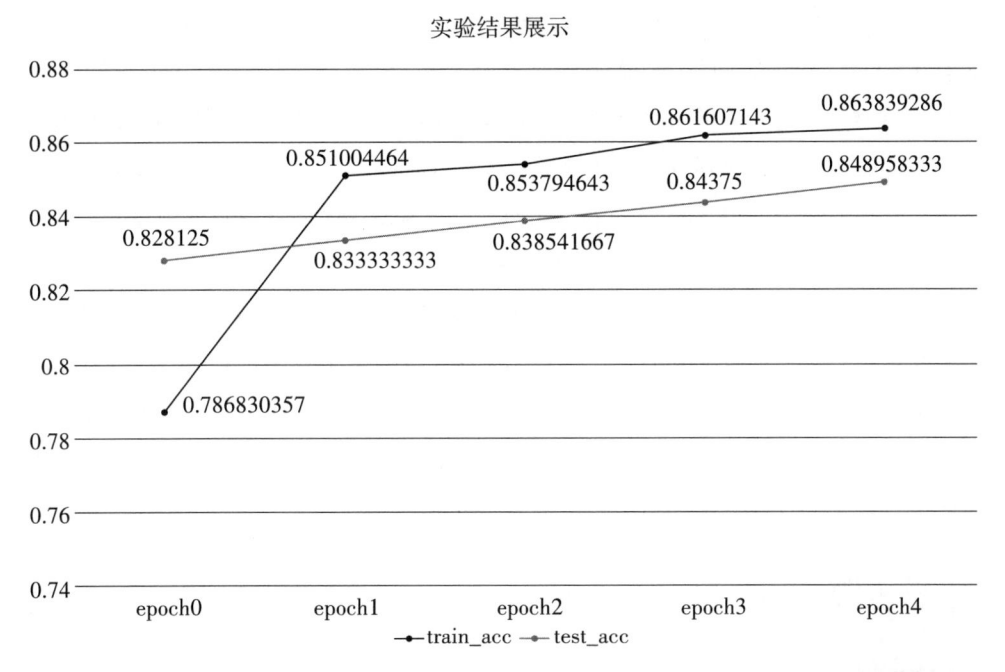

epoch	train_acc	test_acc
epoch0	0.786830357	0.828125
epoch1	0.851004464	0.833333333
epoch2	0.853794643	0.838541667
epoch3	0.861607143	0.84375
epoch4	0.863839286	0.848958333

图 8-4　实验结果展示

核心代码展示3

本章小结

本章阐述了情感分析方法的基本概念,情感分析又名意见挖掘,主要研究如何从文本中发现或挖掘人们对于某种事物、产品或服务所表达出的情感、意见或情感。详细介绍了情感分析的细粒度,包括篇章级、语句级和方面级。介绍了情感分析的一般方法,包括基于情感词典的方法、基于机器学习的方法和基于深度学习的方法。

分别介绍了情感分析在传统领域的典型应用,包括电商评论分析、对话情感分析、文章主题分析和虚假信息检测。饱含丰富信息的电商评论为科学研究和商业分析提供了极为优秀的数据和条件;对话情感分析旨在识别出一段对话中每个句子的情感倾向,不同于对单个句子的情感分析,对话中句子的情感倾向依赖于其在对话中的上下文;文章主题分析的核心思想是从大量的文本数据中自动提取主题,以帮助研究者更好地了解用户;虚假信息检测可以帮助计算传播学研究者更准确地把握舆情走向,避免虚假信息对分析进程的干扰。

同时介绍了情感分析在计算传播领域中的应用,包括命名实体识别、评论情感倾向分析和隐式情感分析。命名实体识别是指从给定文本中识别特定类别的实体信息,一般分为3大类(实体类、时间类、数字类)和7小类(人名、地名、组织机构名、时间、日期、货币、百分比);基于用户的情感分析可以帮助企业理解用户对产品和服务的态度,降低市场风险并提高销售,可以辅助媒体分析读者对报道的反应,更准确地衡量公众对话题的热度和关注度;隐式情感分析是指利用自然语言处理和文本挖掘技术对带有情感色彩不明显的文本进行分析、处理和抽取的过程。

在本章最后一小节提供了一个关于微博数据情感分析案例的代码实现。基于微博数据集中用户发布的20 000条微博,分析其情感极性并对其进行分类,首先利用Python第三方库transformers提供的BERT预训练模型对文本信息进行词嵌入,再通过FC学习文本信息中用于情感分类的特征,最后通过softmax对给定的文本进行分类预测,得到最终的情感类别。

思考题

1. 简述情感分析的基本概念。
2. 情感分析的典型应用有哪些?
3. 情感分析在计算传播学中有哪些典型的应用?
4. 对于计算传播学来说,情感分析技术给计算传播学带来了什么?
5. 尝试使用本文的方法完成文本的情感分析工作。

第九章　语义分析与计算传播学

📍 知识目标

☆ 语义分析的含义与发展渊源。

☆ 语义分析的常用数据集和工具。

☆ 语义分析在传统领域中的典型应用。

☆ 语义分析在计算传播研究中的应用。

☆ 语义分析典型案例的代码实现流程。

📱 能力目标

1. 理解语义分析的含义与发展渊源。

2. 了解语义分析的常用数据集和常用工具。

3. 了解语义分析在传统领域中的典型应用。

4. 理解语义分析在计算传播研究中的应用。

5. 理解运用Python对电商评论进行处理并生成词云的过程。

6. 理解运用LDA主题模型对电商评论进行分析的过程。

思维导图

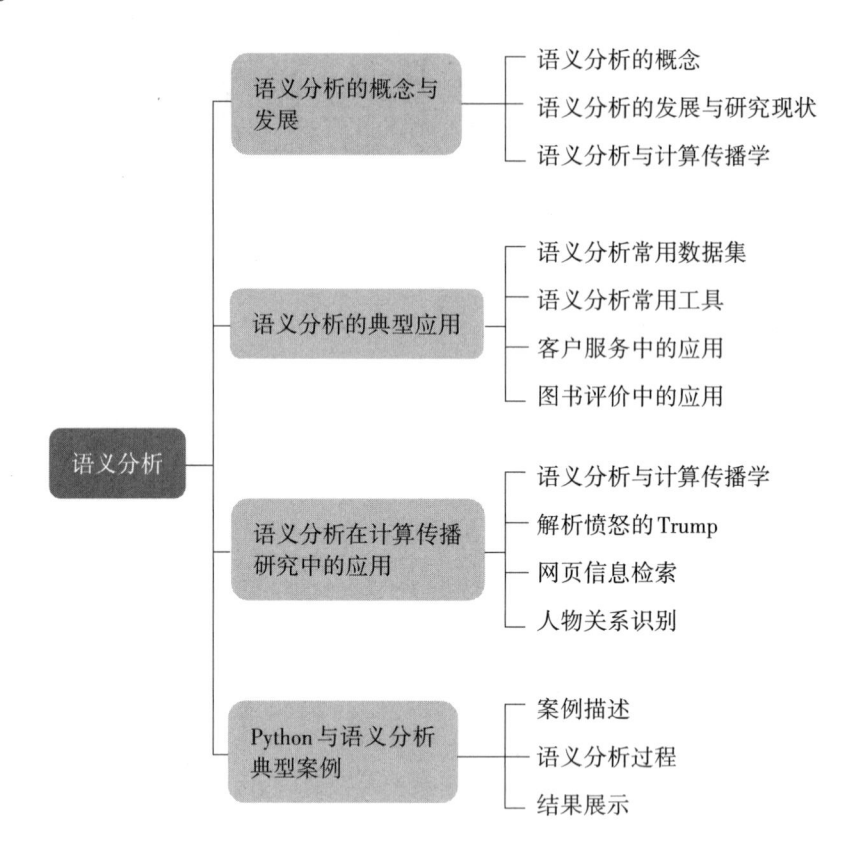

- 语义分析
  - 语义分析的概念与发展
    - 语义分析的概念
    - 语义分析的发展与研究现状
    - 语义分析与计算传播学
  - 语义分析的典型应用
    - 语义分析常用数据集
    - 语义分析常用工具
    - 客户服务中的应用
    - 图书评价中的应用
  - 语义分析在计算传播研究中的应用
    - 语义分析与计算传播学
    - 解析愤怒的Trump
    - 网页信息检索
    - 人物关系识别
  - Python与语义分析典型案例
    - 案例描述
    - 语义分析过程
    - 结果展示

案例导入

随着互联网的不断发展，社交媒体平台已经深刻融入到用户的日常生活中，为用户带来了丰富多彩的内容。据第51次《中国互联网络发展状况统计报告》显示，我国网络用户数量已达到了10.67亿。用户在网络中浏览信息并发表自己的评论，形成了大量的用户生成内容（User-Generated Content，UGC）。用户面对成千上万的评论内容，如何能形成全面、客观的认知往往是一个费时的过程。LDA主题模型可以利用词语、主题、文本之间的关系，挖掘并归纳文本的主题数量和内容，为我们从整体层面快速把握文本所讨论的主题提供了极大的便利。

李明平时喜欢浏览新闻，经常在网络平台中针砭时弊，发表自己对某一事件的见解和看法。当他面对众说纷纭的评论时，却常常感到困惑，不知在海量的评论信息中究竟包含了多少主题,难以从整体上把握人们对某一事件的看法。于是,李明便使用了LDA主题模型对所有的评论进行了分析,很快便掌握了所有用户评论所谈论的关键词和主题,对该事件的用户评论有了整体上的认识。

语义分析旨在对互联网中所传播的信息内容进行分析,可以帮助研究者把握传播过程中的整体信息。本章将介绍语义分析的概念与发展,归纳语义分析常用的数据集与研究工具,阐述其在客户服务和图书评价等传统领域中的典型应用,总结其在文本解析、网页信息检索、人物关系识别等计算传播领域中的应用,并给出典型案例及其代码实现。

第一节 语义分析的概念与发展

语言是信息传播的形式,而语义则是信息的灵魂所在。研究者抓住了语义这一"抓手",便可以把握所传播信息的关键内容。因此,语义分析对于传播研究尤为重要。本节将从语义分析的概念、语义分析的发展与研究现状、语义分析与计算传播学的关系三方面进行简要介绍。

一、语义分析的概念

语义是指信息包含的概念和意义。语义不仅能够表述事物本质,还能够表述事物之间的因果、上下位和施事等各种逻辑关系。因此,语义是对事物的描述和逻辑表示。语义分析(Semantic Analysis)就是对信息所包含的语义进行识别,并建立一种模型,从而实现理解整个信息所表达的真实含义[1]。需要特别指出的是,本章所提及的语义分析均是指基于文本语义所进行的分析。通常情况下,文本能够以词、句子和段落为单位进行划分。因此,根据所分析对象的语言单位,可以进一步将语义分析分为词汇级语义分析、句子级语义分析以及篇章级语义分析三个层次[2]。

---

[1] 秦春秀,祝婷,赵捧未,等.自然语言语义分析研究进展[J].图书情报工作.2014,58(22):130-137.
[2] 周国栋,李军辉.中文信息处理发展报告(2016)[R].北京:中国中文信息学会,2016.

词汇级语义分析主要体现在如何理解某个词的含义,在自然语言处理领域,这又被称为词义消歧(Word Sense Disambiguation)。一词多义是文本中的常见现象,词义消歧便是要识别具有歧义的词语,并通过相关背景知识或上下文信息分析其正确的意思。词义消歧在机器学习领域,例如机器翻译、信息提取和检索以及问题解答等都有重要的应用。通常,词义消歧是将目标单词周围的句子用作消歧的上下文信息,然而该类方法的复杂度将随上下文的数量增多呈指数级上升[1]。

句子级语义分析旨在对句中每个词的词义和句法结构进行分析,从而推导出能够反映句子语义的形式化表示。以"李明观看了电影"和"电影被李明观看了"两句为例,虽然二者的表述形式不同(一个是主动形式的表达,一个是被动形式的表达),但表示成语义的形式统一为:"观看(李明,电影)"。语义角色标注(Semantic Role Labeling)是实现句子级语义分析最常见的一种方式,这种方式可以将句子中的成分作为给定动词(谓语)的语义角色标注出来,并将这些成分视为谓词的参数,赋予其一定的语义含义。例如:"[小组会议Agent][后天Tmp]将要[讨论V][这项活动Passive]。"其中:"讨论"为谓词,"小组会议""这项活动"和"后天"分别是其施事、受事和发生的时间[2]。

篇章是由一系列连续排列的词、句子和段落所构成的整体语言单位。这里,词被认为是文本中具有语义的最小单位,是构成句子的基础,而句子又可以构成段落,并继而构成篇章[3]。篇章级语义分析的主要任务是从整体上分析出篇章结构及其各组成部分之间的语义关系,并利用上下文信息分析篇章语义[4]。

二、语义分析的发展与研究现状

语义分析是自然语言处理中最基本的问题,在信息检索、信息过滤、信息分类和语义挖掘等领域具有广泛的应用,产生了深远的影响。例如,现有研究工作已经将语义分析应用于机器翻译任务中,大大提高了机器翻译的准确性。另外,基于语义的搜索一直是搜索引擎的未来发展方向,基于语义的搜索引擎将不再拘泥于用户所输入的搜索语句的字面意思,而是能够透过字面含义,准确地捕捉到搜索语句背后的真正意图,从而

---

[1] 韩亚楠,刘建伟,罗雄麟.概率主题模型综述[J].计算机学报.2021,44(6):1095-1139.
[2] 刘挺,车万翔,李生.基于最大熵分类器的语义角色标注[J].软件学报.2007,18(3):565-573.
[3] 孔芳,王红玲,周国栋.汉语篇章理解研究综述[J].软件学报.2019,30(7):2052-2072.
[4] 奚雪峰,孙庆英,周国栋.面向意图性的篇章话题结构分析研究与展望[J].计算机学报.2019,42(12):2769-2794.

更准确地向用户返回符合其需求的搜索结果。伴随着互联网技术的蓬勃发展,大数据时代迅猛而至,产生了海量的信息资源。用户准确地对信息进行抽取,检索到真正有价值的信息并挖掘潜在的信息价值,都需要语义分析的助力。近年来,已经有大量学者针对语义分析在传播学相关方面的应用展开了研究。例如,王乾等针对中文新闻主体因缺乏上下文信息而造成语义模糊和用词规范性不高的问题,提出了一种新闻主体文本分类方法[1];李伊全等设计了一种新闻与评论的语义相似度计算方法,有效地提高了新闻文本与评论的语义相似度计算性能[2];范钰程等针对时政新闻领域词语的含义复杂、新词更新速度快等问题,提出了一种新的时政新闻命名实体识别模型[3];杨洋等针对LDA模型中主题数目需事先人为指定的问题,提出一种面向新闻话题识别领域的融合语义与时序的自适应主题数目确定方法[4];曾子明等利用LDA主题模型,探索了突发公共卫生事件网络舆情发展周期中的主题和情感演化历程,研究了影响网民情感波动的因素,为网络舆情有效管控提供决策支持[5]。Mehmet M I 等[6]提出了一个社会符号学多模态(Social Semiotic Multimodal, SSMM)框架,以解决社会媒体传播的理论和方法概念化的不足;Jabreel M 等[7]提出了一种新的方法,用于对景点管理组织和游客发送的大量推特,以进行自动化、无监督的语义分析。同时,介绍了与10个欧洲主要景点相关的6万条推文的分析结果,并将景点官方推特账户所传递的情感价值与游客在个人信息中传达的情感价值进行了比较;Tartir S 等[8]提出了一种语义分析方法来发掘社交媒体中的用户态度和商业见解。

---

[1] 王乾,曾诚,何鹏,等.基于RoBERTa-RCNN和注意力池化的新闻主题文本分类[J].郑州大学学报(理学版),2024,56(2):43-50.
[2] 李伊全,王红斌,程良.融入新闻标题信息的新闻文本与评论的语义相似度计算方法[J].吉林大学学报(理学版),2022,60(6):1399-1406.
[3] 范钰程,梁凤梅,邰志勇.基于ALBERT-CAW模型的时政新闻命名实体识别方法[J].电子设计工程,2022,30(15):49-54.
[4] 杨洋,江开忠,原明君,等.新闻话题识别中LDA最优主题数选取研究[J].数据分析与知识发现,2022,71(11):72-78.
[5] 曾子明,陈思语.基于LDA与Bert-BiLSTM-Attention模型的突发公共卫生事件网络舆情演化分析[J].情报理论与实践,2023,46(9):158-166.
[6] MEHMET M I, CLARKE R J. B2B social media semantics: Analysing multimodal online meanings in marketing conversations[J]. Industrial Marketing Management,2016,54:92-106.
[7] JABREEL M, MORENO A, HUERTAS A. Semantic comparison of the emotional values communicated by destinations and tourists on social media[J]. Journal of Destination Marketing & Management,2017,6(3):170-183.
[8] TARTIR S, ABDUL-NABI I. Semantic Sentiment Analysis in Arabic Social Media[J]. Journal of King Saud University-Computer and Information Sciences,2017,29(2):229-233.

三、语义分析与计算传播学

传播现象是人类社会最普遍的现象之一。在人类社会漫长的发展历程中,传播现象几乎无时无刻不在发生,例如原始部落时期为捕猎而生的记号、西周末年时期的烽火戏诸侯等,甚至是日常生活中的街谈巷议,都是一种传播现象。符号的使用是传播的基本特征,而语言文字是最常用的一种符号。使用符号的作用是将符号作为信息的载体,从而实现信息的传播[1]。因此,符号的传播只是传播现象的表象,蕴含在符号中的语义的传递才是隐藏在表象背后的"本质"。

在互联网时代,社交媒体日益成为用户生活中不可或缺的一部分。相较于传统的街谈巷议,社交媒体为用户表达自身看法、传播自身观点提供了更加广阔的舞台。因此,用户更倾向于使用社交媒体平台来获取并传播信息,并与他人共同探讨社会热点问题。例如,用户可在网购后通过发表电商评论来分享购物体验,可在电子书网站阅读并评论图书中的内容,可在新闻媒体平台中查阅新闻并同其他用户探讨对新闻的看法。在功能丰富的社交媒体平台中,用户发表评论的形式也更加丰富,例如文本、表情符号、图片和语音等,这些都是信息传播的载体。虽然用户表达观点的形式多种多样,但文本仍然是用户表达自身观点的主要载体,是用户在社交媒体平台中参与热点话题讨论的最直接、最方便的方式,而蕴藏于文本中的语义则是用户观点的体现。因此,针对文本进行语义分析,例如分词、词性标注、命名实体识别、语义网络分析和文本主题挖掘等,对于研究社交媒体中的信息传播具有重要意义。

随着后现代主义学者们对于"社会学科寻求法则式命题"的批判,促使了传播学研究范式从功能主义向建构主义的转化。随着传播学研究范式的发展,传播学研究方法也应当随之产生相应的变化。随着大数据时代的到来,传统的传播学研究方法已经不适合分析碎片化的、大容量的传播内容。正所谓"解铃还须系铃人",计算机的发展和广泛应用将推进人类社会进入大数据时代,带来了碎片化的、海量的传播数据,所以传播学的研究方法也应当向着与计算机结合的方式发生转变。因此,面对碎片化的、大容量的文本数据,需要引入语义网络分析、语料库语言学、文本主题挖掘等以计算机为辅助的语义分析研究方法。由此可见,进行语义分析是大数据时代传播学研究的必要路径[2]。

---

[1] 翟杰全.传播符号:语义赋值与语义契约[J].北京理工大学学报(社会科学版),2003,5(2):50-52.
[2] 谷羽.语义网络分析方法在传播学中的应用及批判[J].现代传播(中国传媒大学学报),2019,273(4):155-159.

第二节 语义分析的典型应用

语义分析方法已经在客户服务、图书评价等领域中得到了广泛应用。本节将首先介绍语义分析的常用数据集和工具,读者可以使用所介绍的数据集开展自己的语义分析研究,或是安装常用工具以便直接使用其中内置的、可直接使用的语义分析功能。然后,将从"运用语义分析方法识别电力服务中的客户诉求"和"运用语义分析方法获取整体性的图书评价"两个方面对语义分析在客户服务和图书评价中的应用展开介绍。

一、语义分析常用数据集

(一) Geoquery 数据集

Geoquery 包含一个关于美国地理信息的小型数据库,有大约800个用Prolog断言表示的事实。主要包含州、城市、河流、山脉以及它们各自的相关信息。Geoquery 的训练语料库中包含了880个自然语言的查询示例,可与正式查询语言的相应查询配对,可用语义解析模型从上述例子中归纳出语义解析器。该数据集是一个标准的语义解析基准。

(二) WebQuestions 数据集

WebQuestions 于2013年由斯坦福大学研究人员通过Google Suggest API构建得到,是应用于语义解析任务的数据集,共包含了5 810条"问题-答案"对儿,其中简单问题占比84%,复杂的推理问题相对较少。该数据集分为训练集和测试集两部分,其中训练集含有数据3 778条,测试集含有数据2 032条[1]。

---

[1] LIANG P. SEMPRE: Semantic parsing with execution[D/OL]. San Francisco: Stanford University, 2015, (2022-03-04) [2024-05-13]. https://web.stanford.edu/class/cs224u/2015/materials/cs224u-sempre-sliders.pdf.

(三)AMR数据集

AMR数据集是一个基于PropBank的数据标记有向图结构的数据集,也是当前最重要的语义分析数据集之一。目前一共有3个版本——AMR 1.0、AMR 2.0和AMR 3.0,这三个版本使用的验证集和测试集是相同的,仅在训练数据的规模上有所区别[①]。

二、语义分析常用工具

(一)HanLP

HanLP由Hankcs主持开发,是由一系列模型和算法组成的Python开源NLP工具包,目标是普及落地最前沿的NLP技术,拥有功能完善、精度准确、性能高效、语料时新、架构清晰和可自定义的特点,具备多语言分词、词性标注、命名实体识别、关键词提取、依存句法分析和新词发现等功能,尤其是命名实体识别方面,在现有语义分析工具中性能较优。该工具已被广泛应用于工业、科研、教育等领域[②][③]。

(二)Spacy

Spacy是Python的开源工具包,是一种工业级自然语言处理工具,支持多种自然语言处理功能,主要功能包括分词、词性标注、命名实体识别、名词短语提取和依存句法分析等[④]。

(三)CoreNLP

CoreNLP是一套由Java编写的自然语言处理工具,支持多语种的语料,便于进行平行语料的对比,支持分词、词性标注、依存句法分析等诸多功能,操作简便,通常情况下仅需一至两行Python代码即可解决问题。

[①] KEVIN KNIGHT,BIANCA BADARAU,LAURA BARANESCU,et al,Abstract Meaning Representation(AMR) Annotation Release 3.0[EB/OL].(2020-01-15)[2023-01-23].https://abacus.library.ubc.ca/dataset.xhtml? persistentId=hdl:11272.1/AB2/82CVJF
[②] HANKCS. HanLP:Han Language Processing[EB/OL].(2022-12-08)[2023-01-23].https://github.com/hankcs/HanLP.
[③] 李宝玲,郭立鑫,李珂.基于HanLP的档案智能检索系统研发与应用[J].档案管理,2020,247(6):41-43+47.
[④] EXPLOSION,Spacy:Industrial-strength NLP[EB/OL].(2023-01-19)[2023-01-24]. https://github.com/explosion/spaCy.

三、客户服务中的应用

在网络经济时代,"以顾客为上帝"的经营理念得到了广泛认可。客户不再是企业生产经营模式中的被动参与者,而是通过客户反馈的方式成为企业发展方向的主导者,企业越来越重视客户针对产品的反馈信息[1]。客服作为连接企业与客户之间的桥梁,其重要性不言而喻[2]。客户通过网络平台提交的反馈文本中蕴含着丰富的语义信息,挖掘其中的语义信息是人工智能在客户服务领域的重要任务,可以帮助人工智能模型理解用户诉求,满足日益复杂的客户服务需求,协助客服人员更高效地完成客服业务,提升客户体验,节约成本。Khotimah D A K等提出了一个概率潜在语义分析(Probabilistic Latent Semantic Analysis,PLSA)方法从酒店的客户评价中产生隐藏主题,并使用语义相似度来将主题分为五个方面[3];Jie Meng等提出了一种基于层次语义理解的电力系统客户服务票证分类模型,该方法能够准确地学习到票证的隐藏语义,有利于准确理解客户需求[4];Kun Wang总结了携程智能客服机器人的背景,并从问题分析、语义匹配技术应用等方面详细介绍了NLP领域的语义匹配技术在携程智能客服场景中的实践应用[5];王晨龙基于深度学习方法对语义相似度计算方法在金融智能客服领域的应用进行了研究,从文本预处理、词向量表示、语义相似度网络等方面,提出了两种语义相似度的计算方法;朱龙珠等通过构建多层次语义特征表示的方法,对电力服务的诉求进行了识别,下面主要针对该项工作展开详细叙述[6]。

朱龙珠等指出传统方法对于特征的处理能力有限,使用深度学习方法可以获得更优的特征处理能力,因此从文本结构的多层次出发,提出结合文本在各个层次上的语义特征,利用多层次表示向量充分表征语义信息,提升模型在诉求识别任务上的效果。该工作首先使用ELMo预训练模型生成词向量,在词的层面上生成文本的特征表示;然后,通过由神经网络训练得到的权重对一个文段内的词向量进行加权平均,得到该文

---

[1] 蔡皎洁.基于语义集成的客户知识挖掘研究[D].武汉:武汉大学,2012.
[2] 王晨龙.语义相似度计算方法在金融智能客服中的应用研究[D].哈尔滨:东北林业大学,2020.
[3] KHOTIMAH D A K,SARNO R. Sentiment analysis of hotel aspect using probabilistic latent semantic analysis, Word embedding and LSTM[J]. International Journal of Intelligent Engineering & Systems,2019,12(4):275-290.
[4] MENG J,LI Y,LIU C,et al. Classification of customer service tickets in power system based on character and word level semantic understanding[C]. 2021 China International Conference on Electricity Distribution (CICED). IEEE,2021:1062-1066.
[5] KUN WANG,上百个业务场景,语义匹配技术在携程智能客服中的应用[EB/OL].(2021-12-31)[2023-01-24]. https://zhuanlan.zhihu.com/p/452046671.
[6] 朱龙珠,张明杰,张全,等.基于多层次语义表示学习的电力服务诉求识别[J].电子器件,2022,45(6):1424-1428.

段的向量表示；随后，通过双通道LSTM模型，生成含有上下文信息的特征表示。在对客服文本提取词向量(特征)、文段特征和上下文特征后，将三者进行简单的拼接，输入到一个全连接神经网络中，经过Softmax激活函数的处理，完成对电力服务诉求的识别。

四、图书评价中的应用

随着物质生活的丰富，越来越多的网络用户开始转向对自我实现的追求，图书作为人类物质文明传承的精神食粮，愈发受到了用户的关注。越来越多的用户开始习惯从阅读中获取知识、开拓视野、充实自身、加深思想内涵。然而，由于现有图书数量过于庞大，种类繁多，令人眼花缭乱，加之质量良莠不齐，使得用户在购买图书时常常出现选择困难症[1]。面对浩如烟海的图书，用户若能够从中快速且精准地选择到一本适合自己的书，无疑会极大地减少选择时间，降低成本，提高效率。Darwish S M等通过融合潜在语义分析(Latent Semantic Analysis, LSA)和模糊本体，构建了一个论文自动评估系统，以解决现有系统没有充分考虑论文语义连贯性的问题[2]；郝佳南对电商平台中的图书评论文本进行处理，提出了专用图书评价语义词典的构建方法[3]；张凤瑜提出了"语义好评度"的概念，并且基于图书评论大数据给出了语义好评度计算模型，设计并实现了一个基于图书评论大数据的语义好评度分析系统[4]；李冲通过语义分析方法对三本同类型书籍的评论文本进行了处理，以便于更全面地了解一本书的综合评价与口碑[5]，下面主要针对该项工作展开详细叙述。

李冲认为当前的图书评价方法虽多，但大多是从出版者、图书馆和作者的角度进行分析，而没有从读者的角度对书籍进行综合评价，因此，在这项工作中，读者的书评被作为研究切入点。首先，选定三本同类型的书籍，爬取其读者评论；然后，分别对评论文本进行分词并去除停用词；随后，绘制关键词词云，直观地呈现出大部分读者针对该书籍

---

[1] 张凤瑜.基于图书评论大数据的语义好评度计算方法研究[D].长春：东北师范大学,2018.
[2] Darwish. S. M., Mohamed. S. K. Automated essay evaluation based on fusion of fuzzy ontology and latent semantic analysis[C]//The International Conference on Advanced Machine Learning Technologies and Applications（AMLTA2019）4. Springer International Publishing,2020:566-575.
[3] 郝佳南.基于图书评论文本分析的语义词典建构的研究[D].长春：东北师范大学,2016.
[4] 张凤瑜.基于图书评论大数据的语义好评度计算方法研究[D].长春：东北师范大学,2018.
[5] 李冲.利用统计方法选择一本书——基于图书读者评价网络文本语义分析[J].中国统计,2018,(2):60-62.

的印象和评价；最后，应用情感词典方法，针对读者书评进行情感分析，以获取读者的情绪感受，作为是否选择购买该书籍的参考。

第三节　语义分析在计算传播研究中的应用

语义分析在计算传播研究中具有重要意义，通过该方法可以迅速从整体上把握传播信息的内容。本节将首先列举并梳理语义分析在计算传播领域中的应用概况，然后将分别从"解析愤怒的 Trump""网页信息检索""人物关系识别"三个方面对语义分析在计算传播研究中的应用展开介绍。

一、语义分析与计算传播学

文本是信息的重要载体之一，在社交媒体平台中尤其如此，用户往往倾向于通过评论的方式在相关话题中留下自己的见解，以此抒发自身对该话题的看法。显然，无论是官方媒体所发布的篇章级文本，例如新闻，或是用户所发表的评论文本，二者篇幅虽有不同，但其中都蕴含着丰富的语义。因此，针对这些文本所包含的语义进行分析对于传播学的研究具有重要价值。例如，范钰程等针对时政新闻领域词语的含义复杂、新词更新速度快等问题，提出了一种新的时政新闻命名实体识别模型。命名实体识别，指的是使用机器学习模型自动识别句子中的实体，例如人名、地名和机构名等。下面，以这项研究进行举例。[1]

首先，作者使用 ALBERT 对新闻文本的词语进行预训练（预训练，通俗地讲是将词语转化为计算机可以进行计算的向量的步骤，并且语义相近的词语在向量空间中的距离比较接近，语义差别较大的词语在向量空间中的距离较远），生成词向量和字向量，分别对应着词的特征和字的特征（可理解为，词的特点或字的特点的数学表示形式）。然后，分别使用 BiLSTM 和 CNN 进一步对预训练得到的词向量和字向量进行处理。由于 BiLSTM 模型具有提取向量的顺序特征（或称特点）的功能，因此经过 BiLSTM 处理后的新向

---

[1] 范钰程，梁凤梅，邬志勇.基于 ALBERT-CAW 模型的时政新闻命名实体识别方法[J].电子设计工程，2022，30(15):49-54.

量中便可蕴含着词语中字之间的顺序信息。由于CNN模型具有提取向量深层次特征的功能(即从向量当中进一步提取特征,可理解为寻找字的特点),因此经过CNN处理后的新向量中便蕴含着字的更加深度的特征;随后,作者将BiLSTM和CNN得到的特征进行拼接,即将两个向量组合成为一个向量;继而,作者将组合后的向量经过一个BiLSTM模型进行处理,提取组合后的向量当中的顺序关系,从而再次得到一个新的向量,这个向量中包含着词语之间的顺序信息;最后,将新向量经过一个条件随机场(Conditional Random Fields, CRF)模型的处理,该模型能够计算得出每个词语所对应向量是某一个实体的概率为多少,从而实现命名实体识别,如图9-1所示。

```
文本输入
  ↓
ALBERT
 ↓  ↓  ↓
BiLSTM → 拼接 ← CNN
         ↓
       BiLSTM
         ↓
        CRF
         ↓
       识别结果
```

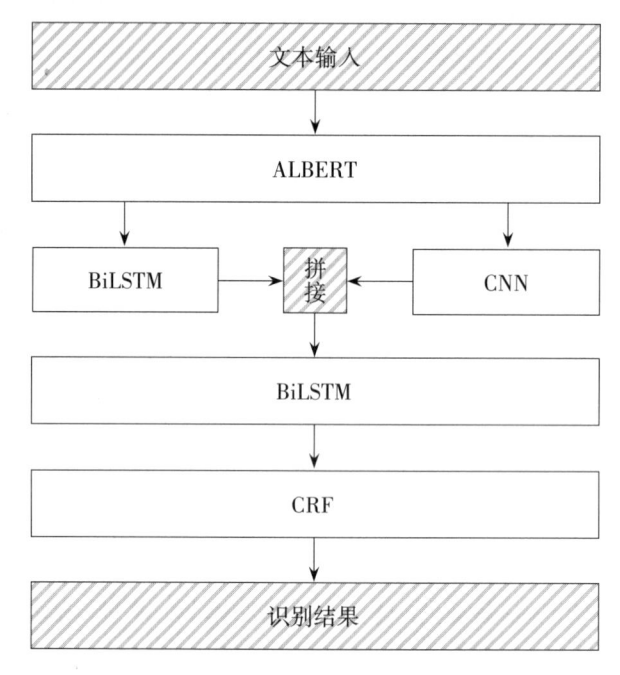

图9-1 模型框架图

简而言之,作者首先通过预训练的方式,获取每个词语的语义信息;然后,分别使用BiLSTM获取语词中每个字的顺序信息和每个字的深层特征信息;随后,作者将两种信息进行组合,从而得到一个同时包含着词语中的字的顺序信息和深层特征信息的综合向量;继而,再次利用BiLSTM提取语词之间的顺序信息,从而得到用于表示一个句子的综合向量;最后,使用CRF模型来识别句子中的命名实体。

二、解析愤怒的 Trump

Twitter 是国外广受欢迎的社交网站,允许用户发表不超过140个字符的短文本推文(Tweet)。美国第45任总统 Donald J. Trump 履职后,喜好通过发送推文的方式,来发表自身关于时事的观点,这种现象一度被人称为"Twitter 外交"。Trump 的观点通过 Twitter 疯狂传播,对其任期内的每一件大事都产生了不同程度的影响。

2018年,数据科学家 David Robinson 在分析了 Trump 的 Twitter 文本后,发现 Trump 的账号通过安卓手机和苹果手机发布的推文风格差别过大,疑似为不同人员使用同一账号所发布的消息。因此,Robinson 针对这一现象通过语义分析的方法进行了研究。首先,Robinson 爬取了 Trump 的历史推文记录,整体筛选出628条苹果推文和762条安卓推文,并整理二者发布的时间线信息,发现安卓推文一般在上午进行发布,而苹果推文一般在下午或傍晚进行发布;然后,Robinson 通过统计含有超链接和图片的安卓推文和苹果推文数量,发现二者存在显著差异,含有超链接和图片的苹果推文数量是安卓推文的38倍;随后,通过对内容的分析,发现苹果推文多为宣告性内容,而安卓推文多为没有画面感的内容;继而,通过对两种推文的情感分析可以发现,苹果推文当中的中性词和正面情感词较多,而安卓推文中却多为厌恶、悲伤、恐惧、愤怒等负面情感词,且在数量上比苹果推文高出40%~80%。

通过对 Trump 账号分别从两种设备中发出的推文进行语义分析,Robinson 认为安卓手机系 Trump 本人使用,而苹果手机则为负责宣传事务的工作人员使用,他们通过模仿 Trump 的行文风格,来帮助 Trump 发布宣传信息[①]。

三、网页信息检索

互联网已经渗透到了社会生活的方方面面,深刻地影响着用户的衣食住行,从精神和物质两方面极大地丰富了用户的生产和生活。当用户在现实生活中遇到问题时,从网页中检索有价值的信息成为用户求助渠道的首选。因此,如何快速准确地检索网页上的信息也成为了重要的研究领域,而对网页信息进行检索离不开对于信息语义的分

[①] 新智元.【真假川普】数据科学家用 NLP 语义分析拆穿愤怒的 Trump[EB/OL].(2018-03-23)[2023-01-25]. https://cloud.tencent.com/developer/article/1071135.

析[1]。Kumar C S S等提出了一种基于Web数据语义结构的新方法,结合了用于数据映射和检索的特征提取与选择技术,降低了特征向量的维度,有利于高效地进行信息检索[2];Jain S等提出了一种基于模糊本体的信息检索框架,通过领域特定知识完成本体构建,同时基于模糊本体识别语义相关性最大的匹配词,并提供了扩展查询功能[3];杜超利对"文-图"交互式事件网页信息检索服务进行了研究,基于事件网页文本索引库,设计了检索主题与索引网页之间的相似度计算模型。通过该模型可以获取候选网页集合,计算检索语句和网页文本的相似度,并对其进行排序;余浩以HTML格式的网页源代码为基础,依据不同类型文本要素的结构特点,提出了文本要素的抽取方法,实现了各类地理信息要素的判别和抽取。在通常情况下,热点信息在网络中传播时,会出现大量同质化的报道文本,当用户使用爬虫爬取时便会抓取到大量重复信息,在此,进行网络文本去重便显得尤为重要。该文利用文本主题相关度来完成网络文本去重工作,分别计算两段文本的文本主题相关度,若二者相关度较高,则判定为重复文本[5]。

四、人物关系识别

人物是一个事件发生的根本和源头。通常情况下,在互联网中传播的信息具有一定数量的人物参与其中,扮演着重要的角色,而事件中的人物之间也具备着千丝万缕的联系。因此,识别网络信息中的人物关系对于梳理事件发展脉络具有重要作用,是构建社会人物关系网络的必要基础。Yan H等提出了语义增强结构,可嵌入到深层神经网络中,形成一个强大而灵活的语义增强网络,用于社会关系的识别[6];冉强对新闻文本中的远程监督人物关系识别分别从基于同义词林及规则和基于Bert-BiLSTM模型两方面进行了研究,并构建了人物关系识别的原型系统对结果加以展示[7];吕金娜等为解决现有算法难以准确、完整地抽取人物关系的问题,提出了一种基于多特征融合的细粒度视频

---

[1] 赵晓丽.语义分析在网页信息检索中的应用研究[J].科技传播,2011(24):224.
[2] MENG J, LI Y, LIU C, et al.Classification of customer service tickets in power system based on character and word level semantic understanding[C].2021 China International Conference on Electricity Distribution(CICED).IEEE, 2021:1062-1066.
[3] JAIN. S., SEEJA. K. R., Jindal. R. A fuzzy ontology framework in information retrieval using semantic query expansion[J]. International journal of information management data insights,2021,1(1):100009.
[4] 杜超利.时空要素驱动的事件网页信息检索方法研究[D].南京:南京师范大学,2013.
[5] 余浩.基于网络信息检索的网页文本抽取和处理的研究[D].南京:南京邮电大学,2014.
[6] YAN H,SONG C. Semantic three-stream network for social relation recognition[J]. Pattern Recognition Letters,2019,128:78-84.
[7] 冉强.基于远程监督的新闻文本人物关系识别研究[D].昆明:昆明理工大学,2021.

人物关系抽取方法[1];周源在好友照片自动标记任务中,提出了一种基于协同过滤技术的人物身份推荐模型[2];赵鹏武等使用基于注意力机制的卷积神经网络模型,通过多维度对比和验证,证明了该模型在中文人物关系抽取中的有效性[3]。该文首先将文本语句拆分成字符并映射到低维向量,拼接成向量矩阵;随后,使用卷积神经网络提取语句的特征;然后,使用注意力机制对特征的权重进行重新分配,进一步计算语句特征向量;最后,使用一个全连接层和一个激活函数对经过注意力机制处理后的向量进行处理,得到最终的结果。

第四节　Python 与语义分析典型案例

实践是检验真理的唯一标准。本章的第一至第三节着重介绍了语义分析的常用数据集和工具、语义分析在传统领域中的应用和在计算传播学中的应用三个方面,接下来是语义分析的典型应用部分。本节将以 LDA 主题模型为例,对电子商务评论提取所传播信息的主题,并给出具体实现过程。

一、案例描述

本节将通过词云生成以及 LDA(Latent Dirichlet Allocation)主题模型来展示语义分析的应用案例。词云可以对一段文本中出现的高频词汇进行可视化呈现。词云的输出是一张由所有高频词堆叠在一起的图片,词汇之间紧密罗列并以字号大小象征其词频大小,活像一朵由词汇构成的云彩,因而得名"词云"。词云对快速理解文本主题、把握文本内涵具有重要作用,而文本主题则是对文本内容的精练表述,反映了文本的内在特征。LDA 主题模型利用词语、主题和文本之间的关系解决文本聚类中的语义挖掘问

---

[1] 吕金娜,邢春玉,李莉.基于多特征融合的细粒度视频人物关系抽取[J].计算机科学,2021,48(4):117-122.
[2] 周源.社交媒体中人物关系的挖掘与识别[D].南京:东南大学,2018.
[3] 赵鹏武,李志义,林小琦.基于注意力机制和卷积神经网络的中文人物关系抽取与识别[J].数据分析与知识发现,2022,68(8):41-51.

题[1],能够直观地概括出文本中包含的主题数量以及主题的内容。该模型作为挖掘文本内在主题的一种建模方法,近年来在主题挖掘领域表现优异,已经被广泛应用于包括医学、软件工程、地理学和政治学等各个领域[2],通过对主题的挖掘实现了自动文摘、微博用户推荐和作者合作倾向研究等方面的应用[3]。

本节所分析的数据来源于京东苹果笔记本电脑商城中的电商评论,通过词云以及LDA主题模型对电商评论进行分析,可以得出用户所交流传播的关键词和所讨论的主题,对于快速了解电商平台下的传播内容具有重要意义。本节将对京东电商评论数据进行词云的构建和主题的抽取,随后将进行结果呈现并展示本节的核心代码。

二、语义分析过程

第一小节"案例描述"部分所叙述的词云生成与LDA主题模型构建的具体实现流程图,如图9-2所示。整体流程共分为数据获取、分词并去除停用词、生成词云、困惑度与主题一致性实验、主题构建和结果可视化共6个部分,下面将依次讲解与展示。

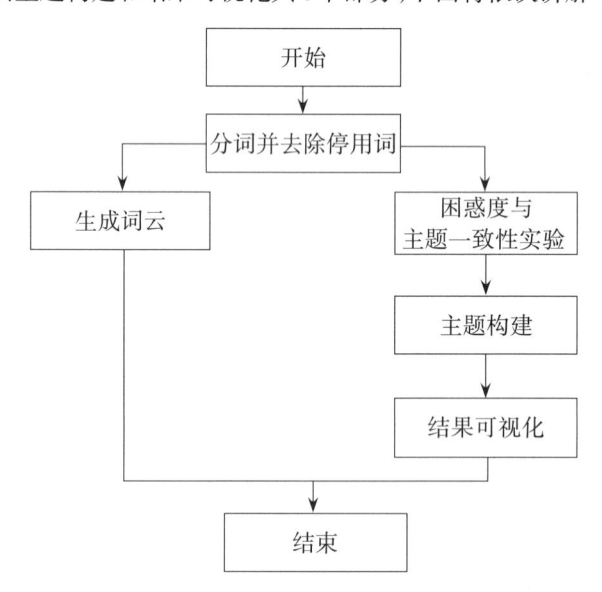

图9-2 案例分析流程图

---

[1] 刘俊婉,龙志昕,王菲菲.基于LDA主题模型与链路预测的新兴主题关联机会发现研究[J].数据分析与知识发现,2019,25(1):104-117.
[2] JELODAR. H., WANG. Y., YUAN. C, et al. Latent dirichlet allocation (LDA) and topic modeling: Models, applications, a survey [J]. Multimedia Tools and Applications, 2019, 78: 15169-15211.
[3] 张涛,马海群.一种基于LDA主题模型的政策文本聚类方法研究[J].数据分析与知识发现,2018,21(9):59-65.

数据获取部分是通过编写爬虫代码来实现的。人工通常采用复制粘贴的方式从网页中采集信息,当面对海量的网页数据时常常显得力不从心。在这种情况下,网络爬虫,又称网络机器人,便显示出了它的威力。网络爬虫可以用自动化的方式代替人力完成网页浏览、信息采集等工作,即使面对互联网中的海量数据也仍然能够做到游刃有余。简单地说,爬虫是一个事先编写好的程序,可以从网站中获取研究者们需要的数据。

当研究者们从指定网站中获取到足够的数据后,由于大段的文字不利于计算机进行编码处理(计算机不能直接处理文字,只能处理文字编码),并且从网站中直接获取的信息中通常包含大量噪声数据,所以需要将所爬取的数据拆分成一个个词汇并删除其中的无效词汇,即进行分词和去除停用词处理。

此外,在进行LDA主题模型构建之前,需要进行一定轮次的困惑度与主题一致性实验。这是因为在LDA模型运行之前需要研究者人为给定主题数量,LDA模型将根据研究者提前给定的数字,归纳出相应数量的主题。鉴于LDA主题模型的这个特性,研究者需要面对的一个问题便是如何确定一篇文本划分为多少个主题是最合适的。为了解决这个问题,研究者们引入了两个衡量主题划分优劣的指标——困惑度与主题一致性。这两种指标的计算较为复杂,但幸运的是研究者们可以通过调用Python第三方库函数来轻松计算。对于一个主题数划分最优的LDA模型来说,困惑度应该尽可能地达到最小,而主题一致性应当尽可能地达到最大。

本节案例的具体分析流程可以概括为:首先,爬取京东某商家售卖苹果笔记本电脑页面的评论,共274条;然后,使用jieba分词模块进行分词操作,剔除无意义的标点符号,并去除停用词;随后,使用wordcloud模块对分词后的文件进行处理,生成词云并保存;接下来,由于LDA主题模型运行前需要给定划分主题的数目,因此分别设置主题数目为1~15个,并利用困惑度和主题一致性两个指标对15次运行结果进行衡量,选取困惑度足够低且主题一致性足够高的主题数作为最终需要划分的主题数;继而,设置主题数为已经选定好的数目,再次运行LDA模型得到最终的主题划分结果;最后,通过pyLDAvis模块对主题划分结果进行可视化呈现。

LDA主题模型会将计算结果以文字的形式进行输出,但文字的输出结果看上去总是生硬和冰冷的。根据人类人脑的特点,直观的视觉呈现更容易让人产生深刻的印象,并加以理解。pyLDAvis模块是Python的第三方库,可以将LDA主题模型的分析结果以

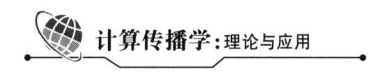

图形的方式进行可视化呈现。pyLDAvis模块通过产生一个HTML文件来达到可视化的目的,用户可以方便地通过浏览器将文件打开,同时也可以将可视化的结果共享给其他用户。

三、结果展示

通过数据爬取、分词和去除停用词等步骤后,本节所生成的词云如图9-3所示。从该图中可以得出,客户针对该产品的评论主要围绕着"买""系统""运行速度""散热性能""屏幕效果"等方面所展开,这些词汇是在该商品的评论中出现频率最高的。通过词云所呈现出来的高频词汇,可以分析出客户讨论的热点是围绕着笔记本电脑的"系统""运行速度""散热""屏幕"等软硬件方面所展开的,体现了客户针对该商品的关注点。这些高频词汇对于生产厂商进一步优化产品具有重要指导意义。同样,客户的态度可以从高频词汇"买"中得以体现,说明客户对于该产品的态度总体较为满意,认为值得购买。

图9-3 面向苹果笔记本的京东电商评论词云

在词云生成之后,便要对文本进行LDA主题模型构建。上一小节中已经陈述了LDA主题模型需要提前指定待划分主题数目,因此为了确定最优的主题划分数量,需要进行困惑度和主题一致性实验。在实验中,分别设置主题数目为1至15,依次运行LDA主题模型并进行相对应的困惑度和主题一致性评估,并将每次结果记录下来绘制成图表,如图9-4和图9-5所示。由图9-4可知,LDA主题模型的困惑度随着需要划分的主题数目的增长而降低,当主题数目为7或14时,困惑度曲线略微抬升,但并不影响整体所呈现出的下降趋势;由图9-5可知,模型的主题一致性随着需要划分的主题数目的变化而发生较大的起伏。当主题数目为3、6、7、10、14时,模型具有较大的主题一致性。其中,当主题数目为6或14时,主题一致性达到最大值。通过对图9-4和图9-5所展示的两张图表的解读,可以发现当主题数目设置为14时,不仅可以获得尽可能低的困惑度,还可以使主题一致性达到最大值。因此,本节案例应当为LDA主题模型指定的最优主题划分数目为14。

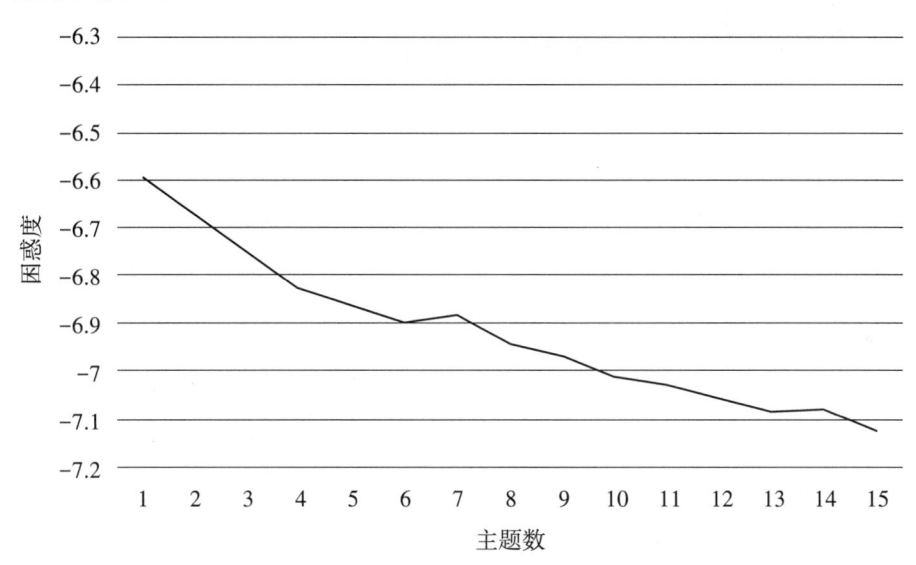

图9-4　困惑度与所划分主题数关系图

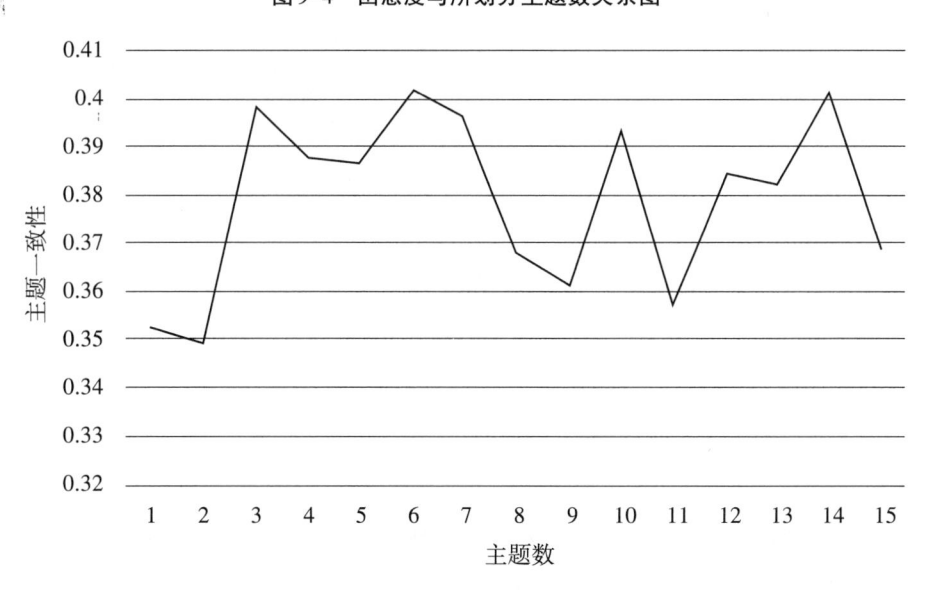

图9-5　主题一致性与所划分主题数关系图

通过困惑度与主题一致性的实验结果,确定了最优的主题划分数目之后,需要在此运行 LDA 主题模型并指定需要划分的主题数目为 14 个。然后,便可以得到京东苹果电脑电商评论中的 14 个主题的内容,如表 9-1 所示。因篇幅限制,表中仅列出一个主题中出现频次最高的两个词语作为代表。

表9-1　主题划分结果及各主题代表词汇

主题编号	代表词汇
1	速度、系统
2	特别、喜欢
3	轻薄、程度
4	支持、买
5	速度、运行
6	电脑、续航
7	完美、买
8	电脑、虚拟
9	速度、运行
10	京东、不错
11	散热、性能
12	外观、外形
13	屏幕、效果
14	买、喜欢

由上表可见,不同主题之间仍然存在相同的词汇,这一点也可以从图 9-6 所示的可视化结果中体现出来。在图 9-6 中,右侧部分罗列出了最具代表性的 30 个词汇,左侧的气泡大小和编号代表着某一主题在文本中出现的概率大小,而气泡之间的距离大小或重叠部分的大小代表了两个主题之间的相近程度以及包含相同特征词的数量多少。例如,主题 1 与主题 8 相比,一方面,主题 1 的气泡比主题 8 大,另一方面,主题 1 与主题 8 相距较远。前者说明主题 1 在文本中出现的概率比主题 8 大,后者说明主题 1 与主题 8 之间并不相近,且无重复的特征词存在。而主题 1 与主题 4 相比,则有一定的接近程度,并且存在一定数量的重复特征词,说明两个主题所讨论的内容是相似的。通过 LDA 主题

模型的可视化呈现,研究者不仅可以查看每个主题的前30个高频代表词汇,而且可以观察到主题之间的关系,有利于从整体上把握和分析LDA主题划分结果。

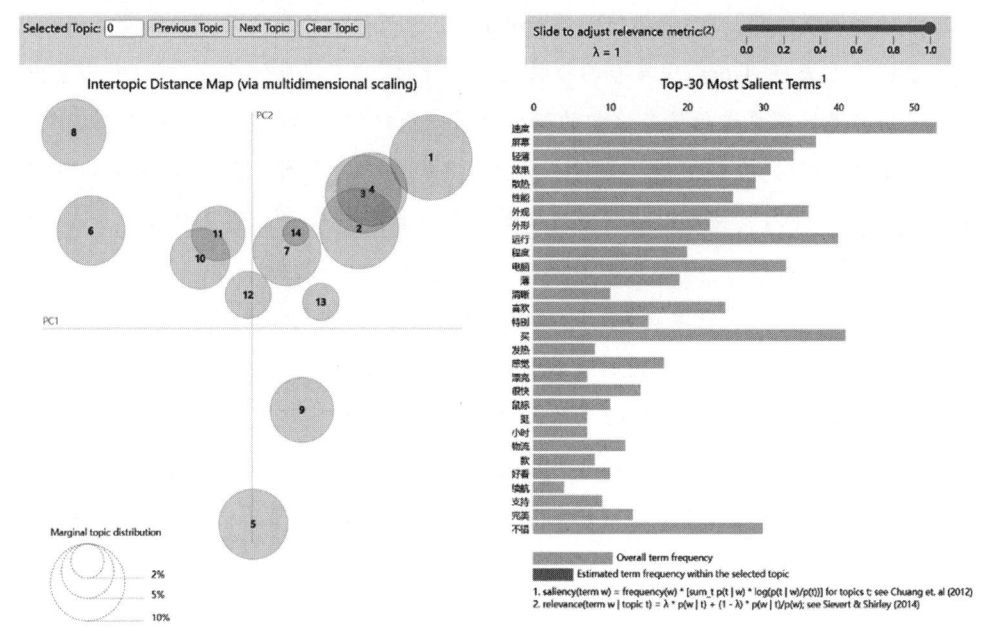

图9-6　LDA主题可视化呈现

核心代码展示4

本章小结

本章主要阐述了语义分析的基本概念,分别介绍了语义分析在传统领域和计算传播领域中的应用,同时提供了一个典型案例的具体实现。

语义分析是对信息所包含的概念和意义进行识别,并建立一种模型,从而实现理解整个信息所表达的真实含义的目的。语义分析根据所分析的单位大小不同,可分为词汇级语义分析、句子级语义分析和篇章级语义分析三个方面。面对大数据时代所产生的海量数据,语义分析是从中抽取有用信息,挖掘信息潜在价值的利器。

第二节梳理了语义分析的常用数据集(例如Geoquery数据集、WebQuestions数据集和AMR数据集)和常用工具(例如HanLP、Spacy和CoreNLP),并进一步通过"运用语义分析方法识别电力服务中的客户诉求"和"运用语义分析方法获取整体性的图书评价"两个方面,详细介绍了语义分析在客户服务和图书评价中的应用。

第三节介绍了语义分析在计算传播领域中的应用前景和重要意义,然后从解析愤怒的 Trump、网页信息检索、人物关系识别等三个方面对语义分析在计算传播领域中的应用进行了详细介绍。在"解析愤怒的 Trump"这一小节中,介绍了 Robinson 是如何利用语义分析的方法,对 Trump 所发布的推特进行分析的。在"网页信息检索"这一小节中,指出了用户通过网页进行信息检索的行为是用户获取信息的主要途径,也是信息传播的重要途径。同时,介绍了语义分析在网页信息检索中的应用。在"人物关系识别"这一小节中,介绍了人物关系识别在传播学研究中的重要意义,并梳理了语义分析在人物关系识别中的应用。

第四节所提供的实现案例从京东收集用户所发表的电商评论,使用 LDA 主题模型对其进行分析,并对分析结果进行可视化呈现。LDA 主题模型能够对大量的文本进行处理,从中抽取出文本中所包含的主题,能够帮助读者迅速地概览文本所讨论的主要内容,对于快速把握正在传播中的信息所讨论的主题和内容具有重要意义。同时,针对电商评论生成词云,用以突出电商评论的重点内容,了解用户的重点关切,为厂家优化产品提供借鉴。

思考题

1. 简述语义分析的含义。
2. 简述语义分析的发展历程。
3. 谈谈对语义分析应用场景的理解。
4. 谈谈对语义分析在计算传播研究中的作用的理解。
5. 参考本节案例,尝试对你熟知的网络社交平台中热点事件进行 LDA 主题分析。
6. 请在本章的基础上,再列举出 2~3 个语义分析的常用工具。
7. 请在本章的基础上,再列举出 2~3 个语义分析的常用模型。

第十章　数据新闻

知识目标

☆ 数据新闻的概念及特征。

☆ 大数据时代数据新闻的叙事方式及应用。

☆ 数据新闻的理论基础及新闻叙事发展趋势。

☆ 国内外数据新闻典型案例。

能力目标

1. 理解大数据时代数据新闻的渊源。

2. 掌握大数据时代数据新闻的叙事变化及发展趋势。

3. 了解数据新闻典型案例。

思维导图

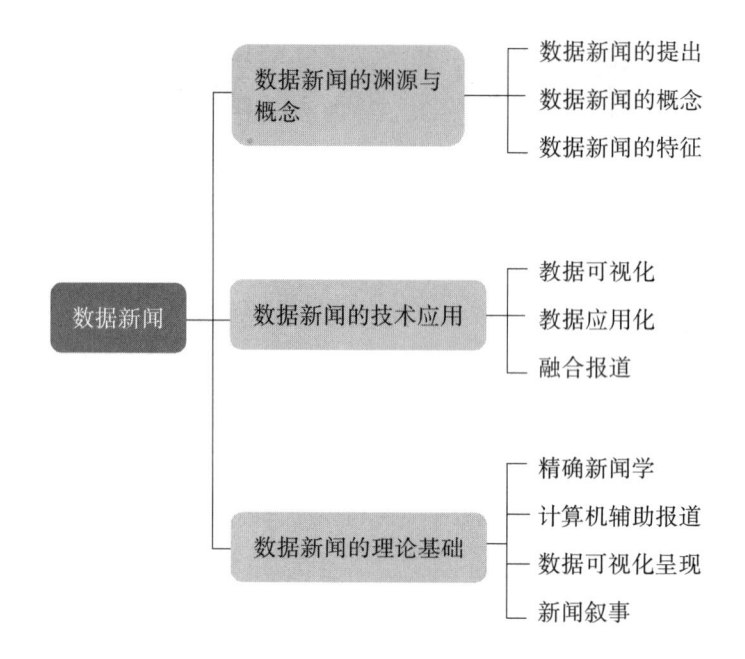

- 数据新闻
  - 数据新闻的渊源与概念
    - 数据新闻的提出
    - 数据新闻的概念
    - 数据新闻的特征
  - 数据新闻的技术应用
    - 数据可视化
    - 数据应用化
    - 融合报道
  - 数据新闻的理论基础
    - 精确新闻学
    - 计算机辅助报道
    - 数据可视化呈现
    - 新闻叙事

案例导入

2016年入夏之后,江南、华南及西南地区东部等地遭受了山洪、泥石流等灾害。7月7日9时,长江中下游等地最强降雨致188人死亡失踪。7月18日至21日,华北、东北、黄淮部分地区出现强降雨过程,给当地造成了极大的破坏。对此,财新媒体在经过长时间的信息整理与研究、实地探索采访等之后,发布了一篇数据新闻报道——《洪水暴至》。

该报道采用多元化的报道方式,将VR元素引入报道当中,配合图表、交互地图等表现手法,对2016年夏季罕见大型洪灾进行了高度可视化报道,报道透过现场图片和视频所带来的视觉冲击力,向读者(用户)叙述受灾地所承受的一切。在"财新"的这篇报道中,不仅仅是陈述事实,而是结合过去现在的一些数据,对中国整体的灾情情况进行了分析,并通过数据检索进行了对比及深度挖掘。未来几年的数据新闻将更多朝着这个方向发展,不单单停留在达到可视化的程度,更多的是可以剖析隐藏在数据背后的实质与本质问题。

这一报道的发表,可谓是中国数据新闻发展史中一篇里程碑式的报道,体现了中国数据新闻报道的进步与发展。

在如今"数字化生存"时代的大背景下,对大数据进行收集并加工处理在当下社会生活中变得愈来愈关键。而大数据这一概念走进了新闻学界和业界,在当下的新闻界中时常被提及,数据新闻这一样态在新闻业界也已出现,它的出现对新闻业界和学界都产生了巨大的影响。国外先出现数据新闻,国内要晚一些,但是现如今数据新闻已经成为一个新的研究热点,与之相应的研究成果也逐渐涌现。当前,大数据在各个领域被广泛应用,对新闻行业的发展和社会的进步与发展起到了助推作用。而作为新闻学分支领域的数据新闻学也开始蓬勃发展,引起了国内外学界的广泛关注和普遍重视。

第一节 数据新闻的渊源与概念

数据新闻起源于大数据技术的兴起和发展,随着数据技术的不断成熟和普及,数据新闻逐渐成为新闻业的重要组成部分,这一种新型报道形态是数据技术对新闻业全面渗透的必然结果。

一、数据新闻的提出

数据新闻的出现并不是偶然的,它现身于新闻业的长期摸索和经验积累。在数据新闻出现之前,就有了强调在新闻报道中科学合理地应用数据的精确新闻学(Accurate Journalism),计算机辅助新闻报道(Computer-Assisted Report,简称CAR)也在数据新闻之前,它强调要在新闻制作的过程中充分发挥计算机的辅助功能,对数据进行收集和分析处理,精确新闻学和计算机辅助报道为数据新闻的出现奠定了基础。数据新闻(data journalism)是在新闻学界和新闻业界中不断寻找,适应于不断变化的信息环境并从中孕育出来的,它的诞生得益于计算机数据分析技术在新闻业的应用,但使用统计方法和量化方法制作新闻的想法和实践早在20世纪50年代就已经出现。当时美国记者通过使用大型计算机来分析政府数据库中的信息,寻找和调查新闻故事,而在20世纪七八十年代精确新闻开始兴起,其实质是把新闻采访报道活动等同于科学研究,以问卷调查、内容分析等形式,通过数据验证事实,确保新闻报道的社会责任。[1]

由于精准报道新闻的数据库数量有限和存储不便等因素,让计算机辅助报道在20世纪90年代中期开始出现并逐步发展。这意味着记者可以在计算机和与之相关的计算机软件的辅助下对信息进行提取—存储—分析处理—制作—发送等操作,这些操作将使新闻报道的创作变得更加便捷,记者可以从获取的数据中找到或发现新闻选题,或者借助获取的数据对新闻的深度进行拓展。

在现如今,数据新闻是以数据为核心,以可视化为手段,通过对数据的采集、挖掘、分析、解读等处理方式,将其内涵的新闻价值呈现给受众的一种报道方式。[2]数据愈来愈被新闻业所需要,同时也是重要的应用者,然而现如今产生的海量数据大都是非结构化的数据,如网民的点赞量、评论量、转发量以及传感器产生的数据等,传统的数据库难以对这些海量的非结构化数据进行处理。随着数据挖掘技术的发展和对数据的深度分析,数据新闻学已经出现,它可以从网络上的海量非结构化数据中挖掘出新的关系、趋势以及有意义的模式。从某种意义来说,从精确新闻到计算机辅助新闻再到数据新闻,是传统新闻业在技术的发展和新媒体冲击的双重影响下而做出的回应,可以说是挑战与机遇并存。

在新闻生产过程中数据新闻与精确新闻都强调应用数据,并重视数据在新闻报道中的地位及影响。但精确新闻学里,数据被作为重要的论据,用来支撑新闻报道中的判断及观点,从而达到提升报道可信度和准确度的目的。数据新闻则与之不同,它以数据为报道的本体,打破了传统以文本为主的新闻报道叙事方式。基于对海量数据的挖掘和分析,数据新闻最终以可视化的方式向观众呈现数据信息,并结合用户个人的观看习惯、兴趣标记等,为用户定制偏好型的数据信息,而这样的模式更适合于数据及其传播的趋势,使枯燥的数据重新焕发生机。[3]

总的来说,数据新闻在理念上和技术上都比精确新闻和计算机辅助报道有了很大的进步。从某种意义上说,数据新闻是对传统新闻业务流程和媒体组织的深刻变革,它的发展需要新的新闻思维、新的新闻叙述以及新的技术能力等。尽管数据新闻在目标和技术上可能与精确新闻和计算机辅助报道没有绝对的区别,但"数据新闻"这一概念

---

[1] 郭嘉良,倪万.转向与重塑:数据驱动语境下数据新闻的叙事机制研究[J].东岳论丛,2021,42(10):110-120.
[2] 何新丽.基于"语—图关系"重新理解数据新闻[J].今传媒,2022(12):21-24.
[3] 荆文英.数据新闻的创新模式、路径和趋势研究[J].编辑之友,2020(12):64-68.

的出现标志着新闻业发展进入了一个新的阶段。数据新闻立足于全媒体时代,可以说是全媒体时代的产物,全媒体为数据新闻提供了深厚基础,换个视角来看,数据新闻在全媒体时代的新闻报道中有着不可取代的地位。

二、数据新闻的概念

简而言之,数据新闻就是用数据做新闻。不过我们也能够发现这种说法太过简洁,并不能将数据新闻中所包含的具体信息进行清楚的阐释。而关于"数据新闻"的定义,新闻和传播界最常见并且经常采用的是欧洲新闻学中心和开放知识基金会出版的《数据新闻手册》中的表述:"与其他类型的新闻的区别可能在于传统的新闻敏感性和使用数字信息讲述一个好故事的能力的结合而带来可能性,这些可能性可以在新闻业的任何阶段发挥作用,例如,利用计算机程序自动收集和汇编来自政府、警察局或公民机构的信息,数据新闻学可以帮助记者利用数据图表讲述一个极为复杂的故事。"[1]

数据驱动新闻这一术语使用于2009年,用于描述基于对大型数据集的分析和过滤而创作的新闻报道。这一过程的主要驱动力是新的可用资源,如开放源软件和公开可用的数据。[2]从新闻的生产流程来看,数据驱动新闻是一个深入挖掘数据的过程,这个过程包括对数据进行挖掘、筛选和结构化,进而根据特定的报道目的实现信息的过滤,最终通过可视化技术来对信息进行呈现。[3]

于2010年8月在阿姆斯特丹召开的首届国际数据新闻大会上,"德国之声"的记者米尔科·洛伦茨表示,"数据驱动新闻报道是一个新闻流程,主要包括挖掘、过滤和重组,过滤掉不必要的信息,并通过可视化的方式对新闻故事进行呈现"。[4]国内也有许多学者对数据新闻作了定义,比如学者张超认为数据新闻被称为一项创新的实践,不只在于它用数据可视化的形式解决了以往新闻报道无法处理抽象数据的问题,更在于它是开放数据和公众的桥梁,从数据中发现事实,用数据创造价值,用数据可视化实现新闻监督政府、促进对话的功能性意义。[5]学者付同乐从开源观念的角度出发,将它定义为在

---

[1] GRAY. J., BOUNEGRU. L., CHAMBERS. L. The data journalism handbook: How journalism can use data to improve the news [M]. O'Reilly, 2012:2.
[2] 章戈浩.作为开放新闻的数据新闻——英国《卫报》的数据新闻实践[J].新闻记者,2013,364(6):7-13.
[3] LORENZ. M. Data driven journalism: What is there to learn, in innovation journalism conference. Stanford, CA: 2010.
[4] LORENZ. M. Data driven journalism: What is there to learn, in innovation journalism conference. Stanford, CA: 2010.
[5] 张超.从开放数据到数据:数据新闻"数据"内涵的演变[J].编辑之友,2020(7):85-89.

数据开源过程中应该遵循或坚守的观念,而这些观念为数据开源提供行为指导,有助于发现真实、全面、客观的数据;①从技术赋能下数据新闻的发展角度进行界定,徐星星认为与精确新闻相比,数据新闻依托海量的持续采集的数据以及智能化的分析技术,新闻报道的依据不再是略显过时的抽样数据,而是全量数据,从而实现了对现实更为精确的展现。②

还有一些研究者认为,数据新闻是以数据为中心,紧紧围绕数据组织起来的,而各种与数据相关的技术在新闻生产中被赋予了重要的作用。具体来说,数据新闻大多采用图表和数据的方式呈现,辅以适当的少量的文字;在实践中,记者主要利用数据统计、分析、挖掘等技术手段,从丰富的数据中挖掘新闻线索,或抓取大量的数据来拓展现有新闻报道的广度和深度,进而通过可视化手段将获取的数据以生动形象的方式呈现出来,为读者提供更加系统和客观的报道,丰富读者的阅读体验。

从中外学者对数据新闻的界定,我们可以看出数据新闻的存在价值在于对数据背后意义的挖掘。数据新闻的生产过程就是对信息进行持续不断地提炼,进而把这些海量、复杂的数据利用可视化的方法总结为清晰易懂的资讯内容,从而使读者获取有用的、有价值的信息。

三、数据新闻的特征

数据新闻的生产有三个重要的环节:挖掘并收集数据—分析并处理数据—呈现数据,这三个环节对数据新闻的生产是不可或缺的。为此,从数据新闻的生产流程视角对其特征进行阐释具有一定的合理性与说服力。

首先,对数据进行解读,以解释新闻事件对个人的影响。数据新闻的最终目标是帮助媒体报道新闻事件,同时将数据与个人的生活和工作联系起来。例如,在报道公共政策的实施或修订时,可以通过分析数据来揭示其含义,让读者在媒体报道中找到自己的故事,理解这些政策对自己的影响。

其次,与传统的新闻报道的区别在于,数据新闻的信息来源主要是开放数据。数据来源的多样性和数据的海量性是数据新闻所面临的现实情况。在海量繁杂的数据中找

---

① 付同乐.作为观念的数据新闻开源[J].青年记者,2018(18):24—25.
② 徐星星.技术赋能下数据新闻的新发展与困境探析[J].中国编辑,2020,121(1):36—41.

到对受众具有吸引力的模式,同时通过生动形象的可视化手段来呈现新闻是数据新闻成功的关键所在。但这样做的成本和精力付出都比较大。依靠政府、企业和数据公司获得的数据大多为监管或商业营销目的收集的数据,虽然在数据来源中占主导地位,但是数据清洗是必不可少的。

再次,可视化是一种讲故事的新方法。运用不同线条、颜色、图形、纹理、比例变化、立体结构以及视图的变化,以可视化的方式能够使人清楚大数据背后的新闻要素、事项之间的关系和变化趋势。[1]可视化的目标是将信息传达给受众,而这些信息被可视化的具体方式,取决于它是否能帮助公众解决问题。因此,在对信息进行可视化呈现时,功能性是最主要的,其次才是考虑可视化手段的美观性。同时,要让受众能够在数据集中找到相关的信息,以便媒体的观点可以被清晰完整地表现出来。

最后,数据新闻的团队角色是多种多样的,并且每个成员的分工是精细化的。传统的新闻制作强调一专多能的理念,在这种理念影响下,新闻制作团队呈现出小型化的趋势。然而,在数据新闻的制作中,小团队并不是很常见,相反,有明确分工的五至八人的团队更为常见。除了固定模式外,小团队的成员有时会分布在其他业务部门,并进行柔性化的管理。每个数据新闻团队的工作流程各不相同,但主要角色通常是项目负责人、数据记者、数据分析师、程序员、设计师等。在数据新闻的团队中,团队精神、团队意识极为重要,它们是好的数据新闻被生产出来的关键。

第二节　数据新闻的技术应用

数据新闻的技术应用,是新闻行业与信息技术深度融合的产物。利用大数据技术从海量数据中挖掘新闻线索,通过数据挖掘、分析等技术手段揭示数据背后的真相和规律。

---

[1] 杨保军,孙新.论大数据新闻真实性的个性特征[J].当代传播,2019(5):10-13.

一、数据可视化

数据可视化是目前数据新闻研究中的一个热门话题。数据新闻的展示方式多种多样,数据可视化是其中的一种,以可视化的方式呈现极大地拓宽了新闻报道方式,为新闻呈现方式的创新提供了兼具艺术性与严谨性的有力支持,其本质是对原有数据进行挖掘再现,是一种新的数据关系的视觉表征与视觉建构,[1]同时也为读者了解新闻事实提供了一条高效路径。毋庸置疑的是,可视化可以将数据新闻以一种更加生动形象的方式展现出来,它是生产和传播数据新闻的最佳和最有效的途径之一。数据可视化简单来说就是用一种生动形象、完整清晰的方式将新闻信息传达给受众,将事物之间的联系揭示出来的一种新型叙事方式。

最早的可视化作品可能是古代地图和占星图。19世纪初,现代意义上的数据可视化开始出现。当时,人们开始结合不同类型的图表、统计数字等,并使用可视化技术来呈现复杂和海量的数据。随着计算机的诞生和普及,人类进入了信息社会,这是一个大规模生产、传播和消费信息的时代,而信息爆炸、数据海洋成为这个时代的新特征,与此同时,一种帮助人们对数据进行收集和科学计算的新方法也随之出现。目的不是为了获取信息和数据,而是为了分析这些信息和数据,以获得对社会和自然界的正确理解。从历史和现实的角度来看,科学和技术对生产方式的取向产生了影响,同时也影响了人们的思维方式、行为方式,甚至是社会的变化。互联网、计算机以及绘图软件的发展为可视化的发展奠定了基础,在这种背景下,知识可视化和信息可视化发展了起来。

虽然数据可视化是一个比较容易理解的词,但是对其界定却并没有一个确切的答案,不同的学者从不同的角度对其进行了界定。刘滨等学者认为,数据可视化综合数据处理、算法设计、软件开发、人机交互等多种知识和技能,通过图像、图表、动画等形式展现数据,诠释数据间的关系与趋势,提高阅读和理解数据的效率。[2]这就是为什么一些学者将数据可视化视为探索、展示和表达数据意义的一种方法,而另一些学者则将数据可视化等同于信息图表。也正是如此,每个人对可视化的定义都有自己的答案。有些人认为,只有传统的图表才是可视化的。有些人则认为任何表现数据的东西,无论是微软Excel电子表格还是数据艺术品,都可以被视为可视化。毕竟,它的对错并不那么重要,我们主要是让它为我们服务。

---

[1] 苏状.真相还是包袱?——基于中外同议题数据新闻可视化比较的视觉批判研究[J].编辑之友,2020(12):57-63.
[2] 刘滨,刘增杰,刘宇,等.数据可视化研究综述[J].河北科技大学学报,2021,42(6):643-654.

作为一种信息传播的手段,数据可视化主要是通过将数据图形化,以更加生动、形象、清晰、高效的形式将信息传达给受众。数据可视化的主要途径就是信息图表,图表设计师、数据分析师等将繁杂的数据转换为生动形象的视觉语言,通过图像、文字、音视频等形式,辅以精巧设计过的时空构造,使得复杂的内容变得通俗易懂。数据可视化服务于新闻表达,制作图表并非简单地提取数据、选择图形,而是应注重通过可视化有效地传递信息。[1]智慧媒体时代的到来使可视化报道迎来发展新机遇,顺应时代特点进行创新发展是可视化报道发展的必由之路。[2]

二、数据应用化

大数据时代,数据成为重要的资源,起着重要的作用。

第一,对文本信息进行解读。对文本信息进行可视化解读通常是通过计算关键词的频率或提取关键信息点来实现的。例如,在近几年的两会,部分主流媒体通过提取两会报告中的关键词来对报告中的重点内容进行解读。而数据为这些关键词的基础,并辅以生动直观的图表,这样有助于受众对报告中的重要信息进行理解和记忆,提高信息的传播效果。

第二,对观点加以阐明。数据可视化就是将数据以生动形象的方式进行呈现,但它并不是将数据进行随机排列或者列表,而是以一定的逻辑关系呈现出来。而对数据之间的逻辑关系进行分析梳理是可视化之前的数据分析阶段的一个极为重要的部分。经过可视化后的数据就是一种论据,以图形方式呈现的数据具有清晰的逻辑关系,可视化后的数据作为论据也更有说服力,更容易被接受。

第三,对事物之间的联系进行揭示。事物之间存在着普遍的联系,不同种类的联系影响着其他事物的发展状态。人、事、物之间的联系对新闻事件的发展起着一定的推动作用,对数据新闻进行可视化呈现可以将新闻故事背后的深层联系揭示出来展现给受众,帮助受众更好地获取信息,更加容易对当前的情况和事件的走向有一个清晰的把握。一个故事的主体之间互动的复杂性使其很难用抽象的文本阐释出来,但是通过可视化这一方式可以更容易地表达和分析隐藏的联系,从而揭示出新闻更深层次的意义,带给受众不一样的体验。

---

[1] 刘英华,杨心茹.可视化之路:让数据生动起来[J].新闻与写作,2021(7):110-112.
[2] 郭嘉良,倪万.转向与重塑:数据驱动语境下数据新闻的叙事机制研究[J].东岳论丛,2021,42(10):110-120.

第四,基于时空维度对信息进行呈现。信息的呈现与时空维度息息相关,没有空间和时间,事物就不能存在。将在不同时间节点上产生的信息或者数据以时间轴的形式进行呈现,这种在时间维度上进行叙事的方式,可以对故事进行清晰的讲述,还可以把众多信息聚合起来,而且还可以帮助分析具有历史跨度的信息,从而发掘信息背后蕴含的深意。与时间轴不同,数据地图对新闻要素的呈现主要表现在空间维度上。同时可以呈现信息元素与地理环境之间的清晰关系,这是数据地图的一大优势。地图、数据和颜色的巧妙结合以及互动技术的使用增强了用户对数据可视化的体验效果,这在一定程度上增强了传播效果。

第五,提供与信息相关的背景知识。新闻是对新近发生的事实的报道,新闻文章通常侧重于强调最新的变化和情况,注重时效性,而不可能对背景和相关信息进行充分的解释。为了消除公众的疑虑,帮助他们全面彻底地了解信息,可以适时补充相应的背景材料,包括新闻中的专业术语、人物和组织、科学知识、地理和气候等。可以用文字、图片展现这些信息,也可以用数据图表来展现,这样可以帮助公众全面彻底地理解和掌握信息,更好地体会信息的价值。

三、融合报道

新媒体时代,媒体融合已成大势所趋,在产业政策、数字技术以及社会需求的多方作用下,媒体融合的速度进一步加快。以网络、手机为代表的新兴媒体与以报纸、广播、电视为代表的传统媒体进行融合形成了全媒体格局。以成都传媒集团为例,该集团将附属的广播、报刊、电视媒体上的内容都进行了数字化处理,受众既可以在传统的媒体渠道上看到这些内容,同时还可以在成都全搜索网站上进行阅读观看,全搜索网站以及传统媒体都是该集团的主要媒体成员。

融合传播是以传播学的视角来高度概括媒介融合发展,它是实现媒介融合的一种途径。与其相关的还有融合新闻这一概念。中外学者都对这一概念进行了研究,国内学者冯莉、丁柏铨在融合报道进行阐释时指出它是媒体融合背景下的新闻报道样式创新,并以数字技术和网络技术的发展为前提,将多媒体元素(文字、图片、音频、视频、超链接、H5、AR、VR等)灵活运用并综合体现,在内容和叙事呈现深度整合,注重提升用户体验品质、增强新闻报道服务意识的必然结果。①国外学者史蒂芬·奎恩在曾出版的《融合新闻导论》和《融合新闻：多媒体报道基础》这两本经典著作中对融合新闻进行了深刻的剖析和系统的研究。

数据新闻可以说很好地体现了融合传播的特征，从数据新闻生产的信息采集阶段以及新闻表达阶段的融合就可以很好地体现出来。新闻从业者可以在搜索引擎中抓取数据或者从官方部门的网站中获取想要的数据，也可以在论坛中对专家或学者进行提问，还可以通过互联网进行采访活动，这些例子都在信息采集阶段体现了融合的特征。

新闻表达这个阶段的融合指的是记者和编辑利用多媒体可以与观众进行互动的技能来表达新闻事实。在数据新闻中，可以通过文字、图片、视频、音频等多种形式来对新闻事实进行呈现，百度与中央电视台的《晚间新闻》在2014年的春节期间进行了合作，通过百度地图的定位系统对在此期间的人口迁徙进行了统计，在得到数据后又通过可视化的方式进行了呈现。在两会期间，百度再次和央视进行联合，并推出了《两会解码——两会大数据》栏目，该栏目通过人机互动技术和全新的立体成像技术进行报道，报道的话题都是民众关注的热点话题，包括医患问题、收入分配、食品安全等。

通过对数据新闻生产两个阶段的融合特征的分析可以看出与单一媒体信息传播的差异，数据新闻的传播是通过多种媒介对信息进行采集，然后针对不同媒介的特征制作成与媒介渠道相匹配的信息进行传播，这种传播方式呈现了融合传播的特征，在一定程度上也增强了信息的传播效果。

第三节 数据新闻的理论基础

随着信息技术的不断进步和数据新闻的出现，不仅丰富了新闻报道的形式和内容，还提高了新闻报道的精确度和时效性，数据新闻的理论基础将继续得到拓展和完善，为新闻传播领域带来创新与变革。

---

① 冯莉,丁柏铨.融合报道：传播特点、呈现策略及叙事特征[J].新闻爱好者,2021(11)：17-22.

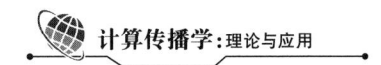

一、精确新闻学

前面提到数据新闻的出现并不是偶然的,而是在新闻业长期探索积累的成果的基础上发展起来的,数据新闻与精确新闻学和计算机辅助新闻报道存在连续性的发展联系。那么,什么是精确新闻学呢?

20世纪60年代,精确新闻在美国诞生,主要是指在采访中,由新闻记者运用社会科学研究手段(实验、调查和内容分析等),对资料进行收集整理、对事实进行核实查证,从而对新闻进行报道。精确新闻使得新闻报道更加公正和客观,原因在于运用精确的概念及数据来对新闻事件进行调查分析,避免了许多人为的、主观上的错误。美国新闻学者菲利普·迈耶创造了精确新闻学这一概念,他的著作《精确新闻学》一书出版后,也出现了精确新闻学这一新闻流派。在该学派看来,传统的对新闻信息进行采集和加工处理的方式已经过时了,传统的方式不能对当前世界的真实状况进行客观、细致的描述。对精确新闻学持支持态度的人认为传统的美国报刊在进行新闻报道时存在众多问题,包括对事实进行了错误的描述、评价过于主观、对事实的描述不够准确等。

20世纪60年代,女性主义的崛起、反战运动以及反主流文化等导致当时的美国社会动荡不安,新左派、奇卡诺运动以及太空探索等成为当时反映美国社会状况的一些关键词语。在20世纪中期,美国新闻业的发展出现了集团化的趋势,具体表现为多数媒体被少数报系控制着,而金融寡头又掌控了这些报系,这种趋势使得一向宣称"客观报道"和"新闻自由"的美国新闻媒体陷入了一种尴尬的境地。在社会的动荡不安中,美国新闻业的弊端日益显露,为了纠正这些弊端进而拯救新闻业,新新闻主义和精确新闻在美国建立了起来。

当时在《底特律自由报》工作的记者菲利普·迈耶在对新新闻主义进行了深入研究后指出,在新闻报道中引入文学手法,相当于将新闻带入了艺术领域。因此,他主张"在新闻实践的报道中运用社会科学与行为科学的研究手法"[1],即把控制实验、内容分析、田野调查以及问卷调查等与社会科学相关的研究方法与传统的新闻报道技巧进行融合,从而以一种新的方式来对社会现实进行展示。

精确新闻与传统新闻报道方式的差异在于它的核心特质是对科学方法的运用。科学方法具有完整性、系统性的特征,这使得在对新闻信息进行报道时更加全面、客观和

---

[1] MEYER P. Precision journalism: A reporter's introduction to social science methods [M]. 4th ed. Washington DC. Rowman & Littlefield Publishers, 2002: 2.

准确,科学方法的这些特征使得其在新闻收集和加工阶段表现出一定的优势。精确新闻中的"精确"二字就是强调在新闻报道时要坚守新闻客观性。

二、计算机辅助报道

在第一节也提到了计算机辅助报道,这一概念也始于美国新闻界。计算机辅助报道产生于20世纪60年代末的美国,它的产生与美国的经济环境、政治环境以及传媒技术的发展密不可分。20世纪上半叶,当时比较流行的调查性报道在其发展过程中开始暴露出对调查结果的解释过于主观、对匿名信源过分依赖等问题,这些问题导致受众对新闻报道的信任度急剧下降。为了解决这一问题,一些传媒精英开始反思问题的症结所在,并开始尝试探寻解决问题的途径。20世纪70年代,少数先驱媒体在尝试借助计算机辅助新闻报道,这是因为当时的数据搜集与计算需要大型的计算机,而当时大型计算机并未普及。到了20世纪80年代,市场中出现了简便实用的微型机和对用户友好的软件,这为计算机辅助报道的普及提供了技术和设备条件,为计算机辅助报道奠定了技术基础。

美国作为新闻传媒大国,拥有极为发达的大众传播媒介,互联网的诞生也提高了美国的网络化和信息化程度,出于保证信息公开的原因,美国政府制定了一套较为完善的行政制度和法律法规来保证普通公民以及新闻媒体拥有获得信息的合法权益,阻止了某些机构对信息的非法控制和垄断,这也为计算机辅助报道奠定了制度基础。

虽然计算机辅助报道这一概念在美国诞生,但是美国学者对其界定也各不相同。精确新闻学的创始人菲利普·迈耶认为,任何通过计算机来对信息进行获取和分析的报道都属于计算机辅助报道。也有学者认为,记者一直都在使用计算机的情况不能算作是计算机辅助报道,否则就会有电话辅助报道等概念的出现。计算机辅助报道指的是通过计算机对数据进行搜集和处理,进而将这些过滤过的数据转化为信息,使之成为新闻故事的一个部分,然后借助大众传媒进行传播。[1]还有的国外学者把计算机辅助报道称为计算机辅助调查报道,他们认为,与铅笔辅助报道相比,计算机辅助报道也具有类似的意义。实际上,新闻的基石是记者的洞察力、写作故事的能力以及获取可查证的结

---

[1] REAVY M. M. Introduction to Computer-Assisted Reporting: A journalist's guide [M]. 1st ed. New York: McGraw-Hill Higher Education, 2001:2.

论的能力,而计算机只是作为一种和铅笔类似的工具应用于调查性报道之中。计算机辅助调查报道只是提高了记者的效率,而并非替代记者的这些特质。因此,我们需要清楚的是,计算机辅助调查报道只是一种延展,是对记者的洞察力、坚持不懈、质疑精神、有效写作、智慧等特质的延伸,而不是对这些特质的替代。[1]也有美国学者认为,计算机辅助报道就是新闻报道者为了对那些隐含在政府某些硬盘中的事实和趋势进行揭示而借助计算机的运算能力对原始数据进行处理的一个概念。"计算机辅助"与电话和钢笔等工具一样,仅仅是新闻报道中的一个工具而已,新闻判断力、写作能力及讲故事的技巧等在新闻报道中不可或缺的能力才是计算机辅助报道成功的关键。[2]

计算机辅助报道是"通过计算机网络上丰富的信息资源以及其强大功能来对新闻信息进行搜索和核实,并通过计算机对获取的大量数据进行分析,进而将分析结果当作新闻报道的素材和线索",这种新方法和新思路在新闻的采访、调研和报道环节都对传统的新闻传播产生了极大的影响,打破了对新闻记者的直觉与敏感度的依赖性,通过计算机将信息进行分析处理,对数据信息重新进行排列组合,获得了更多的纵向和横向信息,事物之间的内在联系也被揭示出来,使得新闻工作者不仅能够据此写出更加有影响力和有深度的新闻报道,还可以将事物的发展趋势预测出来。

虽然计算机辅助报道对新闻信息的报道具有一定的优势,有其存在的价值,但是我们也要看到它的局限所在,如果一味地痴迷于数字和统计,将冰冷的数字视为新闻报道中最重要的,而将新闻中的人文因素忽略掉,那么新闻报道就会成为没有人情味的统计报告,失去其原有的价值。

三、数据可视化呈现

随着各种各样制图工具以及计算机软件的发展,在展现信息时可以通过数据可视化的方式来呈现,这样可以使受众在理解数据和数据之间的联系时,更容易发现数据背后所蕴含的新闻事实与意义。对于同样的一组数据,它可以被呈现的角度却是多种多样的,不同的新闻媒体可以从不同的角度对其进行阐释,也可以运用不同的可视化软件来对数据进行呈现。数据可视化应服务于新闻表达,制作图表并非简单地提取数据、选

---

[1] DEFLEUR. M. Computer-assisted investigative reporting: Development and methodology [M].1st ed. New York: Routledge, 1997: 72.
[2] VALLANCE F, MCKIE J D. Computer-assisted reporting: A comprehensive primer [M].1st ed. Oxford: Oxford University Press, 2009: 1.

择图形,而是应注重通过可视化有效地传递信息。①目前,主要有以下几种数据可视化的呈现方式。

(一)数据图表

从字面意思来看,数据图表就是以数据为主体的信息图表。数据图表也有不同的种类,有动态图表、静态图表、单一型图表和复合型图表等类型。其中静态数据图表主要呈现数据间的关系,常见的静态图表有折线图、条柱图和饼图等。动态数据图表也被称为交互式图表,它是对动画、文字以及音视频等多种媒体的融合,这种图表可以增强受众的参与感,同时使冰冷、枯燥的数字变得生动形象。在制作数据图表时,要根据数据的意义大小以及数据的复杂程度来决定选择何种数据图表,同时还要考虑数据图表呈现时的视觉效果,以获得良好的传播效果。

数据的来源是判断一幅数据图表好与坏的关键。一般情况下,来源的可靠性、中立性和权威性是决定信息源质量高与否的关键条件,经过第三方审核的数据在一定程度上可以避免偏颇,增强信息的可信度。数据图表的内容是靠数据构建出来的,因此一个数据上的小错误就会导致一个数据图表的失败,就算数据可视化方面做得再好,靠坏的数据建立起来的也是一个坏的图表。②在使用数据时要考虑语境,这样才能将事实进行客观公正的呈现,从而提高信息可信度。如果在使用数据时不考虑语境,缺乏上下文的佐证,受众可能会难以理解数据背后所蕴含的价值及意义,甚至有可能被误导。比如没有给出基准数值就给出减少或增长百分比,这种情况下,数据就没有任何参考价值③。

(二)时间轴

时间轴也称时间线(timeline),就是基于时间的维度,对事物的变化轨迹进行系统完整的记录和展现,它是根据时间顺序对事物发展进行呈现的可视化形式。从叙事角度来看,按事件发生和发展的时间序列对事件进行叙述是大部分新闻媒体采用的方式。但是,当事件众多繁杂之时或者是事件的时间跨度较长之时,以传统的新闻文本式进行

---

① 刘英华,杨心茹.可视化之路:让数据生动起来[J].新闻与写作,2021(7):110-112.
② WONG D M. The wall street journal: Guide to information graphics: the dos and donts of presenting data, facts, and figures[M]. New York: W. W.Norton &Company Inc.,2010:26.
③ WONG D M. The wall street journal: Guide to information graphics: the dos and donts of presenting data, facts, and figures[M]. New York: W. W.Norton &Company Inc.,2010:27.

事件的讲述时就显得有些艰难。此时,如果把众多事件视作一个个数据,就可以通过专门的软件将这些事件制作成基于时间顺序的交互性动态新闻。

(三)数据地图

数据地图是数据新闻可视化中极具代表性的类型之一。当数据新闻中的新闻事件涉及地理、交通位置等空间上的变化时,静态图片或者静态的文本便难以将这些信息进行呈现从而让受众在此基础上建立起事件相关的空间概念,而数据地图则可以克服这一缺陷,将新闻数据、新闻信息以及地理信息进行融合,在地理空间的基础上对数据进行分类并呈现于地图之上,这样就可以既体现出时空上的变化,还可以将信息清晰准确地传达给受众。现在出现了许多绘制数据地图的在线工具,借助悬浮窗口、图钉式定位、颜色更换等技术,可以使受众对某些地区的数据变化有一个宏观的掌控,如战争死亡人数、人口迁徙等。除此之外,时间数据和空间数据紧密相随,在交互式地图中,对地图上的时间滑块进行拖拽,可以清晰地观察到颜色的深浅不同(显示人口的稠密程度)以及线条粗细的变化(表示道路的发展)等。

(四)人物关系图

在新闻报道中,随着事件的发展,人物之间的关系逐渐显露出来,而随着空间的扩大以及时间的增长,人物关系会愈发复杂,此时受众对人物之间的关系进行梳理时就会比较困难,而受众如果花费较多的心智成本,将会严重影响其对新闻进行持续阅读的兴趣。人物关系图的出现就可以解决这一难题,帮助受众对新闻人物之间错综复杂的关系进行梳理,从而理解事件的来龙去脉。近几年来,人物关系图也成为新闻报道中的一种呈现方式,在数据新闻中,用直观的图形对人物之间的复杂关系进行梳理,既不会丢失相关信息,也不会使受众感到杂乱无章,便于受众把握事件的全貌,增强新闻的易读性。

(五)交互式图表

传统的新闻报道中的数据图表大多数都是平面图表,而且是静态的,这样的图表所包含的传播符号比较少,缺乏趣味性,受众与这一类的图表缺乏互动,这些都影响了新闻报道的传播效果。随着新兴媒体的发展,媒体融合现如今已经成为了新闻业的趋势,一些新闻媒体充分利用互联网络的特性,在设计和制作数据图表时,将地图、视频、音频、文字等多种传播内容进行了融合,制作出了交互式图表。交互式图表也被称为互动式图表,它的出现弥补了传统的信息图表传播符号较少而导致的传受双方之间缺乏互动的缺陷,增强了受众的互动性、参与性和阅读性。

四、新闻叙事

进入新世纪以来,视觉效果在新闻报道中的地位日益凸显。记者在一些通讯、特写以及现场新闻等新闻作品的采写中对事实进行了极为逼真的描摹,使得新闻报道具有较为生动的画面感和强烈的现场感,这将让受众有一种参与感和沉浸感;同时,作为一种视觉化的叙事方式,可视化具有表达信息简洁易懂、视觉冲击力强以及传递速度快等特点,这也使其逐渐成为当前流行的新闻呈现形式。传统媒体在媒体融合的背景下也逐渐重视这种呈现方式,《积极新闻》主编塞恩·达根·伍德曾说:"如果我们转变了故事的叙事方式,我们就改变了世界"。在一定程度上,数据新闻是对传统新闻生产的重塑与再造,而可视化也成为当前新闻叙事的新的发展趋势。[1]

(一)改变以文字为中心的传统新闻叙事

数据新闻的生产流程包括获取数据、处理数据和呈现数据这三个阶段。获取数据指的是挖掘搜集海量、庞杂的数据;处理数据指的是对所获取的数据进行筛选和深入细致地分析进而确立新闻选题或者挖掘数据背后蕴含的深层次的意义。现如今可视化关系着一篇新闻作品的好坏,其价值远超在传统的新闻报道中的作用。数据新闻将数据作为叙事语言,数据可视化就是以更好的阅读体验和更清晰的逻辑将数据呈现在用户面前。究其本质,数据可视化是一种新闻叙事,是通过视觉语言来对数据含义进行呈现的途径,它不是在炫耀技术,也并不是新闻表达的唯一方式。

在数据新闻叙事中,数据是叙事语言,可视化就是将数据以更清晰的逻辑和更好的阅读体验呈现给用户。[2]数据可视化可以说在一定程度上改变了传统的新闻叙事方式,它将信息进行了整合,运用视觉语言使信息更具视觉张力,并且以更加清晰有效的方式

---

[1] 彭姝婷.数据在场·交互图像·建设性立场:数据新闻的叙事范式刍议[J].新媒体研究,2022,8(9):6-10.
[2] 许向东.转向、解构与重构:数据新闻可视化叙事研究[J].国际新闻界,2019,41(11):142-155.

将观点和事物之间的联系表达了出来。但我们需要清楚的一点是,挖掘出事实的真相依然是数据新闻的核心价值所在。

(二)弥补了传统新闻宏观叙事的不足

传统新闻的叙事语境更加依赖于记者对新闻真实的观察和思考,新闻内容的描述对象主要聚焦于个体情感和故事细节,微观的限知视角和共情的叙事语言是传统新闻的主要叙事特征。[1]对细节较为重视,找个案、抓典型,这些都是传统的新闻叙事中常用的方法,希望以此来做到以小见大,从而增强故事的感染力和吸引力。从统计学的视角来看,传统的新闻叙事是基于小样本或个案的报道,它以代表性和典型性给受众以启发;相反,数据新闻可视化则是基于大样本或者全样本的报道,这样可以对一般性规律进行公正客观地呈现。可以说,可视化的叙事模式是一种宏观叙事,它是通过数据来对报道客体进行阐述的。因此,数据新闻的可视化表现出一定的宏观解释力,它借助大数据的优势对传统新闻在宏观叙事方面的不足进行了弥补,增强了新闻可信度的同时,也提高了新闻媒体的公信力。

(三)突破了传统的新闻叙事模式

数字时代的到来,使得不同媒介要素在新闻生产中相互融合,新闻天然地成为"多媒体""融媒体"的信息产品。[2]数据新闻可视化叙事与传统的新闻叙事方式不同,它将抽象数据具象化,在新闻文本形成的同时,制作出参与性、动态性以及高度互文性的可视化信息,通过互动、直观、动态的文本数据将数据背后的深层意义挖掘出来。这种叙事模式增强了内容的易读性以及文本的交互性,受众可以更加容易地获取到相关信息。被视觉化的新闻不仅具有欣赏价值,更重要的是它承载了很多信息和数据。数据可视化作为一种新的新闻叙事方式,在很大程度上是受内容驱动的,要根据内容来选择合适的可视化呈现方式。[3]

数据新闻的典型案例分析

---

[1] 郭嘉良,倪万.科学还是人文:数据新闻价值观念探析[J].中国出版,2022(14):50-54.
[2] 常江,朱思垒.数字新闻叙事的革新:视觉化、游戏化、剧场化[J].西北师大学报(社会科学版),2023,60(1):51-58.
[3] 郑薇雯,姜青青.大数据时代,外媒大报如何构建可视化数据新闻团队?——《卫报》《泰晤士报》《纽约时报》实践操作分析[J].中国记者,2013(11):132-133.

本章小结

本章主要围绕数据新闻展开。第一节从数据新闻的提出、数据新闻的概念以及数据新闻的特征对数据新闻进行了详细的梳理。第二节主要介绍数据新闻的技术应用。数据可视化、数据应用化以及融合报道,都与数据新闻有着密切的联系。大数据时代,数据成为重要的资源,可以对文本信息进行解读、对观点加以阐明、对事物之间的联系进行揭示、基于时空维度对信息进行呈现以及提供与信息相关的背景知识。第三节详细梳理了数据新闻的理论基础。数据新闻是在精确新闻学和计算机辅助报道的基础上发展起来的,以数据可视化等方式进行呈现,在新闻叙事上也与传统的新闻叙事大不相同,增强了内容的易读性以及文本的交互性。最后通过对国内外数据新闻典型案例的分析,将数据新闻的发展和特征进行更加清晰的展现。

思考题

1. 简述数据新闻的提出背景和主要特征。
2. 谈谈你对数据可视化和数据应用化的理解。
3. 谈谈对精确新闻和传统新闻报道方式的差异。
4. 简述计算机辅助新闻的问世及界定,并谈谈计算机辅助报道的优势及局限。
5. 数据可视化呈现方式有哪些?
6. 论述在媒体融合背景下新闻叙事的发展趋势。

第十一章 计算广告

知识目标

☆ 计算广告的概念、诞生条件与发展过程。
☆ 计算广告学与人才培养。
☆ 程序化购买的技术平台构成及程序化创意的特点。

能力目标

1. 理解计算广告对于广告产业的重构。
2. 结合相关案例,掌握计算广告技术层面内容,熟悉计算广告的运作、投放模式。

思维导图

```
                    ┌── 计算广告的概念与渊源 ──┬── 计算广告的概念
                    │                          └── 计算广告的渊源
                    │
                    ├── 计算广告产生的影响 ────┬── 计算广告对广告产业的重构
        计算广告 ───┤                          └── 计算广告学:广告学科的新阶段
                    │
                    ├── 计算广告的技术应用 ────┬── 大数据技术
                    │                          ├── 云计算技术
                    │                          └── 算法技术
                    │
                    └── 程序化购买与程序化创意 ┬── 程序化购买
                                               └── 程序化创意
```

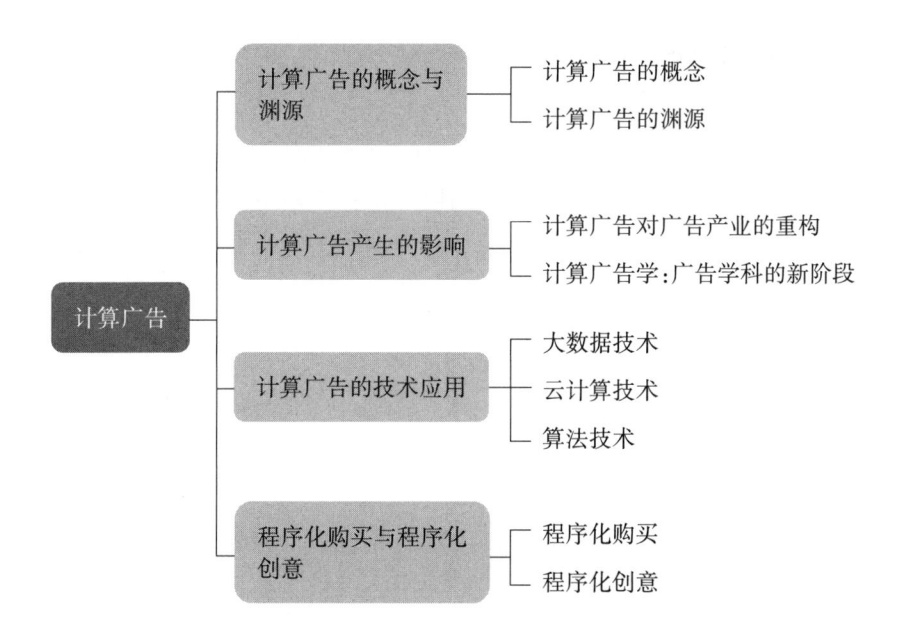

@ 案例导入

百事可乐2018年第三季度开始依托阿里妈妈的数据技术能力,通过选取上百个百事可乐用户特征、34种全国各地风景、几十种故乡美食、500个姓氏、明星配音、十几亿人对家的回忆,共同造就159 392部定制影片、118 014款独家印记,推出了个性化互动内容"独家记忆"。2019年1月8日至2月28日,消费者只要打开手机淘宝App,并在搜索框中输入"把乐带回家",在跳转界面中输入自己的姓名、家乡等个人信息,即可获取系统自动输出的个人专属微电影内容。

首先,百事可乐通过与阿里妈妈的大数据手段完成了消费者洞察。基于Z世代人群的情感诉求,洞察到了人群个性化的需求,精准的人群画像,从而确定了内容"千人千面"的传播策略,并进行跨平台的内容传播。其次,基于人群个性化需求,选取具有代表性的地域文化内容。杭州的西湖、重庆的串串、内蒙古的草原、福建的炒茶阿公、各地多样有趣的方言等,均作为地域文化的代表物呈现在观众面前,激起观众对于家乡的感怀与思念。地域文化内容的搜取和视觉呈现,同样依托阿里妈妈强大的数据分析能力与视觉呈现能力。最后,若想实现观众接收内容的"千人千面",就必须依托于动态生成视频技术。作为阿里云产业的"黑科技",动态生成视频技术是视频内容实现程序化创意的一次有益尝试,通过观众上传的个人信息,数据后台可根据用户属性特征选择视频片段并进行创意元素的组接,依托阿里妈妈的数据技术能力,精选上百个用户特征,实现观众接收内容的个性化。[1]

大数据和人工智能等技术在广告营销领域得到了广泛的应用,技术的发展与应用促进广告运作的数据化和智能化,也助力品牌方提升了精准营销能力。在大数据与智能算法等新技术的驱动下,计算广告最终能够对广告效果进行精准预估。

---

[1] 段淳林.计算广告学导论[M].武汉:华中科技大学出版社,2022:148.

第一节 计算广告的概念与渊源

随着科学技术的发展,大数据和计算思维在各个领域拓展,以机器学习为核心的人工智能技术不断获得突破,技术更迭进一步推动广告形态的变化。在业界,计算广告开启了数字营销新生态,也促进了广告产业的数字化转型。在学界,计算广告成为学术研究的新热点。本节内容将讨论计算广告的概念与渊源。

一、计算广告的概念

业界比较认可的计算广告起源于2008年雅虎广告首席科学家安德雷·布罗德(Andrei Broder)首次提出的计算广告(computational advertising,CA)概念,[1]他在美国加利福尼亚州旧金山市召开的第十九届ACM-SIAM离散算法研讨会上提出:计算广告的核心挑战是为特定用户找到最合适的广告,主要目的是实现广告的最佳匹配。计算广告最初的定义就是"运用大数据计算技术,为特定场景下的特定用户寻找到一个合格的广告,以实现语境、广告和用户三者的最优匹配。"[2]

计算广告是通过与"计算"相关的技术生产并发布的广告,可以通俗地理解为通过计算创造的广告。姜智彬、马欣对计算广告的历史进行梳理后,认为计算广告主要是在数据驱动基础上,运用人工智能技术,实现对广告内容的耦合生产、精准投放和互动反馈,从而使广告个性化满足消费者生活信息需求的品牌传播活动。[3]从要解决的问题来说,计算广告的核心目标是提升广告活动的效率和效果。段淳林、杨恒认为计算广告是一种以数据为基础、以算法为手段、以用户为中心的智能营销方式,它在数据的实时高效计算下,对用户进行全方位画像,并满足快速投放、精准匹配及优化用户一系列需求。[4]其实,计算广告指的是由数据要素和计算能力驱动的一切广告活动,它是在以往由创意要素和策划能力驱动的广告活动发展到大数据时代之后,进入的一个全新的、更

---

[1] 刘庆振."互联网+"时代的计算广告学:产生过程、概念界定与关键问题[J].新闻知识,2016(6):9-15.
[2] BRODER A Z. Computational advertising and recommender systems[C]//Proceedings of the 2008 ACM conference on Recommender systems. October 23-25, 2008, Lausane Switzerlakd. New York: Association for Computing Machinery, 2008:1-2.
[3] 姜智彬,马欣.领域、困境与对策:人工智能重构下的广告运作[J].新闻与传播评论,2019,72(3):56-73.
[4] 段淳林,杨恒.数据、模型与决策:计算广告的发展与流变[J].新闻大学,2018,147(1):128-136+154.

高层次的阶段,它并没有完全否认传统的广告调研、洞察、策划、文案、创意、投放、互动等方面的能力,而是尝试用数据化的方法和计算的手段来补足、完善、强化乃至重塑广告活动的每一个有价值的环节和细节,让广告活动中的各种行为和各项决策更加科学,进而提高广告活动的效率和效果。①

综上所述,本书认为计算广告较为全面的定义是:以大数据、云计算和新算法等人工智能技术为依托,广告主在全面掌握目标消费者数据肖像基础之上,通过专业机构的程序化购买进行"千人千面"或"一人千面"实时精准计算、精准匹配和精准推送广告信息,从而实现精准数据闭环传播,以达到精准产品营销和品牌传播的高性价比智能活动。②

二、计算广告的渊源

(一)计算广告的诞生条件

社会计算的兴起与大数据的发展是计算广告诞生的重要条件。社会计算是由社会行为和计算系统交叉融合而成的研究领域,它研究的问题包括利用计算系统助力人类沟通和协作、利用计算技术研究社会运行的规律和发展趋势等。社会计算的发展,为计算广告提供了理论基础和条件。至此,研究者开始具备数据思维,逐步在社会科学领域使用计算技术,从而实现了社会研究范式的变革。社会计算也逐渐由简单计算升级为复杂网络计算,这使对群体传播的精准研究成为可能,也为计算广告的发展奠定了基础。③同时,随着大数据技术的不断成熟和落地应用,大数据成为人类更深入地认识社会、解决社会问题的方法和技术手段。大数据技术所能实现的全量分析成为主流,从用户洞察到广告投放过程中所产生的海量数据可以被更全面和精准地分析。计算广告与大数据关系密切,大数据是计算广告的基础,而计算广告本质上是获取大数据、提炼大数据、推送大数据的精准营销的信息传播过程。

社会计算与大数据为计算广告奠定了发展的根基,提供了必要的技术支撑,而广告自身的进化也使广告形式向更为精准的计算广告发展。传统意义上的媒介产业正在发生变革且边界正在消失。互联网改变了媒介产业,也改变了广告行业。

---
① 刘庆振,钟书平.重新思考计算广告:概念界定与逻辑重构(六)[J].国际品牌观察,2021(25):20-21.
② 林升梁.计算广告学[M].北京:中国人民大学出版社,2021:15
③ 段淳林.计算广告学导论[M].武汉:华中科技大学出版社,2022:22

(二)计算广告的发展历程

1.以竞价发展的1.0阶段

计算广告1.0阶段是在信息驱动的IT(Information Technology)时代中诞生的,它的核心是信息的流通,通过计算机技术对信息进行控制实现流转,在这个阶段,合约广告过渡到了计算广告。初级阶段的合约广告指的是通过合同约定的方式,来确定某一时间段内,某一广告位被某一特定广告主所独占,并以双方的需求为基础,来决定广告创意和投放策略。这种方式虽然可以满足品牌曝光的需求,但是对技术的要求并不高,此时的广告主要以CPT(按时长收费)时长出售和CPM(千人成本)展示收费,其效果难以估算。直到1998年以谷歌为代表的搜索引擎出现才催生了互联网广告史上革命性的在线广告产品模式即竞价广告,它不需要合同,也不需要任何限制,而是根据利润最大化的原则来决定是否发布广告。

这个阶段市场的主体是广告主、代理公司和互联网媒体,它不仅实现了一定的广告定向技术,还将市场的长尾资源充分利用起来,让大量的中小企业对能够看得到有效收益的广告充满了期待(如早期互联网广告公司的扎堆创业热潮),在这个广告交易方式中甚至出现CPC(按点击计算)这种更加有效果的付费指标。

2.以程序化购买发展的2.0阶段

计算广告2.0阶段是在数据驱动(DT)的时代下发展的,即以数据流通应用为核心,透明而且服务生产,运用协同运算(注:计算机技术等构建起协同运算环境,使不同地域、不同时间、不同文化背景的人们可以一致地为某项任务共同工作)等技术打通数据产业链,实现高效率运算应用。以2010年美国兴起的实时竞价的程序化购买(procedural purchase)为标志,计算广告进入了第二阶段。与传统购买依靠人力不同,程序化购买强在自动化,形成了匹配供求双方需求的广告交易平台(ADX),即是代表广告客户利益的需求方平台(DSP)和代表媒体广告资源利益的供给方平台(SSP),双方为实现各自利益最大化而博弈,这种广告购买方式与股票市场的程序化交易方式类似,此时的ADX更像是一个中介连接着双方,数据管理平台(Data Management Platform)作用于这三个角色,DMP作为计算广告的中枢,它的作用是精准定位用户的数据并进行处理,使广告投放更具针对性。[1]

---

[1] 段淳林,杨恒.数据、模型与决策:计算广告的发展与流变[J].新闻大学,2018,147(1):128-136+154.

一方面它与1.0阶段的计算广告相比,2.0阶段的计算广告的数据更加庞大,同时它对于广告的投放、检测也是实时优化调整,具有自动化的流程与管理,是我们当前所处的阶段。

3. 以智能化发展的3.0阶段

当前,计算广告3.0处于正在探索的阶段,它是以智能驱动(Intelligence Technology)为核心,将人与场景相结合,在人工智能技术的帮助下,为客户提供智能的广告方案。在未来,计算广告将会向着"全流量,智能化"的方向迈进。

从PC端到移动端,从线上到线下,在3.0阶段,一方面是云端技术、虚拟现实技术和区块链的成熟,使得计算广告可以随时随地地收集全球消费者的深度信息,并通过人工智能的自我学习和演进算法生成并推送广告,这将实现广告数据源的全量化和广告创作的智能化;另一方面计算广告在内容领域也有拓展,通过精准的场景广告,根据用户的个人兴趣和喜好推荐定制化和个人化的广告内容,这将实现广告效果的最大化。

第二节　计算广告产生的影响

在互联网与人工智能等技术的普及与发展下,以大数据为基础、以算法为核心的计算广告在市场中迅速发展,大数据和算法已经深度融入中国广告业,引发了当前的广告产业变革。与此同时,学界对于计算广告的研究也衍生出计算广告学——一门关于计算广告的学科。

一、计算广告对广告产业的重构

(一)广告具体业务环节的改变

1. 广告用户:消费者洞察环节

在传统广告业发展时期,广告公司开展广告调查,主要是以问卷、电话、街头访问等人工方式进行,这样的消费者洞察方式效率不高且效果不佳。在计算广告发展时期,互联网的普及使得用户认知和在线行为在互联网中留下了大量的数据痕迹,广告主或广告公司可以通过自动化、精准化的方式快速高效地收集消费者的数据,对用户、产品和市场有更加客观、理性和全面的认知,并且利用大数据分析和计算的方法,有针对性地将不同的产品信息个性化地匹配给对应的用户。可以说,计算广告的出现有效地推动消费者洞察的精细化、效率化和智能化。[1]在大数据与智能技术的加持下,以用户为中心的点对点式的计算广告实现了动态的精准营销。

2. 广告内容：创意制作环节

传统的广告产业发展阶段,广告的创意和创作都是由广告从业人员"头脑风暴"而成,创意人在广告表现中起到关键作用,而且广告创意的频率较低。而在大数据与人工智能的加持下,针对精准的消费者画像,技术辅助创意人完成创意生产工作,可以制作出"千人千面"的个性化广告。可以说,计算广告的发展实现了人机的有机结合。技术的赋能一方面帮助解放了广告从业人员的生产压力,使他们得以全面专心地投入广告创意和优质内容的发掘中；另一方面,能够时刻把握适应消费者的多样化需求,在充分提高效率的同时保证广告内容和质量。[2]

3. 广告交易：媒体投放和效果监测

由于传统媒介技术的单向性,以及报纸、广播、电视等媒介数量的有限性,广告内容无法精准地传达给广告主的目标消费者,传统广告产业发展时期的广告投放会导致广告费的浪费。同时,传统广告的单向性与强制性使得广告主不能及时地收到消费者的反馈,可能引起消费者对广告的反感。以往依靠人工排期的大规模媒体投放已经不适用于当今媒体资源多元化和碎片化的发展趋势。计算广告发展时期,以算法技术为基础的程序化购买可以解决以上问题。程序化购买可以确保广告用户在最佳的时空条件下以最佳的渠道和方式获得最适合他们的广告,其最大的特点在于人群定向的精准性和全流程的自动性和实时性。[3]在传统的广告行业中,广告效果是很难衡量的,进入数字广告产业时期,广告运作的效果变得精准可控。

---

[1] 杨扬.计算广告学的理论逻辑与实践路径[J].理论月刊,2018(11)：162-167.
[2] 刘子怡.演化与重构：计算广告在产业变革中的影响研究[J].东南传播,2022,209(1)：137-139.
[3] 杨扬.计算广告学的理论逻辑与实践路径[J].理论月刊,2018(11)：162-167.

(二)广告生产运作方式的变革

随着计算广告及其应用技术的发展,计算广告正在重构广告产业的生产运作方式。

1.以精准投放为中心节点的广告业务的一体化运作

传统广告业的具体生产运作是一种有序的单向运作,需要依据每一个环节有效地进行。例如,只有进行了广告调查和市场分析,才能确定明确的广告目标以及有指导性的广告策略;只有提出广告诉求并有新颖的创意才能进行广告设计与制作;了解各种媒体的目标受众并选择合适的媒体,才能进行有效的媒体投放,而投放之后才有广告效果的检测。"计算广告兴起,首先寻求并着力解决的就是广告精准投放的问题。"[①]大数据、云计算和算法等技术推动广告业务各环节走向数据化和智能化,促进广告运作便捷化和高效化。从消费者洞察、程序化创意到程序化购买,广告业务的各环节都是以情景、用户与广告三者之间的最佳匹配为目标,以达到精准投放的目的。可以说,计算广告对广告运作的精细化流程进行了解构,从而使广告的生产方式与业务运作方式实现一体化发展。[②]

2.以"程序化交易"为中心节点的广告业务与市场交易的一体化运作

传统广告行业,广告代理制是极其重要的经营与运作机制,其中广告媒体是广告的承载者,媒体购买是广告主必不可少的经费投入。同时,在广告市场中,媒体购买是一项非常重要的交易行为。传统的媒体购买市场交易,一般是通过合约的形式进行,因其交易量巨大,所以买卖双方都有各自的业务部门来进行这方面的交易。在整个传统的广告运作过程中,这一市场交易活动,与广告生产的业务运作是相互独立的,即使是媒体计划、媒体购买与媒体投放这三道紧密关联的环节,在稍微有点规模的综合型代理公司的业务运作中,也是相互分开的。[③]尽管1998年以谷歌为代表的搜索引擎的出现催生了竞价广告这种在线广告产品模式,改变了合约交易的方式,但这时期的广告交易方式大多数还是通过合约交易。

基于数据分析、算法技术的发展,广告交易双方可以通过既定程序或特定软件自动生成或执行交易指令,程序化交易可以在毫秒间自动完成交易。这种交易方式可以在海量的数据中精准发现广告主的用户,其低成本、高效率的优势也进一步实现着广告业务运作的一体化整合。基于这一点,广告市场的交易行为与业务运作行为直接对接,实

[①] 冉华,刘锐.计算技术背景下广告产业形态演进研究——基于"技术–供需"的分析框架[J].新闻与传播评论,2021,74(5):49.
[②] 昝琼,刘振.计算技术与广告产业经济范式的重构[J].现代传播(中国传媒大学学报),2019,271(2):132-137.
[③] 昝琼,刘振.计算技术与广告产业经济范式的重构[J].现代传播(中国传媒大学学报),2019,271(2):132-137.

现广告市场运作与业务运作的一体化发展,在广告运作层面重塑着广告业。[①]

(三)产业新旧主体的变换与产业格局的重组

传统广告产业主体以广告主、广告公司、媒体平台为主,而随着计算广告的发展,数据与技术成为广告业新的核心资源与核心生产要素,大数据分析计算技术逐步取代广告人的专业技能与专业智慧,大量的技术公司、互联网公司、数据分析公司成为广告市场和广告产业新的主体。[②]一系列基于大数据和算法技术的新兴创业公司开始涉足广告行业,例如达摩盘、Talking Data等数据管理型公司,悠易互通、智子云、多盟等程序化广告采购公司,筷子科技、Sizmek等程序化创意平台。除此之外,巨型公司也开设了广告技术新业务,例如谷歌Google Marketing Platform平台、字节跳动旗下的巨量引擎大型投放平台、阿里巴巴的鹿班智能设计平台、华为旗下广告科技业务HUAWEI Ads。

广告产业新主体的出现使得传统广告公司受到冲击,传统广告公司想要继续生存下去,必须完成向技术密集和数据密集的转型。不只中小企业,即便是大型的跨国集团也是一样。最近几年,很多国际大公司,纷纷收购兼并数据公司和相关技术公司,就是力图以此来实现企业的重组与转型。[③]

二、计算广告学:广告学科的新阶段

随着近几年大数据、人工智能、机器学习等技术与广告活动各个板块、各个环节的深度结合,新范式下的新思维、新技术和新应用扩展到了几乎所有主要媒体形式和所有主要广告环节,计算广告的发展催发了一门新的学科——计算广告学。

(一)计算广告学的界定

计算广告学来源于具体的应用领域,主要是研究如何促进计算广告科学发展、使计算广告的理念和应用范围更大的一门学科。"所谓计算广告学,是以大数据时代的计算广告为研究对象的。有关计算广告的相关研究,都属于计算广告学的研究范畴,都是计

[①] 曾琼,刘振.计算技术与广告产业经济范式的重构[J].现代传播(中国传媒大学学报),2019,271(2):132-137.
[②] 曾琼,刘振.计算技术与广告产业经济范式的重构[J].现代传播(中国传媒大学学报),2019,271(2):132-137.
[③] 曾琼,刘振.计算技术与广告产业经济范式的重构[J].现代传播(中国传媒大学学报),2019,271(2):132-137

算广告学研究不可或缺的重要组成部分。"①计算广告学是一门由多学科交叉融合的综合学科。计算广告学吸收了传统广告学的相关学科,例如传播学、营销学、社会学、心理学、艺术学、统计学、新闻学等,为了应对计算广告相关技术带来的新问题和新观念,还会涉及计算机科学、信息科学、数据科学、人工智能等相关学科。

(二)计算广告学与人才培养

广告行业中,人才是最基本的要素,也是广告公司最重要的资源,计算广告学学科的目的之一是为广告市场输出专业型人才。由于广告学是一门人文学科,所以在智能化发展过程中,不可避免会遭遇到新兴技术人才匮乏和传统从业者难以适应的难题。

无论是对于计算广告学而言,还是对于越来越多的数据驱动型的创新企业而言,大数据的战略意义并不在于要掌握规模多么庞大的数据资源,而是在于对这些数据资源的深度分析和专业处理的思维和能力。而这种思维和能力的获得与提升,离不开同时具备扎实的数据统计分析能力、强烈的数据敏感性、独特的创造创新能力、良好的沟通能力、丰富的经验知识以及端正的价值观念和具有职业操守的数据人才的培养。"计算广告学作为一个方兴未艾的交叉学科,涵盖了语言处理、机器学习、推荐系统、分布式算法等众多量化研究方向,同时又涉及市场营销、信息传播、消费心理、社交网络等人文社科研究方向。"②计算广告学所涵盖的知识领域广泛,所要求的专业技能多元,也意味着广告行业对一专多能的复合型人才需求也日益明显。

因此,为了培养更符合产业需求的计算广告人才,一方面,每一所大学的广告专业都应该认识到"广告+技术"复合型人才的重要意义,广告专业应全面、系统修订人才培养方案,在大一、大二基础公共课程模块中增设计算机应用、互联网、物联网、大数据等相关基础课程,在大三、大四高年级专业课程中,以人工智能改造现有课程内容,如网络广告、智能广告、大数据广告、智慧电商、计算广告、虚拟现实、人机交互等;③另一方面,高校应积极探索"政产学研用"协同人才培养模式,加强学界与业界之间的沟通和互动,发挥协同育人的最大作用,引入智能广告行业的专家进校做讲座,讲解优秀案例,进行模拟项目操作。④

---

① 曾琼.突破与重构:大数据时代的计算广告学研究[J].湖南师范大学社会科学学报,2019,48(5):152.
② 刘庆振.计算广告学:大数据时代的广告传播变革——以"互联网+"技术经济范式的视角[J].现代经济探讨,2016(2):91.
③ 林升梁.计算广告学[M].北京:中国人民大学出版社,2021:150.
④ 段淳林.计算广告学导论[M].武汉:华中科技大学出版社,2022:20.

第三节　计算广告的技术应用

当今社会,计算广告重绘了广告实践版图,目前已经成为理论研究的热点。计算广告主要是基于大数据技术、云计算技术和算法技术等人工智能技术实现的,下面将分析这三种技术在计算广告中的应用。

一、大数据技术

大数据技术在计算广告中的应用主要有以下四个方面。

(一)用户标签化管理

大数据可以对用户实现比较精细的划分,通过对用户数据进行采集、处理、建模,利用大数据软件系统推断不同人群的行为特征及兴趣爱好,以此为依据对用户进行自动化打标签,并通过持续运营校准用户标签,实现对每个用户画像的丰富和完善,最终实现品牌方对不同用户的精准推送和个性化服务。[1]例如,网易游戏收集用户信息后,通过用户标签化管理分析得出以下结论:处于中部、东部省市的年轻男性是最重要的网游消费群体,且这类年轻男性通常喜欢看视频直播。于是网易与视频主播合作推广游戏,主播富有趣味性的游戏推介,在《绝地求生》游戏的传播过程中起到了极大的广告作用。由于KOL的助推快速引发了粉丝效应,该款游戏从游戏群体迅速向公众扩散,用户规模高速增长,营销收入也获得迅猛发展。[2]这就是看似不起眼的用户标签给广告营销带来的巨大商业价值。

(二)个性化精准信息推送

个性化精准信息推送的前提是能提供个性化的信息。品牌方和企业所缺乏的,就是可以准确地满足用户的需要,并与他们的阅读习惯相匹配的信息内容。在大数据基础上,可以按照关联算法、语义分析、标签化等特性实现个体样本的数据分析,然后按照

---

[1] 张新涛.大场景模型数据算法应用研究[D].北京:北京交通大学,2009.
[2] 井思博.手游全民化趋势及营销策略分析——以"绝地求生"为例[J].现代商业,2019(16):13-14.

地域、兴趣、喜好等多重维度提供定向信息,满足用户对特定内容的选择问题。[1]例如,抖音平台会先根据用户填写的实名信息(如性别、年龄、职业、时长等)进行初步的偏好判断,然后再根据每个用户点赞、关注、转发的视频内容,进一步对该用户进行数据细分,最后为其定向推送其感兴趣的内容,这样,用户喜欢看的视频内容就会精准地出现在"推荐"这一板块中。大数据技术使抖音的个性化精准信息推送达到"广而精"的效果,不仅提高了转化率,也使更多品牌依赖于抖音这个大数据抓取和个性化推送的社会化平台。

(三)媒介投放效果分析

如果只看一些表面的数据,如广告的点击率,是难以衡量不同推广媒介的真正效果的。但是通过大数据分析,把用户的媒介行为和后续购买行为进行打通跟踪,在此数据基础上构建媒介质量评估模型,将能够更好地发现媒介的真正质量。[2]通过对各种媒体的大数据对比分析,可以筛选出优质的推广媒介,优化投放策略,以最小的成本获得更多的流量,提升投资回报率(ROI)。在媒介投放效果分析基础上,可以不断优化智能出价模型,比对多样化计费模式,有效节省广告成本。例如,品牌主可以通过对广告投放时间的对比,通过对用户在抖音和快手等不同平台的点击率、浏览率、收藏和加入购物车等行为的数据对比分析,分析出广告的最佳投放时间和媒体平台。

(四)数字营销战略指导

没有对目标消费者进行准确的定位,就盲目地进行宣传,这是许多企业进行市场营销不见效或收效甚微的重要原因。而大数据至少拥有上百亿级实时数据,能够剖析用户线上线下行为,搭建用户标签体系,构建全方位用户画像,为数字营销提供战略指导服务。[3]计算广告能够帮助广告主完成精准营销,再通过数据分析挖掘出有效的媒介途径,随着数据的积累和机器的学习,程序化过程能识别及提供优质的营销模型,为广告主提供数字营销战略指导。例如,元气森林的数字营销战略。

---

[1] 戴世富,韩晓丹.大数据应用下粉丝营销的商业价值初探[J].东南传播,2014,19(7):25—27.
[2] 林升梁.计算广告学[M].北京:中国人民大学出版社,2021:213.
[3] 林升梁.计算广告学[M].北京:中国人民大学出版社,2021:213.

二、云计算技术

随着互联网进入大数据时代,产生了海量的碎片化数据,从海量的数据中挖掘有价值的数据,再对其进行建模、处理、分析、洞察,这对于人力来说是一项巨大且艰难的任务。云计算作为一种新型的互联网商业计算模式,为计算广告提供了一种全新的选择。[1]云计算在计算广告中的应用主要体现在以下三个方面。

(一)满足用户个性化需求

在云环境下,云计算技术可以帮助广告商更好地了解用户行为和市场趋势,可以快速收集和分析目标消费者特征,跟踪用户的行为,更好地挖掘出用户数据中的需求信息,从而发现用户的个性化需求,实现对用户和广告内容的精准定位。之后借助算法进行计算广告精准投放,满足用户的个性化互动体验。

(二)增强数据储存与分析能力

首先,云计算为用户提供了最安全、最可靠的数据存储,无须担心数据丢失和病毒入侵,海量的用户涌入互联网后形成庞大的计算资源与数据中心。其次,一些知名的云供应商如谷歌云计算、亚马逊、IBM、微软、阿里巴巴等拥有上百万级的服务器规模,而依靠这些服务器构建"云"能够为广告行业提供前所未有的计算能力,能够快速从海量数据中找到有用的市场、用户信息。

(三)降低运营与管理成本

云计算的计费方式是需要使用多少计算服务就支付多少费用,这样可以帮助广告主或广告公司降低运营成本。广告主或广告公司通过向云服务租用所需应用软件和存储设备来开展广告制作和日常业务管理工作,这就促进了广告主与广告代理商之间的实时沟通和数据资料共享,能更有效地运行基础设施,并能根据业务需求的变化调整对服务的使用。此外,云计算还实现了任务的同步规划和安排,使得处于不同地理位置的团队成员能够更有效地进行沟通与合作,从而提高管理效率和服务水平。[2]

---

[1] 林升梁.计算广告学[M].北京:中国人民大学出版社,2021:216.
[2] 王鹏.走近云计算[M].北京:人民邮电出版社,2009:50-52.

三、算法技术

算法,从字面意义上来看,就是用于计算的方法,通过该方法可以实现预期的计算结果。目前,被广泛认可的算法专业定义是:算法是模型分析的一组可行的、确定的、有穷的规则。数据丰富,算法就可以不断突破,并被运用于不同的商业场景当中。[1]计算广告的运作中,广告主体所使用的一切数据均由智能算法进行处理与优化,因此计算广告活动的整个过程都涉及算法工具的运用,可以说,算法模型是计算广告的主要工具,算法也赋予了计算广告"智能"的基因。[2]算法技术在计算广告中的应用主要有以下三方面。

(一)智能算法模型,提升定制化效果

智能算法模型能够对计算广告的一切数据进行处理并优化,在特定情境下,将特定用户和相应广告之间进行精准匹配。目前,计算广告的主要算法模型包括三种:基于关键词匹配的信息检索、基于用户点击反馈的机器学习算法以及在线学习算法。[3]算法推荐提高了消费者接受广告信息的针对性、互动性。计算广告将算法模型和用户画像相结合,利用用户定向核心技术、程序化交易等相关技术,实现技术与数据的匹配,使计算广告的效果达到最大化。在此基础上,算法赋予了广告"智能"基因,通过发现用户兴趣与广告主需求之间的结合点,推动实现用户与场景的个性化、定制化匹配。例如,2021年淘宝618购物节出现的"星秀猫"活动,基于阿里巴巴集团自身的用户数据,对用户进行画像分析,从用户爱好画像中选择与自己品牌形象吻合的部分,结合互动联动用户沉浸策略,以及集团自身的算法能力,选择与用户最匹配的类型广告进行创意、制作、投放、传播和互动。

(二)DMP标签化数据,实现广告精准投放

DMP通过对人群数据的分类和打标签,来实现对目标群体的精确定位,从而使得计算广告的投放更加有针对性。广告行业为了确保用户的精确度,往往使用人群分类算法来对用户进行精准分析,根据该用户的浏览习惯、浏览偏好、网络地址等信息分析用

---

[1] 林升梁.计算广告学[M].北京:中国人民大学出版社,2021:72.
[2] 段淳林.技术变革背景下中国计算广告的发展趋势[J].山西大学学报(哲学社会科学版),2022,45(5):96-104.
[3] 林升梁.计算广告学[M].北京:中国人民大学出版社,2021:72.

户喜好,从而对用户进行标签化,并通过分析为用户打上标签,从而判断用户属性,让整个广告投放更加精准。部分企业会在人群分类算法的基础上,结合很强的具有对非线性事物的描绘功能的神经网络(ANN)来进一步实现人群细分;基于用户定向技术,每一个用户的行为都将成为DMP中的数据。在广告投放过程中,凭借精细化的人群分类,精准定向匹配用户,让广告投放效果更加显著。例如,阿迪达斯品牌FORUM系列新品上市,深度应用抖音平台的数据工厂能力,利用标签工厂对品牌广告触达人群、达人粉丝及历史购买人群特征进行挖掘,定位核心目标群体。基于前期品牌广告与达人营销的投放触达,快速积累目标人群及内容偏好等特征信息,再依托数据挖掘能力,洞察营销机会点,有效提升广告投放效果。

(三)多元化竞价类型,提升广告投放效率

随着搜索广告系统、点击率预测等竞价广告技术的不断成熟,可供计算广告选择的竞价类型也越来越多。计算广告的竞价类型主要有三种:以高投资收益比为核心竞争力的完全智能化程序化购买、以保证媒体质量为核心竞争力的优选程序化购买和以凸显品牌影响力为核心竞争力的半智能化程序化购买。[①]在计算广告中,广告主根据品牌广告、效果广告、品效广告等不同的投放目的,选择相应的竞价技术以及DSP平台,将投放需求与用户流量数据进行识别匹配,以提升广告投放效率。

第四节　程序化购买与程序化创意

随着大数据技术的不断成熟和应用,作为一种新兴的广告投放方式,程序化购买开始受到越来越多广告主和广告媒体的关注与认可,并成为当下广告精准投放的新选择。程序化购买是计算广告的典型应用表现,是实现计算广告最优匹配的关键环节。创意是广告的核心,计算广告时代的创意生产发生了变化,出现了程序化创意。

---

① 段淳林.技术变革背景下中国计算广告的发展趋势[J].山西大学学报(哲学社会科学版),2022,45(5):98.

一、程序化购买

程序化购买是指以自动化系统(技术)和数据为基础的广告投放方式。简单来说，"广告需求方(DSP)为广告主提供媒体投放平台，广告供应方(SSP)为广告媒体分配流量和广告资源，广告媒体把广告位放在广告交易平台(Ad Exchange)上进行交易，广告主或代理公司选择投放广告需求平台和交易平台从数据管理平台(DMP)所收集的受众大数据，进而产生定向投放包,广告主的最终开销也是基于精准投放的受众所带来的展示量、点击量或转化量而决定。"[1]在程序化购买的广告模式没有出现之前,从网上收集数据、分析整理、到广告推送,整个流程至少要30分钟,而在程序化购买出现后,完成这些流程只需1/10秒,不仅节省了广告费用,还达到了真正意义上的精准投放。[2]与常规的人力购买相比,程序化购买利用编程来建立新的规制和模型,依靠智能算法来进行广告购买并实时优化,可以极大地提升广告购买的效率、规模和投放策略。

（一）程序化购买的技术平台构成

以实时竞价(RTB)为核心的程序化购买,主要由需求方平台、供应方平台和广告服务与数据管理三方构成,各平台的主要代表公司如图11-1所示。

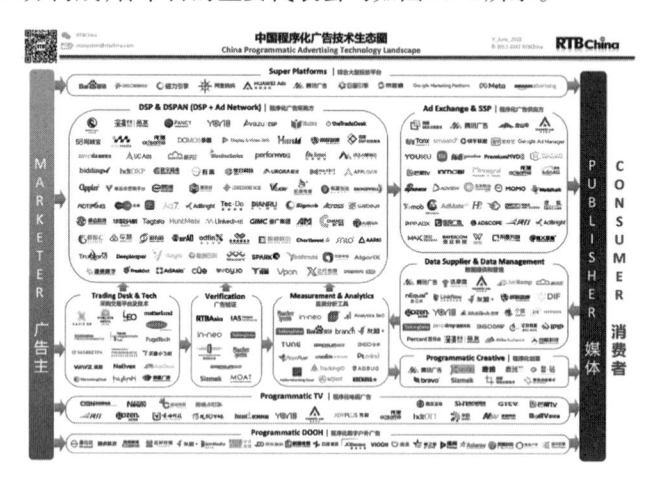

图11-1 中国程序化广告技术生态图[3]

---

[1] 李皓明.大数据时代广告的程序化购买模式探析[J].新媒体研究,2019,5(13):76-77.
[2] 李皓明.大数据时代广告的程序化购买模式探析[J].新媒体研究,2019,5(13):76-77.
[3]《中国程序化广告技术生态图》2020年中更新版发布[EB/OL].RTB China,(2022-07-12)[2023-12-29].https://www.rtbchina.com/china-programmatic-ad-tech-landscape-2022-mid-year-update.html.

1.需求方平台

(1)需求方平台(Demand Side Platform,简称DSP)

DSP是为广告主提供跨媒介、跨平台、跨终端的网络广告的程序操作平台,广告主可通过这个操作平台的技术手段进行数据整合,分析数据并借此实现基于目标人群的精准投放,并且实时监控投放效果,并不断优化。[1]需求方可以根据自己的需求对目标人群的每一次广告机会进行精准实时竞价购买。

(2)采购交易平台(Trading Desk,简称TD)

Trading Desk称为采购交易平台,又可以被认为是一个与DSP类似的需求方平台。TD为客户提供了一个集成多个DSP平台的技术解决方案,客户可以通过TD对多个DSP平台统一管理,其中包括投放预算的分配、投放策略的制定和调整以及数据报告的查询等。TD主要服务于品牌广告主,而品牌广告主往往会在多个DSP上同时进行广告投放,这涉及到整体预算、频率控制等在多个DSP上的分配和投放活动的统一管理。[2]TD的出现恰好满足了品牌广告主的这一需求。

2.供应方平台

(1)广告交易平台(AD Exchange,简称ADX)

ADX在程序化购买的过程中是连接供应方和需求方双方的重要交易平台。广告交易平台为供应方们提供了可以用于展示自己广告位的界面,供应方则通过程序化的形式将广告流量带入ADX中,并设定底价。当有一个广告位需要展示广告,而用户恰好在浏览媒体内容页时,供应方就会针对该广告曝光的机会,通过广告交易平台向需求方平台发起竞价请求,出价最高的广告主将会获得需要的广告位。

(2)供应方平台(Sell-Side Platform,简称SSP)

SSP服务媒体投放与管理广告的平台。它帮助媒体管理来自广告交易平台、广告网络平台、广告联盟乃至直接接入的需求方平台等的流量。[3]SSP的一大特点便是程序化交易,它将整个广告采买过程后置,使用户一次的广告购买和广告曝光更加匹配,避免错配带来的误差。在SSP服务平台上,客户的库存广告资源不但可以进行实时展示,还可以与ADX、DSP等平台进行对接,实现即时售卖,获得最优化的展示收益。

---

[1] 林升梁.计算广告学[M].北京:中国人民大学出版社,2021:205.
[2] 梁丽丽.程序化广告:个性化精准投放实用手册[M].北京:人民邮电出版社,2017:10.
[3] 林升梁.计算广告学[M].北京:中国人民大学出版社,2021:205.

3.广告服务与数据管理

(1)数据管理平台(Data-Management Platform,简称DMP)

DMP是程序化购买的核心,它利用多种方式和渠道,收集并整合分散在线上、线下的多方数据,并将其纳入到一个统一的技术平台中,之后,再利用机器学习算法,对这些数据展开标准化和标签化处理,让广告主可以把这些细分结果实时地应用于现有的互动营销环境中。[1]

(2)程序化创意平台(Programmatic Creative Platform,简称PCP)

PCP是指由数据和算法驱动,是一种规模化、个性化、即时性内容生产的智能化创意表现和制作技术。

(3)监测分析平台(Measurement& Analytics Platform)

第三方监测分析平台基于大数据与人工智能对海量广告数据进行检测分析,可以对广告投放数据进行同步监测,评估广告投放平台数据的真实性,并据此帮助企业制定科学的媒介计划。

(4)广告验证平台(Ad Verification Platform,简称AVP)

AVP可为品牌广告主监测广告投放环境,提供广告投放过程中的品牌安全、广告可见度、反作弊保障,以确保广告能够得到合理投放并更好地追踪到每则广告。[2]

(二)程序化购买的交易模式

目前广告交易技术取得突破,但由于广告市场比较复杂并且不断演变和细化,产生了多种程序化交易模式,学者段淳林认为程序化购买的交易模式主要包括以下四种。[3]

1.公开竞价(open auction,open RTB)

广告主在公开的广告交易平台进行实时竞价,自由挑选流量(媒体广告资源、对应目标人群)。由于是竞价方式,不确定价格(价高者得,次高价结算,平台仅设置底价),且不预留广告库存(不保量),对于媒体而言,该方式没有控制性,一般是最后选择的变现手段,即其他手段售卖后的剩余流量(但不代表是劣质流量)。

---

[1] 林升梁.计算广告学[M].北京:中国人民大学出版社,2021:205.
[2] 林升梁.计算广告学[M].北京:中国人民大学出版社,2021:211.
[3] 段淳林.计算广告学导论[M].武汉:华中科技大学出版社,2022:40.

2.私有竞价(private auction,private RTB)

相比公开竞价,非完全公开的方式缩小了(买方)竞价的范围,只有受邀请的买方才能参与。对于媒体来说,这种方式能够保证广告主的质量,保护媒体环境,且因为依然采取实时竞价的方式,能够确保变现效率。

3.优选交易(preferred deal)

买卖双方协商固定的价格后(由于给广告主优选,不竞价,因此该价格一般高于实时竞价市场价格),由买方(广告主)按照自己的需求在媒体自由挑选流量,这种方式的特点是保价不保量,美国互动广告局将其界定为非预留定价交易(unreserved fixed rate)。一般是针对特定的、重要的客户,是媒体服务品牌广告主、稳定收益的手段。

4.程序化直接购买(programmatic direct buying)

这种方式采取的是合约方式,而非竞价方式,即保价保量,美国互动广告局将其界定为担保投送优化(automated guaranteed)。媒体提供接口给广告主,广告主可以在合约规定的展示量和固定价格之下,在买断的媒体流量资源内进行投放决策。

二、程序化创意

前文所述的程序化购买主要是广告投放和交易的程序化。而创意是广告的核心,内容是创意的关键。在广告活动中,经过创意制作的广告作品负责传递商品和品牌信息,也是影响广告效果的重要因素。[1]从传统的人工决策到现如今靠人工智能算法等技术进行运作,广告在发生内容形态等方面变化的同时,始终保持着对内容生产的关注与敏感度,将其作为核心环节进行改良升级。

(一)程序化创意的发展

在传统的广告行业中,创意的生成过程是一种单向的、直线的生成方式,大多数的广告创意都是由广告主自己来决定的,广告主在事先制定好一个创意计划之后,把它交给广告公司来做,然后把做好的广告交给广告媒介,通过电视和互联网来向消费者发布。这里,广告客户需要什么,他们就会生产什么,对用户的需求满足度很低。而且,在

---

[1] 段淳林.计算广告学导论[M].武汉:华中科技大学出版社,2022:46.

整个过程中,每个生产环节都是相互独立的,没有太多的交流,呈现出一种单向的线性模式。[①]随着计算广告的发展,传统的广告创意方法面临着巨大的挑战,表现在以下四个方面。

第一,互联网媒体环境复杂,广告呈现要适应众多的终端类型、广告形式、广告版位、尺寸规格等,再加上原生广告出现需要与内容样式达成一致,由此造成广告创意需要生成的投放素材格式繁多,带来巨大的任务量。第二,广告主特别是电商广告主,除了投放品牌广告或者活动广告外,还大量投放商品广告,而商品数量可以达到百万、千万等超高量级,因此相应的商品广告创意也会是如此庞大的规模。第三,采用受众定向后,广告趋于个性化精准投放,每一次广告展示都是针对不同的受众,从广告的逻辑来讲,不同的受众所需要的、所感兴趣的广告信息也有所不同,"千人千面"的投放需要"千人千面"的广告创意。第四,传统的广告创意在决策上是依靠广告人的大脑和经验,由于在线广告的创意直接影响广告点击率,亦会间接影响到竞价排名,对于广告创意相关性和效果的要求更加关键,需要精准地预估和不断地优化调整。综上所述,传统的广告创意方法无法满足在线广告创意对于海量化、实时化、个性化和科学化的要求,必须通过技术来解决这些问题,程序化创意应运而生。[②]

程序化创意(programmatic creative)是一系列由数据和算法驱动的广告技术,将广告创意流程(包括生成、制作、展示、试验、优化等环节)程序化和智能化,降低人力成本、提高效率,实现创意工作的规模化,并提升创意质量和广告效果。程序化广告创意是基于人工智能技术,通过推荐算法,利用大数据对广告创意元素(如广告尺寸、图标、颜色、文案等)进行优化组合,快速、自动生成适合不同设备、不同场景、不同消费需求的广告创意群组,将广告创意群组整合进计算广告流程之中,对不同的广告创意进行实时筛选投放,并根据广告效果进行动态调整的一个过程。[③]图11-2展示了该过程。

[①] 段淳林,任静.智能广告的程序化创意及其RECM模式研究[J].新闻大学,2022,166(2):17-31+119-120.
[②] 段淳林.计算广告学导论[M].武汉:华中科技大学出版社,2022:46.
[③] 林升梁.计算广告学[M].北京:中国人民大学出版社,2021:166.

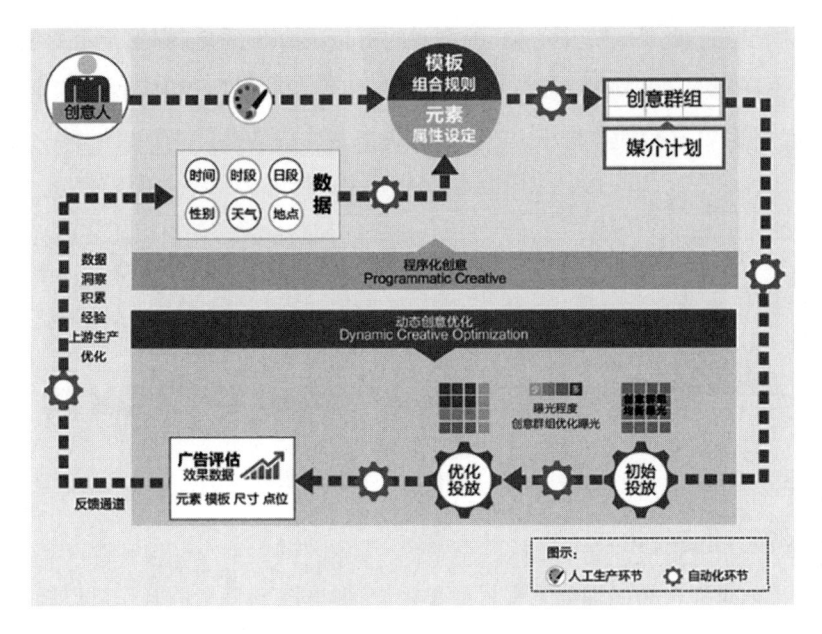

图 11-2　程序化创意工作流程示意图①

对计算广告而言,程序化创意是内容生产的核心技术之一,其目的在于用程序化的方式展示创意,将重点定位于从创意到广告展示全过程的程序化,主张用快速迭代的创意代替"大创意"。可以认为,计算广告的内容生产尝试通过自动化、程序化运作的方式,保持对创意的实现与满足。虽然所生成的内容在创意度上可能不及以往的人工操作所表现得那般灵活与独特,无法完全保证广告内容的质量,但通过用户画像技术与协同过滤算法的帮助,海量创意的柔性化生产得以实现,广告创意与程序化技术也在一定程度上达到了一种趋于平衡的状态。

(二)程序化创意的特点

1.创意生产规模化

程序化创意能够实现创意的"规模化定制生产"。常规的系列化创意围绕一个创意核心只能产生几个到几十个创意结果,而对程序化创意来说,只要增加模板和元素素材,轻而易举就能输出成千上万的结果。程序化创意不必"优中选优,只留独苗",而是容纳多种创意想法,不从创意整体进行考量,而是将一个创意拆分成产品信息、文案、LOGO、背景、活动等各种元素,形成"去中心化"的创意组群(如图11-3所示),让创意人

---

① 2016程序化创意行业指南[EB/OL].数字营销杂志,(2015-11-24)[2023-12-29].https://www.sohu.com/a/44108888_157763.

有更大施展空间。此外,去"中心化"的创意组群借助DCO系统,根据给定的创意素材,自动生成不同版本、尺寸的创意画面,大规模产出定制化的广告内容,不仅节省人力成本,提升创意效率,还促使广告千人千面成为可能。

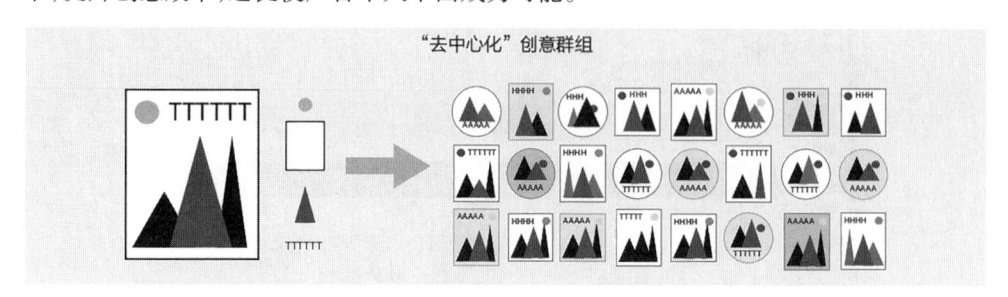

图11-3 "去中心化"的创意组群①

2.资源管理高效化

程序化创意平台会提供创意素材的集中管理功能,新创意的制作可以轻松调用过往活动中的模板和元素,实现创意资源高效管理。更高效的是,如果对模板、元素进行了调整,一个简单操作便可让系统中所有广告投放物料及时更新,不需要再人工制作所有尺寸和格式的投放物料,如图11-4所示。

图11-4 程序化创意资源管理高效化②

3.创意内容数据化

数据即内容。有了不限版本数量的广告生产能力,利用静态数据和动态数据来产生广告内容就成为可能。广告内容可以随着地理位置、天气、时刻、事件焦点及用户属性等数据的变化而变化,能够更贴近受众的想法和喜好。例如,社交网络上讨论的热点,被转发最多的用户评论,比赛中的最新得分,这些都能立刻成为程序化广告中的动

---

① 2016程序化创意行业指南[EB/OL].数字营销杂志,(2015-11-24)[2023-12-29].https://www.sohu.com/a/44108888_157763.
② 2016程序化创意行业指南[EB/OL].数字营销杂志,(2015-11-24)[2023-12-29].https://www.sohu.com/a/44108888_157763.

态内容,如图11-5所示。

图11-5　程序化创意的内容数据化[1]

4.创意投放精准化

广告创意的实时优化变得可行。通过用户在广告上的行为数据,比如鼠标悬停、点击等,结合创意群组之间的元素差异分析,就能做到过去广告监测所做不到的事情——通过数据验证和判断哪些创意元素、组合方式更有效,在广告投放的实战过程中进行动态甄选,给表现好的创意更多曝光机会,以此为基础可以对创意内容进行持续优化,如图11-6所示。如果与程序化购买相配合,则更是可以实现创意内容与受众、场景细分的全面自由精准投放。

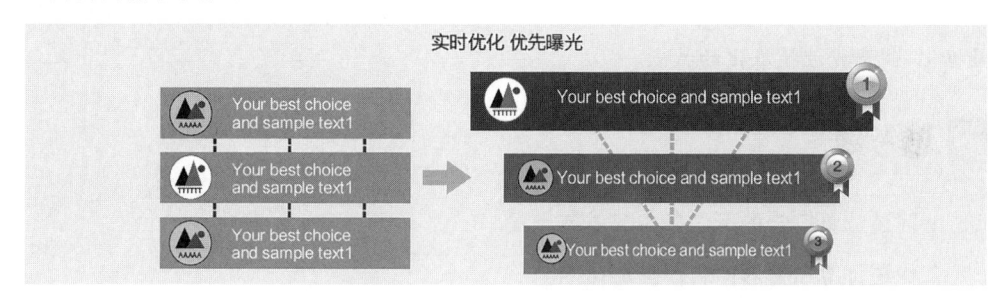

图11-6　程序化创意的实时优化[2]

程序化运作之后的创意内容能够随着时间、场景和用户需求的变化而进行个性化展示,使广告与用户的沟通交流效果更出众,能得到用户的选择(图11-7)。广告创意能根据不同地点对人群偏好进行智能分析,推荐与当下场景吻合的广告创意,改变千人一面的创意局面,使广告创意更具针对性和精确性。[3]

---

[1] 2016程序化创意行业指南[EB/OL].数字营销杂志,(2015-11-24)[2023-12-29].https://www.sohu.com/a/44108888_157763.
[2] 2016程序化创意行业指南[EB/OL].数字营销杂志,(2015-11-24)[2023-12-29].https://www.sohu.com/a/44108888_157763.
[3] 段淳林,任静.智能广告的程序化创意及其RECM模式研究[J].新闻大学,2020,166(2):17-31+119-120.

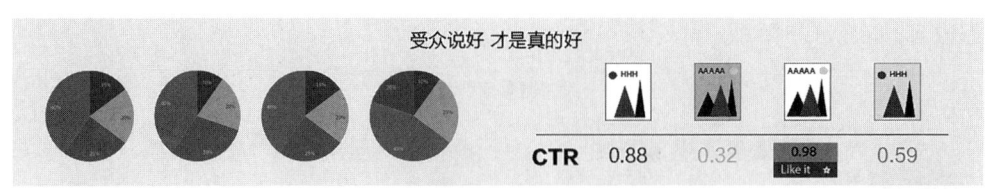

图 11-7　程序化创意的用户选择①

计算广告
典型案例分析

本章小结

本章内容重点围绕计算广告展开。第一节从计算广告的概念与渊源入手,计算广告经历了以竞价发展起来的1.0阶段,程序化购买的2.0阶段以及智能化发展的3.0阶段。第二节主要介绍计算广告产生的影响。一是对广告产业的重构,体现在业务流程与运作方式与产业格局等方面;二是计算广告的发展催生了计算广告学。第三节详尽介绍了大数据技术、云计算技术、算法技术在计算广告领域的应用。第四节分析程序化购买和程序化创意。程序化购买的交易模式有公开竞价、私有竞价、头部竞价首选交易和程序化保量六种模式。程序化创意具有创意生产规模化、资源管理高效化、创意内容数据化、创意投放精准化的特点。

思考题

1. 简述计算广告的诞生条件与发展历程。
2. 论述计算广告对广告产业的影响。
3. 谈谈你对计算广告学的理解。
4. 大数据、云计算与算法技术在计算广告的应用主要有哪些?
5. 程序化购买的技术平台有哪些? 它们对计算广告产生了什么作用?
6. 简述程序化创意的特点。

---

① 2016程序化创意行业指南[EB/OL].数字营销杂志,(2015-11-24)[2023-12-29].https://www.sohu.com/a/44108888_157763.

第十二章 计算传播学的挑战与前景

知识目标

☆算法、数据面临的问题及其合理使用。

☆计算传播学对传统理论的研究推进与发展。

能力目标

1. 了解算法与数据带来的机遇与风险。

2. 了解计算传播学的未来前景。

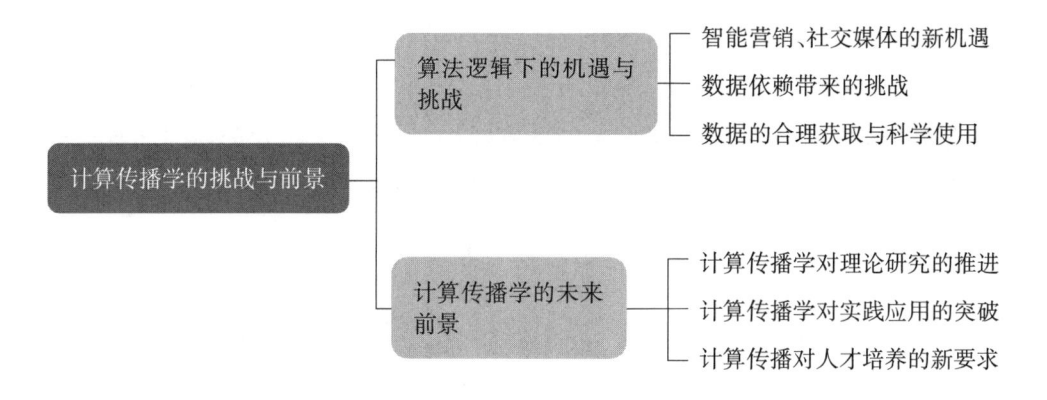

思维导图

计算传播学的挑战与前景
- 算法逻辑下的机遇与挑战
  - 智能营销、社交媒体的新机遇
  - 数据依赖带来的挑战
  - 数据的合理获取与科学使用
- 计算传播学的未来前景
  - 计算传播学对理论研究的推进
  - 计算传播学对实践应用的突破
  - 计算传播对人才培养的新要求

@ 案例导入

生活在一个算法无处不在的时代,无论是拿起手机、使用互联网,还是关掉手机、断掉Wi-Fi,我们都在参与被计算。我们的行为在人的实体与"智能"网络物体的紧密连接中产生。当我们打开资讯类App,各种热搜榜已然将热门话题摆在我们面前,与其说是信息整合,不如说在信息爆炸的当下,算法支撑下的热搜推荐帮助我们节省了筛选成本。从"效率/成本"角度来看,算法代表着一种高效、快速的生活,其重要功能就是通过消费者年龄性别、兴趣偏好、社交习惯和时空状态等数据资源进行的统计分析和研究,根据信息、商品价值等多重维度对消费者进行的追踪预测、有效分配和合理供给。

算法红利越来越广泛且深刻地影响着我们的生活:网络购物离不开"算法比价"、商业运营离不开"算法推广"、日常出行离不开"算法导航",甚至求职姻缘也需要"算法匹配"等,然而看似理性、中立的算法背后,也存在着一定的偏见:大数据"杀熟""欺生""泄露"、个人隐私被侵犯甚至引发群体极化等现象屡见不鲜。算法一方面变更了信息传播的原有秩序,成为当代信息传播的灵魂,让用户能够快速定位自己的兴趣圈,捕捉核心内容,但另一方面也限制了大众接触信息内容的多样性与主动性,造成信息茧房,恐引发系统性风险。

算法盛行给网络生态带来的一系列冲击值得警觉与深思,但算法并非全然是我们想象中的洪水猛兽。即使伴随着诸多问题、风险和挑战,算法的迭代以及算力的飞速提升毫无疑问使人们的生活进入了崭新的新时代并引领着我们走向充满前景的未来。

第一节 算法逻辑下的机遇与挑战

算法的巨大优势改变了用户获取信息、分享内容和消费的习惯,并且从根本影响了各类产品的研发、生产、分发和反馈全流程。作为网络空间架构的基础结构,算法改写了人类的生存范式和发展逻辑,驱动人类进入算法社会。新传播技术的出现使得信息传播的容量和速度实现指数级增长,对旧有格局带来颠覆性冲击。毋庸置疑,技术的革新总是推动着历史的车轮滚滚向前。在切实改变人们生活的同时,技术发展带来的大数据获取、算法判断也面临着更多的风险与挑战。

一、智能营销、社交媒体的新机遇

现代营销学之父菲利普·科特勒曾提出:营销1.0时代是以产品为中心,营销2.0时代以消费者为导向,营销3.0时代价值驱动[①]。在移动互联网与新传播技术的推动下,企业营销面临的最核心的问题是如何与消费者进行积极互动,在尊重消费者主体性的同时使消费者积极参与营销价值的创造。大量消费者的行为、轨迹产生了海量的数据,在这些表象数据的背后还隐藏着无数与消费者连接的触点。社交媒体应用吸引了大批用户,人们的社交关系也发生了巨大变化,社交媒体营销成为算法加持下的营销与社交媒体发展新机遇。

(一)智能营销兴起并不断发展

智能营销是企业应用大数据模型和人工智能,分析、预测未来营销活动中可能隐藏的接触点和发展趋势,以提升企业在整个营销流程中的效率与资源配比[②]。大数据分析应用与人工智能在整个营销流程中的有效使用是智能营销的两个重要前提。

营销场景多元化,营销方式精细化。随着技术和网络的发展,营销不再是单纯的投放广告和产品展示,而是围绕消费者需求形成的闭环流程。营销场景多元化体现在营销入口、营销渠道与营销交互方式的多样态发展。具体来说,移动互联网终端的高速发展正在重塑各种营销方式,最直接的表现就是营销链路的拉长,用户触点与信息渠道更加丰富多元。以消费者旅程变化为例,2017年科特勒提出数字5A模型——了解Aware、吸引Appeal、问询Ask、拥护Advocate、行动Act,将企业的营销重心转向为如何与消费者实现积极互动。在数字时代,顾客的行为被更加细致和全面地记录变为品牌、广告主营销的可接触点。5G场景落地、移动智能终端的广泛普及都使得营销信息与交互体验本身继续分散裂变,短视频、电商平台、线下门店、户外广告等不同渠道之间的壁垒被打通,私域营销、社群营销甚至跨界营销不断,实现了消费场景、流程全覆盖。因此,国内的顾明毅学者提出了中国智能广告IAM模型——该模型按照"用户—互联网平台—品牌"的层次关系整合了当前营销传播前沿和中国实践,并且搭建了闭环营销的ICMBER

---

① 王赛.营销4.0:从传统到数字,营销的"变"与"不变"——"现代营销学之父"菲利普·科特勒专访[J].清华管理评论,2017,49(3):60-64.
② 朱国玮,高文丽,刘佳惠,等.人工智能营销:研究述评与展望[J].外国经济与管理,2021,43(7):86-96.

系统——识别(Identify)、定制化(Customize)、匹配(Match)、投放(Bid)、浸合(Engage)和留存(Retain)。

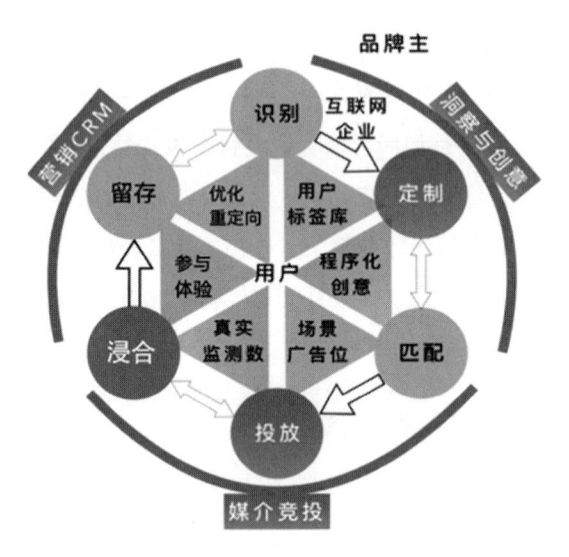

图12-1 中国智能广告模型[①]

精准分析用户行为数据,抓住用户注意力。近十余年来数字营销的普及使得传统广告人开始思考如何把传统广告优势与当前的技术发展相结合,助推行业变革。与此同时,营销人员也在尝试如何更有效地释放消费者潜力。不断迭代的人工智能已经成为当下营销人员的有力帮手,能够对数据进行分析学习,帮助营销人员分析、了解海量多样的数据,促进自然的人机偕行,激发营销人员的创造力,为其做出更明智、更快速的决策以抓住稍纵即逝的用户注意力。

数据时代,营销人员面对的挑战将是使数以百万计比特或字节的有关消费者和潜在消费者的数据转化为可用的有见地的认知,从而提高品牌传播与营销效果,这意味着营销人员必须重新思考谁是客户以及如何最有效地与之互动。随之带来的结果是目标客户群、购买模式和消费者购买行为都发生了巨大的变化,需要及时发现重要的行为指标,采取一系列有针对性的行动,因此营销人员需要来自多个来源、更为详细的实时数据。现在,机器可以代替营销人员整合海量数据。人工智能与算法推送让人类无法独自完成的艰巨任务成为可能,将海量数据源合并到单一接口,大规模扫描文本、视频、在线内容、社交情绪以及其他形式的结构化和非结构化数据。除了更灵活高效的方式搜

[①] 顾明毅,李海容,姜智彬.品牌接触点模型与用户媒介行为研究——兼论管理咨询对广告业的挑战[J].广告大观(理论版),2019(4):4-15.

寻非结构化数据信息外,人工智能还可以帮助理解非结构化信息,帮助营销人员更准确地理解个体受众的习惯和偏好。

(二)个性化营销策略及智能化投放

智能算法营销最重要的目的之一就是实现用户、广告与场景的精准匹配,即实现用户身份匹配、内容意义匹配、场景匹配,在多样的场景广告中吸引用户参与、分享,最终实现品牌价值共创的目标[①]。营销人员基于智能营销模型,梳理客户、采购和绩效数据,不仅可以预测客户的习惯和喜好,还可以预测他们在特定时刻的动机以及他们喜欢的互动方式。根据背景分析,算法能解决一系列难题,例如安排活动的时机是否成熟、应邀请哪些人员、哪些是目标客户以及使用哪些内容等。营销人员可以获得有事实依据的建议,快速选择适当的响应方法,打造成功的客户体验。算法还能进一步帮助营销人员采用敏捷方法,专注于创造以人为本的成果。经过训练的算法系统可以快速标记关键指标,在需要引起注意时提醒营销人员。在后台运行的算法系统有助于减少猜测,帮助营销人员进一步提高响应能力和工作效率。通过全新的算法逻辑和智能生态,推荐系统能更精准地匹配目标人群、用户画像和标签体系,从而实现从"人找信息"到"信息找人"的转变。

随着流量红利消退、移动互联网技术成熟、传统行业与互联网互相渗透,再加上媒介碎片化、注意力分散以及营销环境复杂化,传统营销手段逐渐失效。如何精准触达目标受众人群、及时跟踪广告投放结果、寻找投资回报的优化方法成为企业在营销投放中最关心的问题。媒介多元化意味着消费者触点多样化,例如PC/Mobile Web、App、微信公众号、小程序、企业第三方平台等等。自动化营销通过AARRR模型(用户增长模型)的营销目标,一站式完成拉新、留存、促活、转化类活动,形成营销活动闭环再加入"自传播"的分享逻辑,进而产生滚雪球效应,而且自动化营销借助大数据能够从海量潜在客群中精准识别客户、挖掘需求等对客群进行智能化标签管理,其中涵盖了消费属性、身份属性、活动属性、兴趣爱好等,并以此构建出精准的客群画像。同时,通过强大的数据洞察与分析能力,自动化营销还能有针对性地研究目标消费者线上线下的触媒习惯、行为动线、品牌偏好以及日常行为习惯,从而帮助企业开展更加主动的、强效果转化的、有针对性的品牌营销。利用自动化技术,企业可以精准定位用户渠道和场景喜好,智能决

[①] 段淳林.计算广告学导论[M].武汉:华中科技大学出版社,2022:226.

策广告投放,并在投放过程中根据数据的变化实时调整优化广告,以平衡用户体验和流量之间的相互关系,有效控制成本的同时提升营销效果。

相较于传统的人工投放方式,智能化、自动化的投放不仅能够有效解放人力,还能基于用户的兴趣以及产品所处的生命周期,在用户浏览某个特定地方的时候触发并为用户呈现相关的精准广告。

(三)基于算法推荐的社交媒体营销兴起

根据 We Are Social 和 Hootsuite 联合发布的数字 2021(DIGTAL 2021)研究报告显示,全球现有超过 42 亿社交媒体用户,每个用户平均每天花费在社交网络和消息应用程序上的时间长达 2 小时 25 分钟,相当于他们每周都有一天是不睡觉的[①]。随着社交媒体在营销和商业中的价值快速增长,使用社交平台和网络网站以付费或无偿的方式推广产品或服务的社交媒体营销也快速发展起来。社交媒体平台广泛采用符合用户偏好智能算法和协同过滤推荐系统,高效整合平台内部的海量信息,使得符合用户需求的内容更快速地与之匹配[②]。从用户的角度来看,智能算法的大量使用优化了用户体验,使得用户能在海量信息中准确、快速寻找对自己最有参考价值的信息,然而对内容生产者而言,就必须考虑到输出内容是否能进入智能推荐系统,被观众或用户所接受。社交媒体营销(Social Media Marketing,SMM)的兴起给予了品牌方、企业更大的营销便利。从传播方式上来说,单向性质的营销传播升级为多元化、互动性和人性化的交互营销方式。当用户在社交媒体平台中点击、观看、关注感兴趣的企业或者品牌,接受特定内容推送的同时也会积极参与到一些营销活动和优惠活动中。假设一家企业的持续运营能力强的话,除去购买流量的花费,其成本基本为 0,而且传播时间也更加自由。

社交媒体的智能推荐算法打破了传统媒体的单向信息传播模式,也在一定程度上消解了对拥有大量粉丝订阅的头部 KOL 的依赖,实现了更多有价值的输出者的崛起。即使创作者粉丝订阅量稀少,但是其生产的内容符合网络传播规律与大众用户喜好,能够刺激用户的点赞、评论与转发等行为的发生,就可能获得十万甚至百万级以上的阅读、观看量。当今活跃在用户间的微博、抖音、B 站、小红书等弱社交媒体平台都采用了

---

① 数据来源:DIGTAL 2021[R]. We Are Social,2021.
② 戴华东.社交媒体时代环境下的国际传播实践[J].东南传播,2022,215(7):81-84.

相似的智能算法推荐机制,所以大部分内容创作者们能够通过研究推荐机制、制作符合当前热点或者用户喜好的内容、实现快速涨粉或者内容出圈。

(四)重构广告行业的流量竞争

注意力的过度碎片化直接导致传统营销方式的效率变低,因而智能营销真正解决的是海量信息冲击下的注意力分散,即消费者注意力碎片化问题。精准营销被看作是应对碎片化注意力的一种方式。所谓精准营销,内核就是更高精确、更高效率、更低成本地对信息进行快速精准曝光和快速有效传递。衡量智能营销广告投放的效率,通常有这样一个公式 PVR=CTR*CVR(点击通过率*转化率=PV 比率),其中 PVR 越高,代表着投放效率越高。在提升投放效率的策略上,不同的平台做出了不同的选择。

百度方面,得益于移动互联网生态的布局的完善以及在广域流量池实现 AI 智能算法的驱动下形成搜索+信息流双核心。利用中国最大的搜索入口的优势使得百度具有了更为深刻的洞察 C 端需求的独特能力。字节跳动方面,巨量引擎作为字节旗下的营销服务品牌,在 2019 年开始尝试"视频+互动广告"的形式,并在近些年来通过抖音等产品的开屏广告等多种投放方式提升点击通过率和转化率,帮助 B 端广告企业提升整体投放的 ROI。这种形式一方面以最大限度发挥出字节视频生态所带来的流量优势,另一方面,互动娱乐元素的广告更容易让用户产生一种代入感,从而提升 C 端的消费转化意愿。腾讯虽面临着诸如字节跳动等后起之秀的挑战,但是微信流量营销生态的大盘几乎不可撼动。如今,微信生态成为 B 端移动端流量获客的重要手段,就连对手阿里也亲自下场拥抱小程序,不得不承认微信生态的价值。

技术决定了信息触达的效率,流量生态能力决定了广告信息可覆盖受众的范围,而智能营销本质上则是一个基于数据算法驱动的广告工具。这就天然决定了智能营销行业中的"巨头生态"法则。数据覆盖的深度、广度、算法的先进性以及消费者注意力获取能力都决定了谁能在有限存量的市场中获得优势。这样的优势,也将进一步重塑国内广告行业的价值链条,并在未来可能会重塑整个行业的收益分配。更重要的是,对大多数现代企业来讲,营销工具本身其实也是一种生产资料,比如直播带货,社交化的流量运营等。本质上,智能营销这类新工具的出现,是一种数据、人工智能技术对于企业现有生产资料的补充。

二、数据依赖带来的挑战

随着移动数字化时代的不断发展,各种用户行为、人际交往和购买习惯等各种信息数据在互联网企业架构的虚拟空间不断被填充、沉积,形成体量庞大的数据库。当用户按下"同意共享信息"的按钮的同时,也在将相关的个人数据付诸交易,导致许多服务看似免费,实则全部变成了"付费"活动。

算法技术与数据挖掘的快速发展为人们带来便利的同时也掩盖了一些潜在的安全风险,比如一些智能营销公司披着高科技的外衣,实际上却做着第三方外包投放生意;又如,数据营销的快速发展也暴露出相关互联网行业发展的最大弱点——对数据的严重依赖。

(一)数据收集缺乏有效通知

互联网中个人信息收集复杂且难以理清,用户难以追踪收集信息的种类、路径、目的及使用。如果相关信息收集公司不对用户进行有效通知,用户完全知情网络公司处理个人信息的行为基本不可能实现。然而相关公司所提供的用户协议及隐私条款通常来说冗长且复杂,同时夹杂常人难以理解的专业术语,导致用户无法在短时间内理解协议内容。并且多数公司为了获取更大利益的同时尽量减少各种风险带来的危机还在协议中添加意义更宽泛的语言以增加协议的灵活变通性。例如2018年1月1日,用户在查询支付宝年度账单时,会发现有一行特别小的字:"我同意《芝麻服务协议》",且已经帮用户选择好"同意"。倘若用户没有注意到这行字,则会在不知情的情况下直接勾选,允许支付宝搜集并在第三方保存用户个人信息。在本次事件中,《芝麻服务协议》还明确写有:"您同意可直接向我们提供信息的第三方,包括但不限于:金融机构、类金融机构、电子商务公司、电信运营商、政府公共信息平台(上海、杭州信用中心)及事业单位等一切营利性、非营利性、公共、民间的机构和组织。"在这里,支付宝集团收集个人信息后,将这些信息在不知情的情况下打包出售给用户不了解的第三方,因此用户也无法了解第三方的数据收集与使用情况。

《互联网交易管理办法》规定,经营者应当采用显性方式提醒消费者注意与其自身有重大利害关系的条款,而"我的年度账单"查询为用户默认信息授权给支付宝与芝麻信用,信息来源也包括未明确的第三方机构,引发了广泛关注。虽然后续支付宝将年度账单首页下方文字,由"我同意《芝麻服务协议》"改为"同意《在年度账单中查询并展示你的信用信息》";勾选框状态由默认勾选改为默认不勾选;同时点击后跳转页面由长篇累牍的《芝麻服务协议》全文改为仅有两段的"内容授权以及提示",但是由于这次支付宝公司对可能收集用户个人信息的情形未告知并以明显提示的方式提醒用户,且在具体场景应用中未再次取得用户同意,用户对个人信息收集、使用方法及范围仍无法明确知晓,可能导致个人信息脱离用户后被不当使用,不利于个人信息保护。

(二)数据使用中个人信息泄露

无论是今日头条这类的新闻资讯客户端,还是以抖音、快手为主的短视频平台均是根据用户的喜好进行精准推送,形成了极高的用户黏性。淘宝、京东等购物平台,美团等生活服务平台也都深谙此道,以用户的行为数据为基础推送消费者更感兴趣且更可能被转化的商品和内容。然而,精确推送背后的代价可能是用户在互联网中"裸奔",因为一旦个人信息被捕获并留存,算法就会为用户贴上各种标签,而这些信息并不一定能受到有效保护,例如2018年约8700万脸书账户信息被盗,2021年超过5亿脸书用户信息泄露。网络公司也存在以侵害用户利益的方式违规使用个人信息的现象。在2012年和2016年的两次美国总统选举中,竞选团队都使用了社交媒体进行用户数据挖掘,而在2016年,名为剑桥分析(Cambridge Analytica)的数据分析公司,违规获取超8700万用户数据用于构建国民档案,预测并有针对性地推送政治选举广告。

互联网的快速发展需要大量个人以及企业数据的支撑,而信息技术的发展为可持续、广泛、快速搜集数据提供了技术保障。然而,由于个人信息与信息主体之间存在着实践中的匿名化措施,对个人信息的过度搜集存在着巨大的安全隐患:不法者获取手机个人信息后对用户进行骚扰,诸如使用用户个人信息进行欺诈,使得用户面临对名誉、财产等损失的风险。例如,2018年,黑客使用程序员意外上传到Github的数据库连接方式与密码,实施信息攻击,窃取了华住旗下连锁酒店用户信息包括姓名、手机号、身份证等近5亿条。

(三)互联网平台对数据垄断

由于人们的应用及互联网数字化环境日益丰富与广泛,"数据"本身的意义越来越复杂,它不再是一次次孤立的使用行为,抑或简单的业务数据记录。通过对个人数据的不断串联和拼接,"数据"这一资产,或许将逐渐演化为人类在社会存在中的"DNA"。换言之,未来真正了解你的或许将不再是你自己,而是某些拥有巨大数据存量体系的互联网平台。这是在过去几年移动互联网彻底渗透人们生活,平台型企业逐渐变成庞然大物的过程中,越来越困扰普通人的问题。

数字时代,互联网平台正逐渐深入传统领域和政府行政领域成为信息基础设施的提供者和建设者。平台企业凭借自身所掌握的数据攫取能力与智能算法技术决定着平台内资源的调配,一方面代替政府行使监管、审查的权力,另一方面也在限制或者排斥其他主体参与规则的制定。各类平台企业正是利用公众创造的身份数据、信息数据、购买行为等行为记录展开"公地私治",不断深入、颠覆和掌控传统的社会关系,造成公共权力流失、社会发展不均衡和数据安全等风险。平台企业数据垄断通常表现为数据收集隐蔽化、产权化和黑箱化。

为获取更多的经济利益,各服务平台不断加强技术壁垒,形成平台垄断伦理问题。2020年正当金融市场翘首企盼蚂蚁金服进驻A股之时,上交所紧急发布通知暂缓蚂蚁集团上市。紧接着国家市场监督管理总局就针对阿里巴巴过度投资并购的垄断行为开出反垄断罚单。互联网平台基于原始技术、资源建立的智能广告投放平台,一方面提升自身产品曝光度,加强与消费者渗透、链接,另一方面使用技术手段不断打压竞争对手。互联网寡头以保护用户隐私之名,垄断用户数据,妄图在相关市场一家独大,部分互联网企业还通过设墙的方式相互"封杀",限制其他平台的网址链接识别、解析与正常访问。

在双方生态应用的长期割裂数字化市场中,以用户数据为核心的纠纷并不少见,往往因各方维护自身数据链和广告投放链条,阻止流量外溢所致。平台垄断企业为将更多用户吸引到平台,在为用户提供低价服务的同时也在收取垄断高价,提高潜在进入者的门槛,采取掠夺式定价。[1]

三、数据的合理获取与科学使用

如果说互联网时代更加注重信息的流通、协作,那么大数据时代则是更注重数据的获取与使用。数据的价值不断为各种行业、市场认可,已成为与资金、土地、人力和物质

---

[1] 程恩富,王爱华.数字平台经济垄断的基本特征、内在逻辑与规制思路[J].南通大学学报(社会科学版),2022,38(5):1-10.

资产相提并论的重要基础性资产,成为企业核心竞争力的重要组成部分。对数据合理、有效使用可以提高公共部门和企业的竞争力、生产力和整体服务增值能力,并能有效大幅提升消费者的使用体验。这已成为当今社会的共识,同时也是大数据时代最核心的挑战。

个人信息通常被认为是免费的企业数字资产,用户需要让渡部分信息才能免费下载、使用智能算法程序。然而通常情况下,相关程序下载后必须同意服务商所预先设定的协议,其中包含但不限于可能与程序功能本身并无关联的通讯录、短信信息等服务。运行过程中也会收集用户搜索偏好、浏览记录等信息作为用户画像推送广告等。即使在程序未运行时,程序本身也会自动收集用户日常使用痕迹,对关键内容进行提取,等待用户下次启动App时推送广告或者定制内容。目前数据的获取大致呈现以下特点。

首先是授权强制性。一般应用程序在首次使用时,程序获取信息通常有两种形式:一是在登录时就要求用户同意相关使用服务协议,并在协议内专门附有信息获取条款。用户勾选同意则代表对内部所有条款的同意;二是用户进入程序后,以弹窗的形式要求用户勾选相机、通讯录等使用权限。倘若用户不同意服务协议条款,则无法使用该程序或者直接强制退出程序。其次是途径隐秘性。人工智能时代数据获取通常使用各种端口,例如在获取用户权限后自动识别系统储存、应用程序中的记录。另一种方式则是利用公共场所中的设备与中央计算机连接,自动匹配既有信息,以便获取目标更多信息。最后是获取内容广泛,智能算法收集的信息包含并不限于一般的文字、图片、视频等,还能通过算法分析后,将包含的内容呈现出来[1]。

信息获取行为可以按照行为主体划分为:公主体,即政府有关部门机关因公共利益需要使用联网设备和内部算法获取信息;私主体则是一般网络公司、服务商在网络服务中对用户数据的收集与使用。"国家反诈App"就是公主体对用户信息的获取,能够保证相关部门及时通过电话、短信等方式警示用户身边的诈骗风险,减少公民的损失。

数字化时代,我们的身份、行为记录及相互之间错综复杂的社会关系都已经数字化,因此数据安全治理是信息时代必须要正视的问题。无论是为了维护计算机网络安全、数据安全还是保护个人信息,促进网络、数据和个人信息的科学有效整合利用,数据行为方面的合规监管都显得格外重要,因此各国政府针对数据的保护也在不断加强。《欧盟一般数据保护条例》(General Data Protection Regulation,GDPR)于2018年5月25日

---

[1] 陈宇超,陈宇卓.论智能算法时代下的个人数据保护[J].对外经贸,2022,332(5):71-76.

在28个成员国生效。随后全球各主要经济体陆续推出了适合本国的隐私与数据保护法案。与此同时美国也在2020年7月1日起正式实施《加利福尼亚州消费者隐私保护法案》(CCPA)。它旨在加强加州消费者隐私权保护和数据安全隐私保护,被认为是美国当前的最严格的消费者数据和隐私保护法。2016年GDPR正式通过后,中国也加快了相关数据保护法案的制定。从《网络安全法》实施到《民法典》编订,再到《个人信息保护法》和《数据安全法》等相关法律法规不断出台。一系列法规的出台使得不同行业、不同领域、不同场景都有了细分的数据保护规则。除了相关立法保护以外,不断涌现的新技术也成为数据保护未来发展的重要方向。比如区块链技术本身特有的去中心化、公开化以及透明性强等特征,能够规范互联网某些行业运作中心化的弊端,解决当前所面临的数据采集、算法黑箱交易、使用造假等问题,实现对数据的有效保护。

数据的监管不仅仅涉及社会治理,经济发展和政府管理也都涉及数据的监管。因此,数据监管是一个跨部门、跨行业、跨领域的问题,需要尽快着手建立数据协同监管的协调机制。只有把数据协同监管的协调机制建立起来,我们才能够更好地实现行业规定和立法目标。当然,数据协同监管的体制立法建立是前提。在这个体制的前提下,再去完善数据协同监管的协调机制。

数据资产日益成为互联网企业最重要的资产之一。企业要保持良性发展,日常经营须做到用户至上,严格遵守包括数据安全法在内的各项法律,在数据安全保护上加大投入。2021年,坐拥网约车头把交椅的"滴滴出行"宣布退市,而早在7月份,国家网信办官网就发布公告称对"滴滴出行"实施网络安全审查。在这次事件中,国家首次动用了《中华人民共和国国家安全法》,足以见得其危害已经上升到国家安全层面。用户数据不再是可以任意变现售卖的"唐僧肉"了。对情节严重的企业采取App暂停运行、下架乃至更严厉的处罚措施也将推动数字基础设施的有序建设,以及数据在各行各业的合规化应用。

在互联网经济时代,数据是新的能源,也是具备基础性、战略性的资源和重要生产力。数据如深埋于地下的矿藏,只有具备相应的挖掘、收集、连接、分析和运用的技术能力,才能转化为现实生产力。随着数字信息技术应用不断突破瓶颈,数据与其他生产要素的紧耦合关系正不断被打破,其流动性不断提高,使用范围不断扩大,蕴含的商业价值也不断提升。于个体而言,能够在数字生活的实践中反思算法、人工智能等数字技术对人的认知与行为的影响,学会并掌握在算法应用中的主动权,而不是被碎片信息所淹没甚至沉溺于数字娱乐,也意味着让公众能够清醒认知算法,甚至积极利用算法。或许,这也是全民数字素养提升的应有之义和关键一环。

第二节 计算传播学的未来前景

随着大数据、智能算法的崛起及其在各领域的渗透,传播学研究范式与实践也正经历着颠覆性变革。算法驱动构建的智能传播时代激发媒体领域的学界与业界开启了全新探索。大众传播时代的普适大众已经成为异质的个体,因此我们要以全新思维审视传统传播学研究的路径、方法,理论的创新性推进和在实践中的突破。这种巨大的冲击使学界在全新的媒介生态系统中对传播认识论和方法论形成新的认识,从而促成了"计算传播学"的诞生。

一、计算传播学对理论研究的推进

目前,海量数字化痕迹为新闻传播研究带来了丰富的数据,推动着研究方法创新与范式转移。立足于传播行为可计算性分析的计算传播学(computational communication research),相较于传统研究能够更好发挥数据价值,且天然具有的跨学科研究因素成为传播学研究领域新的焦点。虽说学界依旧在争论计算传播学能否真正作为独立的范式存在,但明确的是,将计算传播学作为简单的工具和方法已经难以涵盖当前领域的实践。[1]

(一)计算传播学的新观点

一些学者认为计算传播学只不过是计算社会科学的分支。其主要数据来源不再是传统的内容分析、问卷调查和控制实验,而是来自服务器日志数据挖掘、网页数据抓取、在线档案数据、大规模在线实验等;数据分析方法除了经典的统计分析之外,更主要的是带有显著大数据计算特征的方法,如社会网络分析、文本挖掘、情感分析、时间分析

---

[1] 塔娜,赵倩誉.计算传播学:数据与计算驱动的传播学研究[J].青年记者,2022(20):15-17.

等。① 当然也有学者指出,计算传播学实际上是计算社会科学在新闻传播研究领域的应用,并不认为是一种新的方法或者新的理论,而是一种新的研究取向,因此将其定义为"通过收集和分析网上行为数据,描述、解释和预测人类传播行为及其背后驱动机制的一系列计算方法",仍然沿用原来的5W框架,从传播者、受众、内容、渠道、效果五个角度展开具体研究。②

海量用户数据和行为数据成为计算传播学研究更坚实的基础以及更多元的研究内容。有学者通过研究计算传播学领域的研究热点和主题分析发现,"传播""社交媒体"以及"大数据"已经成为计算传播学研究的高频词和研究热点。与此同时,和上述词语密切相关的政治传播、健康传播、广告、新闻等研究方向出现"计算政治传播(Computational Political Communication)""计算健康传播(Computational Health Communication)""计算广告(Computational Advertising)""计算新闻(Computational Journalism)"等研究方向③。当然计算传播学研究已经不仅限于以上方向,而且计算传播学也正在透过挖掘数据背后隐藏的人类行为模式与复杂的社会网络、关系机制,使计算传播研究更有价值,并逐渐走向成熟。

作为计算社会科学的重要分支,计算传播学更应该关注人类传播行为的可计算性基础,以传播网络、传播行为作为分析源,传播文本挖掘、数学建模等作为主要分析工具;以非介入的方式系统性收集并分析人类传播行为数据文本;挖掘各种传播行为背后隐藏的逻辑法则;分析其自动生成机制与基本原理。

(二)研究方法的进步

当今社会中,人类的各种传播行为几乎已经被网络化、数字化,技术的迭代使传统新闻研究面临数据、方法、理论多方面挑战。在传播媒介不断进化的历程中,每一种新技术和新媒介的产生、迭代都会对人们的交流、沟通、传播带来更深层次的影响。从报纸广播到互联网,从智能媒介到万物互联,大数据和人工智能的快速发展对旧有理论框架产生巨大冲击,倒逼今天的传播学界对算法与计算主义重新思考。计算传播成为全新的研究范畴,不断补充、完善旧有的理论工具,乃至未来有可能重塑现有的传播学研究框架,提出新的研究理论。

---

① 巢乃鹏,黄文森.范式转型与科学意识:计算传播学的新思考[J].新闻与写作,2020(5):13-18.
② 祝建华,黄煜,张昕之.对谈计算传播学:起源、理论、方法与研究问题[J].传播与社会学刊,2018(44):1-24.
③ 佘世红,杨锦玲.计算传播研究的起源、演进与展望——基于SSCI数据库的知识图谱分析(2006-2020)[J].新闻与传播评论,2022,75(3):84-99.

以经验主义传播学为主流的研究方法，虽然很大程度上结合定性研究和定量研究使其得出的研究结论看上去更有说服力，然而它的理论拓展与实践应用方面难以突破传播学过去数十年来形成的基本框架[1]。因此，我们看到越来越多的传播学转向了更微观的现象研究领域，然而在中观层面上的方法研究与更宏观的范式研究上传播前进的脚步却是非常缓慢的。这就导致在细分领域与具体问题研究上，因为理论路径的匮乏和方法逻辑使用的惯性沦为难以证实的自洽结论。

计算方法一定程度上化解了当前社会科学研究方法所面临的困境。不断发展的存储能力和网络宽带的提升支持了海量数据痕迹的追踪与保存，使数据收集的时间跨度以十年为单位，大大延伸了研究材料的时间与空间，与此同时，数据研究的规模、时空跨度都有了巨大的飞跃。例如，以时间序列为数据的舆论研究突破了传统的截面式研究，提供了新的研究契机[2]。但与此同时，这样的跨学科应用常被诟病只是通过方法对现象的一般归纳和描述，既缺少理论视角，也未能对人类知识的更新和积累作出更有价值的贡献[3]。

（三）经典理论延伸与发展

计算传播学研究范式的转变不仅仅是研究方法的创新，也是对经典理论的检验与拓展。大众传播经典理论两级传播认为，信息传播首先要经过意见领袖，才能继续向大众传播。传统的做法是通过电话或者访谈去问受众，因此，这个理论从提出伊始就没有经过数据的验证。

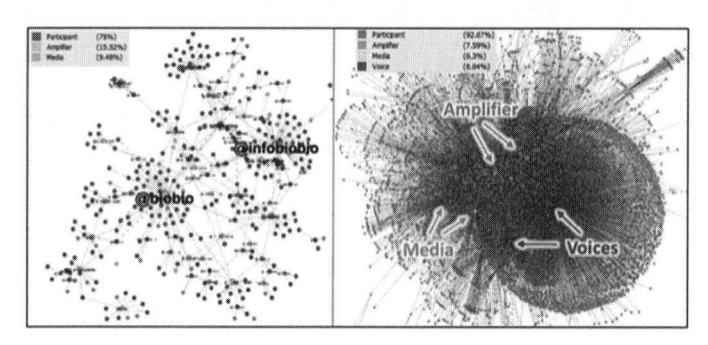

图 12-2　模型解释图[4]

---

[1] 刘庆振,于进,牛新权.计算传播学[M].北京:人民日报出版社,2019:9.
[2] 周葆华."计算"的传播与"传播"的计算[J].新闻与写作,2020(5):1.
[3] MAHRT M, SCHARKOW M. The value of big data in digital media research[J]. Journal of Broadcasting & Electronic Media, 2013, 57(1):20-33.
[4] HILBERT M, VÁSQUEZ J, HALPERN D, et al. One step, two step, network step? Complementary perspectives on communication flows in Twittered citizen protests[J]. Social science computer review, 2017, 35(4):444-461.

在计算传播学范式下,2017年加州大学的教授做了一项研究。他们从Twitter(推特)上抽取了150000Tweets(意指原生广告,广告主购买特定关键词,用户在搜索相关消息时,广告主所投放的广告将显示在搜索结果页面顶部)关注的几个议题。他们将所有用户都分成了四类:voices(专家、学者)、media(媒体)、amplifier(类似于意见领袖的角色)以及其他的用户,通过研究发现Twitter上存在着广播式的一对多的传播模式以及经典的两级传播与多级传播模式。如图12-2所示[1],从某种程度上来说,这个研究最重要的发现就是验证了前社交媒体时代提出两级传播理论的可解释范畴以及该理论基本是正确的。

其次,对经典理论边界条件、作用机制的阐释。沉默的螺旋理论主要论述了个人社会关系和媒介的主流意见,怎样影响人们自身的意见与对事件的看法。这一理论被提出后很长一段时间内并没有数据支撑而被当成一种假说或者猜想。但是近些年来,通过研究社交机器人、虚假信息以及信息茧房和回音壁效应时,沉默螺旋理论的边界得到了进一步确认。研究发现,以Twitter为代表的社交媒体平台成为回音壁,强化了用户已有的观点和意见。[2]同时后续有文章提出并探讨了沉默螺旋理论的作用机制。国外有研究学者利用Agent-based Modeling方法,在沉默螺旋的基础上,探究双向强化螺旋模型判定沉默的螺旋发生作用条件以及选择性媒介接触与态度极化的关系问题,发现个体对网络既有观点的偏好、对持正反态度媒体的暴露程度以及在线讨论和社区参与行为均显著影响了用户态度变化。具体而言,研究发现用户对态度相近的媒体暴露是维持和强化人们政治态度的重要因素,并且人际影响强化了媒体的固有意见,而削弱了对立态度媒体的影响。[3]

最后是对经典理论内涵的拓展。在相当长的一段时间内,国内外学者对议程设置理论的关注主要集中在经典议程设置和应用上。麦克姆斯和肖认为,用户会依据自己的喜好选择性了解媒体报道的议题,并且会根据媒体安排议题的先后顺序安排自己对问题的关注兴趣。我们需要确定哪些议题是媒体关注的话题、媒体怎样排序、用户是否会真的根据媒体安排的顺序关注话题。然而有学者提出网络议程设置理论(Network Agenda Setting, NAS),即媒体不仅仅可以告诉公众需要思考什么,还能直接告诉公众如何思考,并且影响公众如何联系不同议题。网络议程设置理论挑战了经典议程设置理

---

[1] HILBERT MM, VÁSQUEZ J, HALPERN D, et al. One step, two step, network step? Complementary perspectives on communication flows in Twittered citizen protests[J]. Social science computer review, 2017, 35(4):444-461.
[2] 张伦. 计算传播学范式对传播效果研究的机遇与挑战[J]. 新闻与写作, 2020(5):19-25.
[3] 张伦. 计算传播学范式对传播效果研究的机遇与挑战[J]. 新闻与写作, 2020(5):19-25.

论认为公众对新闻媒体议题报道的简单线性认知。在网络议程设置研究中,张伦教授将社会网络分析法引入使网络议程设置以"点度中心度"代替传统议程设置中以"频率"作为衡量指标的测量方法,发现可以使研究者更准确把握节点在网络中的位置以及其他节点间的关系[1]。利用社会网络的可视化分析软件,研究将社交媒体与公众议程可视化处理为更直观、更完整的认知网络结构。同时在研究中还发现网络议程设置无论是在理论框架还是在研究层面上更适合当下的社会媒体时代的传播效果测量。

二、计算传播学对实践应用的突破

算法驱动构建的智能时代已经对我们的生活、工作、社交产生了深刻的影响,激励着媒体行业的从业者探索智能媒体时代的计算传播学新实践。目前国内典型的计算传播应用实践有计算广告、数据新闻等。这些应用场景能快速获取市场的青睐,与互联网、人工智能等技术的普及密不可分。这些技术将大量用户行为转化为可追踪、可计算的数据,从而为媒体、营销公司和科研机构提供了研究用户的最基础数据源。

(一)计算广告推动广告运作与管理的智能化发展

当前的广告营销界正站在一条分界线上,一边是建立在工业时代的传播模式与营销方式指导广告行为;另一边则是基于广告与数据、算法和人工智能等技术结合中摸索出来的新广告实践路径。这一实践路径并非是对传统广告理论或者营销模型的单一否定,本质上是真正与信息、数据、技术等有机融合。换句话说,科学已经不再只是广告艺术的外衣,广告转而成了激活艺术化营销传播的科学[2]。

计算广告最先是具有计算科学、数据科学和算法技术背景的一线广告员工总结并迅速与产业结合实践出来的应用概念。在后续关于算法推荐的国内外学术会议和研讨会上,学者们大多明确表示:计算广告的核心挑战是为特定场景下的特定用户找到一个合适的广告,以实现"最优"匹配。[3]大卫·奥格威曾经有句名言:"我知道我的广告费浪费了一半,但却不知道哪一半浪费了"。这句话诞生在媒介选择极其有限的大众传播时

---

[1] 张伦.计算传播学范式对传播效果研究的机遇与挑战[J].新闻与写作,2020(5):19-25.
[2] 刘庆振,于进,牛新权.计算传播学[M].北京:人民日报出版社,2019:124.
[3] BRODER A Z. Computational advertising and recommender systems [C]//Proceedings of the 2008 ACM conference on Recommender systems. October 23-25, 2008, Lausane Switzerland. New York: Associationg for Computing Machinery, 2008:1-2.

代,传统媒体总投入容易确定,然而总产出却难以估算。然而在互联网背景下的广告投放与产出则有非常直接的数据支撑。广告被曝光后用户的停留时间、点击、下载或者注册、购买等行为数据都会被记录收集,成为优化或者调整广告投放的客观依据,帮助企业提升广告活动的投资回报率(ROI)。从本质上来讲,计算广告的出现正是数据与技术在广告营销领域的成功应用。它克服了传统4A广告公司赖以成名的市场调查与消费者洞察方式的经验主义、过于主观化倾向导致的弊端;另一方面则是使广告公司更加注重不同变量间的关系,使营销人员能发现更多影响用户、消费者购买产品和服务的非线性因素,更加客观、全面地认识市场、用户和产品之间的关系,帮助企业使用一切手段提升营销活动效果。

随着计算广告的出现,广告效果衡量更加精细化,多样化广告需求提出了信息流(Feeds)广告、SEM(搜索引擎营销)、搜索引擎优化(SEO)等广告种类。而衡量指标也逐渐从传统的 ROI 测量转变为 CPM(Cost Per Mille,每千次展现收费)、CPA(Cost Per Action,每次动作收费)、CPT(Cost Per Time,包时长收费)等多种在线广告效果衡量方法。2018年,《经济学人》一篇文章指出:"具有数字化专业知识的咨询公司正在与各大广告公司展开竞争,他们知道如何通过数据、机器学习和应用程序更好、更便宜地与消费者建立联系;谷歌和脸书这样的互联网企业可以通过强大的网络力量让大大小小的公司通过他们的平台轻松地投放广告;亚马逊等电子商务网站以及互联网时代直接面向消费者的新型企业的影响力越来越大,这削弱了广告巨头的分销能力和议价能力……"[1]

数字化的内容数据营销及综合媒体服务运营平台巨量引擎矩阵整合了字节跳动旗下包含今日头条、抖音、西瓜视频、轻颜相机等多种产品的数字内容引擎营销平台综合技术力量,依托自身庞大的数据生态体系,覆盖综合媒体资讯、短视频、问答、垂直咨询等多元消费应用场景,借助人工智能大数据分析技术和逐渐完善的广告监测和效果营销体系,旨在帮助亿万本土广告主达成高效营销传播推广的目标。巨量引擎通过构建广告投放的流程闭环,实现了广告主目标选择、高效内容生产、智能投放和实施优化与最终转化的闭环管理,打通全链路关键节点,实现不分体量、地域的企业以及个体都能通过数字化技术激发创意、驱动生意、实现商业的可持续增长。[2]在效果营销方面海量高精度数据,实现深度洞察及深度转化;投放人机协同,系统极复杂操作极简单;打造开

---

[1] THE ECONOMIST,The,Economist. Ad agencies:Mad men adrift[J]. 2018,426(TN.9085):63-64.
[2] 段淳林.计算广告学导论[M].武汉:华中科技大学出版社,2022:120.

放平台,联合生态伙伴实现共赢;深入行业特性,定制效果提升优化方案。在广告客户精准广告投放环节,八大差异化营销推广最优广告方案适配广告客户的差异化营销投放推广目标诉求;四大协同化流量选择全面覆盖精准触达用户,多元的内容创意工具构建精准高效广告内容创意和生产与运营的闭环;三大精准广告内容投放的组合实现方式充分满足广告主需求,不同广告客户类型多维效果预估模型,有效实现更精准目标受众转化闭环。在生态链上下游联动能力建设提升方面,巨量广告引擎积极联合多个行业外部战略合作推广平台,进行深度战略性协同和合作,实现了精准化营销战略落地与提速。穿山甲作为国内领先的视频化营销广告平台,推动广告价值得以快速、精准地有效转化及传播推广;与巨量引擎ADX程序化定向广告对接,使得大量本地广告资源深度共享,获取大量优质广告流量入口资源;DPA商品库深度对接,实现海量创意化、精准程序化定向精准投放策略;Marketing API一站式定制接口,可以进行省时又省力的智能广告管理。

(二)数据新闻呈现双向互动交流的趋势

数字化生产正深度重构着我们的信息获取方式,在这种情况下,无论是内容生产、还是信息呈现与传播都紧紧跟随时代的脚步,走向数字化转型升级的路径。

数据新闻又称数字驱动新闻,是基于数据分析和计算机技术的可视化新闻样式,在新闻叙事中使用数据呈现原本仅靠文字所难以呈现的内容,或者通过数据分析发现问题,进而挖掘出新闻故事。数据新闻已经成为当前新闻业向前发展的重要力量。[1]因为数据新闻为其发展带来新的活力,不论是传统媒体还是互联网信息平台都着力发展数字信息分发技术和内容。数据新闻因其可视化、交互性程度高,提升信息传播效率与读者阅读体验成为当前新闻生产发展方向。2011年BBC、《卫报》《纽约时报》等诸多单位的数据新闻领域专家编写的《数据新闻手册》成为全球第一本指导数据新闻的著作。书中强调图标更能直观地帮助记者呈现新闻故事。毫无疑问,用户信息获取习惯已经由文字转为图像或视频。数据可视化成为内容创作的主流,新闻叙事也从原有的单一文字、图片转向复合呈现方式。

2013年,《纽约时报》数字化专题报道《雪崩》(Snow Fall)以视频、图片、动画、图示(graphics)以及文字介绍等形式讲述了三个滑雪爱好者在一场雪崩中丧生的故事,引起

---

[1] 吴小坤.数据新闻:理论承递、概念适用与界定维度[J].新闻与传播研究,2017,24(10):120-126.

人们广泛关注。由于在报道过程中使用了全新的技术和呈现形式,使得《雪崩》在媒体业界引发轰动。相较于传统的新闻报道形式,数据新闻有三方面的突破。

首先,数据新闻分析、统计的数据已经远超常规传统新闻报道所需数据。仍然以上文的《雪崩》为例,《纽约时报》的约翰·布朗奇经过长达半年的实地采访,获取了大量一手图文以及音视频资料。在制作过程中,为了保证最佳的呈现效果,制作人员针对浏览器的特性设计了不同的代码。其次,在展示作品时,数据新闻往往更多利用图像可视化技术,进行多层次的互动设计。新华社在疫情期间,利用3D交互模型,将新冠病毒的形状、结构以及传播方式通过H5的形式展示出来,使读者在阅读新闻的同时利用交互游戏,能够更清晰地了解、认识新冠病毒。最后,也是最重要的,数据新闻是数据优先,文字其次。传统新闻报道以文字为主,数据往往是辅助文字加以解释或者数据与文字相辅相成,然而数据驱动型新闻更多是利用可视化技术挖掘数据背后隐藏的故事。因此,数据新闻是利用多人眼球的可视化报道,也是利用新的形式更清晰简单地让受众明白复杂新闻。数据新闻的出现改变了以往信息传播中读者处于单向接受的地位。在开放的环境下,读者完全可以通过点击、阅读、反馈、互动等动作影响数据新闻的生产,信息传播变为一个双向良性互动交流的过程。

(三)计算宣传日益成为操控舆论的手段

宣传最初被认为是传播和劝服某种信仰或价值观的手段,当前传统宣传方式的效果日益削弱。随着网络的普及与人工智能技术广泛应用,宣传方式呈现出智能化、自动化和隐匿性的特征,计算宣传这种运用大数据和算法技术的最新的宣传方式诞生了。计算宣传的经典定义是"社交媒体平台、自动化代理人和大数据的集合体,旨在有组织地操纵公共舆论"。这种新型的宣传方式会对社会造成复杂的影响和潜在风险,"通过伪造信息或活动'制造同意',产生'虚假民主';通过'两极分化'扰乱公共领域,撕裂社会共识;通过'武器化'的意识形态宣传改变全球地缘政治格局。"[1]进入后真相时代,个别国家一方面将计算宣传应用于本国的公共政治领域,通过策划计算宣传活动来操控国内的政治选举与公共决策;另一方面还干涉他国事务,通过计算宣传的多种手段干预和影响目标国家的公共舆论与决策,甚至抹黑他国形象。这在一定程度上威胁和影响到目标国的政治安全与社会稳定,也会加剧国际关系的恶化与国际环境的复杂,从而改变国际地缘政治格局。

---

[1] 罗昕.计算宣传:人工智能时代的公共舆论新形态[J].人民论坛:学术前沿.2020(15):25-37.

计算宣传主要是利用社交媒体进行信息操纵,主要的方式有三点:第一,通过用户画像进行内容定制,实施有针对性的信息投喂;第二,使用社交机器人进行大范围的、自动化的虚假信息传播,或是与人工宣传相结合进行"混合宣传";第三,利用算法分发技术进行议题的设置、消除或劫持,引导受众的态度和意见,操纵政治话语。基于计算宣传对全球公共舆论与地缘政治的广泛影响,有关计算宣传的治理问题愈发得到重视。相关的讨论主要集中于,在全球范围内建立跨国合作的治理模式,开展国际合作与协同治理,世界各国政府要对计算宣传的威胁给予高度重视,出台新媒体技术与数据安全的法律法规。针对计算宣传的主要阵地社交媒体,加大线上线下联动式的监管力度。通过对网民加强算法逻辑的广泛教育,提高网民的算法素养及对虚假信息的辨别力。针对利用信息进行的政治性操控行为,建立长效治理机制。

三、计算传播对人才培养的新要求

计算与传播的跨学科"碰撞"需要学者们能够以数据思维和计算方法探索、分析、解决传播领域出现的各类复杂问题。不断涌现的新技术逐渐打破了传统媒体和新媒体融合的藩篱,构建出数字化、社交化、交互性、游戏性的智能传媒生态。回看信息传播的创新性实践我们会发现,在人工智能算法发展与新闻大数据传播应用实践的创新双重的驱动因素影响作用下,新闻信息的传播数据化的色彩似乎正变得越来越浓厚。在这种情况下新闻传播学科的计算转向利用跨学科的背景,培养创新型复合人才成为当下学科教育不得不面对的问题。我们需要思考三个问题:首先是培养什么样的人才?其次是如何培养的问题?第三是培养的人才需要达到什么标准?

数据成为整个传媒业乃至互联网生态的关键资源,拥有它的人将提高在竞争中胜出的可能性。数字媒介产品以互联网数据为媒介基地成为主要表现形式。从信息采集、生产、分发的整个流程中算法都在决定了用户或消费者可能获取哪些信息,传统的信息分发机制出现颠覆性的变化。具体而言,从"数据新闻"到"数据传播"转变,媒体机构不再单纯地使用或被动通过技术使用数据进行内容生产和创作,而是将数据的运用作为其组织机构等的主要发展或营销策略。[①]数据掌握组织或个人为用户实现了个性化内容的精准匹配,已经实现了尼葛洛庞帝所预言的"个人日报"(The Daily Me)。

---

① 张铮,陈雪薇.从"数据新闻"到"数据传播"——智媒时代新闻传播教育的数据转向及因应策略[J].中国编辑,2020,125(5):74-79.

从个人专业能力和实用核心技能需求来看,媒体的数据转向意味着选人、用人机制中专业技能要求发生变化。传统新闻传播学教育内容现在已经无法满足部分岗位对复合型应用人才的需求。传媒机构已经快速根据业务需要调整了招聘岗位和要求。数据思维、算法逻辑以及推理逻辑等能力已经成为各大媒体或者互联网企业招聘的新要求。密苏里大学新闻学院研究发现大数据和算法技术正在改变传统职场规则,拥有数据分析、解读能力正在成为传媒业招聘的重要参考指标[1]。从传媒业人才需求图谱中我们可以发现传媒业非常重视从业者认知数据的能力。通过对当前业界和学界人才需求匹配信息的分析发现,架构跨学科知识体系,培养全方位、数据化、多技能的复合型人才已然是当前学界和业界的共同需要。

面对业界的需求,传媒教育界也进行了积极的回应。在研究、学习课程设置上,实践需求与范式转移要求高校新闻传播学术研究的数据导向更加显著。传播学与计算语言学进行跨学科应用,以自然语言处理(NLP)、网络分析等为方法研究传播学课题,在一定程度上扩展了传播学研究方法的边界,是一种"传播学研究范式的转移"。[2]当然在这其中也涉及网络科学研究、计算广告学、数据新闻学等重要的理论创新研究和实践应用探索。在此情况下学者们将用户在社交媒体、搜索引擎以及购物网站发布的内容作为数据样本,分析和推测用户的行为特征和社交关系。

计算传播学在洞察社会舆论趋势、消费者购买决策、用户行为和动机的关联等方面的前沿性和创新性研究,使其成为全球新闻传播学前沿研究关注的焦点。国内众多高校针对这一前沿方向,开始将其纳入学科发展和人才规划培养布局。第一,许多学校已经或正在布局计算传播学研究和传播学前沿理论方向。例如,北京师范大学(珠海校区)和南京大学已经建立起自己的计算传播学研究中心或小组,通过招募感兴趣的同学或专家深化相关方向的研究。第二,计算传播学成为国内外学术交流的新亮点,激发了大批国内外学界和业界计算传播学研究者的参与和讨论,丰富其研究成果。第三,基于计算传播学方法的理论性研究和应用研究成为新闻传播领域内学术期刊的热门选题,部分刊物甚至增设专栏刊载计算理论方法、成果的论文。上述案例足以表明学术界对计算传播、大数据研究的重视,因此具备数据整合、分析、挖掘能力的顶尖人对于计算传播学领域的发展至关重要。

---

[1] GUO L, VOLZ Y. (Re) defining journalistic expertise in the digital transformation: A content analysis of job announcements[J]. Journalism practice, 2019, 13(10): 1294–1315.
[2] 祝建华,黄煜,张昕之.对谈计算传播学:起源、理论、方法与研究问题[J].传播与社会学刊,2018(44):1-24.

尽管业界在技术的推动下，信息生产、分发等关键技术与形式发生了变革，然而，学界难以在短时间内摆脱教育体系落后、实务能力薄弱、授课及教学形式传统等桎梏，这也是智媒时代传媒教育的一大挑战。因此，数据驱动的传播教育要突破数字媒体技术传播实践和传统媒体教育的瓶颈。传媒教育者应当增设一些融合文理、跨学科的课程，鼓励学生积极学习、提升数字媒体素养和传统媒体使用技巧，加大数据类课程在教育中的广度和深度。

通过引入编程课程、传媒内容创新、运营研究与分析、传媒实践训练模块等核心课程，增加有关数据传播应用在广告传播、数据实践等方面实践，如数据技术应用在传统媒体内容、产品广告策划创意、用户消费行为等分析预测和媒体数据库运营等理论探讨和解决方案实证研究，来提升学生知识素养与社会需求匹配度。另外，当前大部分高校已经实行"双导师"共同培养的制度，在这种情况下，依然希望学校能够邀请业界知名的数据行业专家团队共同完成项目和教育实践任务，培养学生在数字化传播环境中的实际应用能力，同时也能保证学校与业界有着良好的信息互通。在这过程中传媒业界、互联网公司需要与学界保持密切联系和合作，通过利用业界前沿的思想、数据，帮助学生建立基于数据挖掘、数据分析的资源是在数据新闻教学不断发展后，数据驱动传播教学的主要模式。[①]例如中国传媒大学与腾讯公司合作开设了面向大一和大三的《互动营销设计》课程，让同学们有机会真实地进行广告投放并能以不同的方式检验和直观地看到落地广告投放效果。通过初步的学习和训练，同学们能基本达到数字营销人才所要求的基础实践能力。

传媒教育的课程体系一直致力于培养传媒工作者的职业道德，并将其融入到教育中。这些教育内容涵盖了技术哲学、大数据伦理、隐私信息保护等方面，旨在帮助他们更好地遵守职业道德规范。面对智能媒体时代，未来新闻业的主力军同样需要思考工具理性与价值理性的问题。因此相关的媒介素养课程也是新时代新闻传播人才内化于心的必备知识。

数据化产品改善了用户的数字化生存模式和生活体验方式，算法分发改变了人类信息获取、分发以及传播形式。相关生产者和管理者理应接受更加规范的数据素养教育，并积极履行职业伦理，最终目的就是生产真实有趣且具有人文关怀的数据产品。在算法推荐争议和安全担忧中，用户皆担心自己的隐私数据被人工智能技术控制。为此，

---

① 邵婉霞.智媒时代高校新闻传播类实验课程智能化变革研究[J].新闻前哨,2023(6):78-80.

数据素养教育的初衷是培养学生从社会认知到职业行为层面上的价值理性,在日后从事数据分析相关研究和行业时,对掌握的用户敏感信息进行数据脱敏、保护用户的个人隐私。更为关键的是,智媒发展推动了工具理性的浪潮,然而以人为本、以用户为核心才是数据素养重点。

作为需求方的劳动市场对于兼具掌握数据能力的传媒人才有更明确的要求。在创新型传媒产品上涌现了一大批数据新闻制作、计算广告为代表的新业态与新形态。此类数字化创意在改变信息传播的基础上,增强了内容视觉化、互动性、个性化和可读性,使得数据成为"讲故事的人"的传播工具。

不仅如此,数据信息采集工具成为当今许多大互联网企业品牌推广和媒体公关机构等进行其品牌推广、精准投放广告与营销效果优化研究和开展互联网舆情分析变化的趋势分析预测调研工作的基本技术依据。通过采集个人信息、精准定位用户群体、收集用户反馈进行产品与广告投放优化,拓展并丰富了其工作成果;舆情公司通过有效挖掘信息文本和社交媒体文本,预测、分析社会舆情趋势,为各类组织或机构提供有效公关、传播解决方案。因此,数据已然成为智媒时代内容创意生产的关键要素。传媒机构也在不断调整选人标准,使人才版图中的数据指向更加清晰。有学者调查了国内9家比较有名的传媒机构发现,数据新闻报道成为记者、编辑招聘的核心能力,并逐渐将掌握数据能力的岗位扩展至舆情分析、产品经理等。这些岗位均存在一些共性:首先,具有扎实的新闻传播学术功底与最基本文字处理能力;其次,能熟练掌握计算社会科学研究方法和数据分析工具;第三,还需要掌握其他一些数据统计理论与计算机编程语言的知识。

本章小结

本章聚焦于计算传播学面临的挑战与未来前景。第一节结合智能营销、个性化营销、社交媒体营销的兴起与广告行业流量竞争,探讨计算传播学的新机遇;同时,数据依赖导致的大数据杀熟、算法歧视、算法黑箱等问题愈发突出,面对这些问题国家、社会、行业等需要共同努力,实现数据的合理获取与科学使用,朝着理想中的算法社会迈进。第二节主要探讨计算传播学的未来前景。面对行业出现的新现象、新问题,计算传播学成为国内外学者关注的焦点,使得传播学研究出现新的方法论和新的认识论。大数据时代在传统广告、新闻宣传等信息传播领域实现了实践突破,在大数据与智能算法技术的加持下计算广告、数据新闻、计算宣传等应用领域出现了新的发展趋势。计算与传播的"碰撞"对人才培养提出了新要求,传媒教育改革成为大势所趋,需要从学科发展与课程建设等方面加大改革力度,回应业界对"新闻+算法"交叉复合型人才的需求。

思考题

1. 如何看待算法、数据带给我们的机遇?
2. 我国在数据安全应用方面还有哪些不足需要改进?
3. 除了文中提到的计算传播实践应用,你认为还有哪些?
4. 你认为计算传播人才需要掌握哪些能力?

后 记

计算传播学是传播学领域前沿选题，符合传播学未来发展趋势，有学者甚至将其比喻为围棋中的"天元"，其重要性可见一斑。本书的完成得益于武汉大学援疆干部周茂君教授的鼎力支持，周教授不仅亲自修改写作大纲，还联系了武汉大学的专家提出了诸多宝贵意见。在周教授的带领下，团队教师通力合作，历时两年之余，几经删减与修改，本书终于在这个收获的季节得以顺利出版。

本书依据媒介发展前沿对计算传播学的研究成果，将计算传播学的理论阐释与实践应用相结合，并对计算传播学的理论与应用建立起整体的逻辑框架，紧扣计算传播发展现状与趋势。在本书的编撰过程中，王红缨撰写了第一章、第二章、第十一章和第十二章，主要涉及计算传播学的基础理论、计算广告学及计算传播学的发展前景与面临的挑战；张琳琳撰写了第六章至第九章，内容侧重于自然语言处理技术在计算传播学中的应用、Python语言实现的典型案例；方堃撰写了第三章、第四章、第五章和第十章，主要涉及计算传播背景下大众传播的新样态、Python编程与数据分析以及数据新闻。郑月、李琳珂、陈梦凡、常兆阳、宋慧、王植尉、范浩轩、杨晨、韦涵、杨铁刚和伊利努尔·艾力参与了本书的案例搜集、整理及内容校对等工作，在此一并表示感谢。此外，对本书所引用参考文献及相关资料的所有作者、出版社及网站亦表示衷心的感谢！

最后，还要特别感谢西南大学出版社认真负责的编辑刘平老师和鲁艺老师。

王红缨

2024年10月28日